beck'sche reihe

bsr

Morde sind zwar unerquicklich für das jeweilige Opfer, haben aber auch ihre guten Seiten, denn sie beflügeln Kunst und Wissenschaft – die Mediziner, die den Kommissaren dabei helfen, die Killer zu fassen, die Schriftsteller, die die Jagd in Krimis beschreiben und die Filmemacher, die sie auf Celluloid oder digital festhalten. Bei seinem ebenso spannenden wie unterhaltsamen Spaziergang durch die *Kulturgeschichte des Mordes* zeichnet Jörg von Uthmann diese Entwicklung nach – vom König Ödipus, dem literarisch ergiebigen Vatermörder, bis zur DNA-Analyse, die es 1987 erstmals erlaubte, einen Mörder anhand seines «genetischen Fingerabdrucks» zu überführen.

Jörg von Uthmann war viele Jahre Diplomat und Journalist, u. a. für die F.A.Z. und den Tagesspiegel. Er ist Verfasser zahlreicher Bücher über kulturgeschichtliche Themen. Jörg von Uthmann lebt in Paris.

Jörg von Uthmann

Killer – Krimis – Kommissare

Kleine Kulturgeschichte des Mordes

Verlag C. H. Beck

Originalausgabe

Gesamtherstellung: Druckerei C. H. Beck, Nördlingen
Umschlagentwurf: + malsy, Bremen
Umschlagabbildung: Peter Lorre in «M – Eine Stadt sucht einen Mörder» von Fritz Lang; Foto: akg-images, Berlin
Printed in Germany
ISBN-10: 3 406 54115 1
ISBN-13: 978 3 406 54115 5

www.beck.de

Inhalt

Der Mord, als schöne Kunst betrachtet

Der englische Schriftsteller Thomas de Quincey erfand 1827 eine Gesellschaft, die sich, wenn die Zeitungen über einen neuen Mord berichteten, in ihrem Londoner Club traf, um ihn kritisch zu würdigen – wie es Kunstliebhaber «mit einem Bild, einer Statue oder einem anderen Kunstwerk tun». De Quincey war ein witziger Mann und sein amoralisches Buch «Der Mord, als schöne Kunst betrachtet» möglicherweise nicht ganz ernst gemeint.

Dabei ist das Hobby jener Clubmitglieder keineswegs so ausgefallen, wie es auf den ersten Blick scheint. Auch wir sind nur allzu bereit, Morde als Kunst zu genießen – wenn auch nicht die Tat selbst, sondern ihre Darstellung in Roman, Film und Fernsehen. Der Krimi, sei es als Buch, auf der Leinwand oder auf der Mattscheibe, ist ein Suchtmittel, dem nicht weniger Menschen verfallen sind als dem Tabak und dem Alkohol. Auch wenn es die literarischen Ordnungshüter nicht wahrhaben wollen: Sherlock Holmes und sein ständiger Begleiter Dr. Watson, Hercule Poirot und Lord Peter Wimsey gehören ebenso zu den Fixsternen unseres Firmaments wie Romeo und Julia, Don Juan und Faust. In der guten alten Zeit, als sich ARD und ZDF noch den Markt teilten, fieberte ein Drittel des deutschen Volkes dem Freitagabend entgegen und dem Mord, den Kommissar Keller oder Oberinspektor Derrick zuverlässig aufklären würde.

Kriminalkommissare gibt es erst seit dem 19. Jahrhundert, als die alten Methoden der Beweiserhebung nicht mehr verfingen. Vorher hatte die Justiz auf Gottesurteile, Eideshelfer und vor allem ein unfehlbares Mittel gesetzt, das jeden Angeklagten früher oder später gestehen ließ – die Folter. Das aufgeklärte 18. Jahrhundert wollte davon nichts mehr wissen. Es schaffte die

Folter ab. Die Folge war, daß man Fachleute benötigte, die den Täter anhand von Indizien überführten. Sehr rasch bemerkte die Polizei, daß sie diese Aufgabe ohne fremde Hilfe nicht bewältigen konnte. Eine neue Wissenschaft wurde geboren – die Gerichtsmedizin. Eine Generation später entdeckten die Literaten das Thema. Einfallsreich, wie sie nun einmal sind, zogen es die meisten vor, die beamteten Inspektoren durch geniale Amateure zu ersetzen. Erst das Fernsehen gab der Kriminalpolizei den Platz zurück, der ihr gebührt.

In diesem Buch wollen wir den Mord nicht nur als Gegenstand der schönen Kunst betrachten, sondern auch der Wissenschaft. Wir werden ihre Erfolge kennenlernen – und ihre Niederlagen. Die Fortschritte bei der Identifizierung von Tätern und Opfern gehören ebenso dazu wie der schwierige Nachweis von Giften. Der letzte große Durchbruch glückte den Forschern mit der DNA-Analyse: 1987 gelang es zum erstenmal, einen Mörder aufgrund seines «genetischen Fingerabdrucks» dingfest zu machen. Zwei Jahre vorher hatten die Experten kapitulieren müssen: Sie konnten sich nicht darüber einigen, ob der Insulinschock, der Sunny von Bülow in ein bis heute andauerndes Koma versetzte, ein Unglück war oder ein Verbrechen. Der des zweifachen Mordversuchs angeklagte Ehemann wurde freigesprochen.

Nicht jedem Autor, der sich mit einem Mord beschäftigt, ist es um die Entlarvung des Schuldigen zu tun. Dostojewski hatte anderes im Sinn, als er die Gewissensqualen des Doppelmörders Raskolnikow schilderte. Auch Fritz Lang ging es in «M», dem besten deutschen Kriminalfilm, um mehr als die Jagd nach einem Serienkiller. Beide werden zu Wort kommen – ebenso wie Shakespeare, Schiller und der Großmeister des blutrünstigen Grand Guignol, André de Lorde. Das letzte Kapitel ist den Strafen gewidmet, mit denen die Justiz Morde ahndete – ein Blick in die Abgründe der menschlichen Phantasie.

Muß ich ausdrücklich betonen, daß es sich um eine Skizze handelt, nicht um eine auf Vollständigkeit bedachte Enzyklopädie? Zeichnen, wußte schon Max Liebermann, heißt weglassen. Ich habe viel weggelassen, damit der Leser die große Linie um so deutlicher erkennt. Ich wünsche mir, daß ihm die Lektüre wie ein angenehmer Spaziergang vorkommt – ein Spaziergang durch ein Gelände, das ihm urvertraut erscheint und dann wieder wild exotisch. Eines kann ich ihm auf jeden Fall versprechen: Auf diesem Spaziergang wird er ungewöhnliche Bekanntschaften machen.

Von der Feuerprobe zur Folter

Mordprozesse in alter Zeit

Am 30. Juli 1672 starb in Paris Gaudin de Sainte-Croix, ein ehemaliger Offizier, der unweit der Place Maubert ein Labor betrieb. Später hieß es, bei der Zubereitung von Giften sei seine gläserne Schutzmaske zersprungen und er selbst von den aufsteigenden Dämpfen getötet worden. In Wahrheit starb er mit dem Segen der Kirche im Bett. Nach seiner Verabschiedung hatte sich Sainte-Croix auf alchimistische Experimente geworfen und suchte – wie so viele seiner Zeitgenossen – den *lapis philosophorum*, den Stein der Weisen, mit dessen Hilfe er aus minderwertigen Metallen Gold zu machen hoffte.

Den Stein fand er nicht, sondern hinterließ im Gegenteil hohe Schulden. Sein Nachlaß wurde daher sichergestellt, um durch den Verkauf die Gläubiger zu befriedigen. Man fand darunter einen versiegelten Brief mit der Aufschrift «Mein Geständnis». Aus Respekt vor dem Beichtgeheimnis wurde der Brief verbrannt. Des weiteren fand man eine Kassette mit der Verfügung, sie der Marquise de Brinvilliers auszuhändigen, «da ihr der Inhalt gehört und sie allein angeht». Da der Inhalt, Fläschchen und Tütchen voll unbekannter Substanzen, verdächtig schien, wurde die Kassette in amtliche Verwahrung genommen. Als die Marquise erschien und erregt auf Herausgabe bestand, wurde sie abgewiesen. Ein zweiter Besucher, ein gewisser La Chaussée, machte Forderungen gegen den Verstorbenen geltend, verdrückte sich aber sofort, als er von der Kassette hörte. La Chaussée, wie sich sehr bald herausstellte, war der Friseur der Marquise und hatte ihren beiden Brüdern den Haushalt geführt. Die Brüder waren im Juni und September 1670 unter ominösen Umständen gestorben. Man vermutete Giftmord. Aber wer die Morde verübt hatte, war im Dunkeln geblieben.

Ein Huhn, eine Taube und ein Hund wurden mit den geheimnisvollen Substanzen gefüttert. Sie starben innerhalb weniger Stunden. Als man die Marquise und ihren Friseur vernehmen wollte, waren beide verschwunden. Die Marquise war nach England geflohen. La Chaussée wurde im September 1672 gefaßt und im März 1673 zum Tode verurteilt. Zugleich beschloß das Gericht, die Beweiserhebung mit Hilfe der Folter fortzusetzen. Unter dem Druck der *brodequins*, der Beinschrauben, auch «spanische Stiefel» genannt, räumte La Chaussée ein, die Brüder vergiftet zu haben. Er starb auf dem Rad.

Die Marquise wurde erst drei Jahre später, im März 1676, in Lüttich verhaftet, wo sie sich in einem Kloster einquartiert hatte. Auch bei ihr fand man einen Brief mit der Aufschrift «Mein Geständnis». Doch dieser Brief wurde nicht verbrannt, sondern – allerdings erst nach einem theologischen Gutachten – als Beweismittel zugelassen. Die Marquise gestand darin nicht nur, die Beseitigung ihrer Brüder in Auftrag gegeben, sondern auch ihren Vater vergiftet zu haben. Auch ihrem Mann habe sie fünf- oder sechsmal Gift verabreicht, «um bequemer leben zu können». Aber dann habe sie sich eines anderen besonnen und ihn wieder gesund gepflegt. Vor Gericht widerrief sie ihr Geständnis und behauptete, es im Fieberwahn geschrieben zu haben. Mit dem Tod ihrer Brüder und der Giftmischerei von Sainte-Croix habe sie nichts zu tun.

Doch nun traten Zeugen auf, die ihr widersprachen. Eine Zofe berichtete, Madame habe ihr in angeheitertem Zustand Pulver und Salben in ihrem Schmuckkästchen gezeigt und dazu lachend bemerkt: «Hier hast du alles, was du brauchst, um dich zu rächen. Es ist voller Erbschaften!» Wieder nüchtern, habe Madame sie beschworen, das Gehörte zu vergessen. Noch belastender war die Aussage des Hauslehrers Briancourt, mit dem sie ein Liebes-

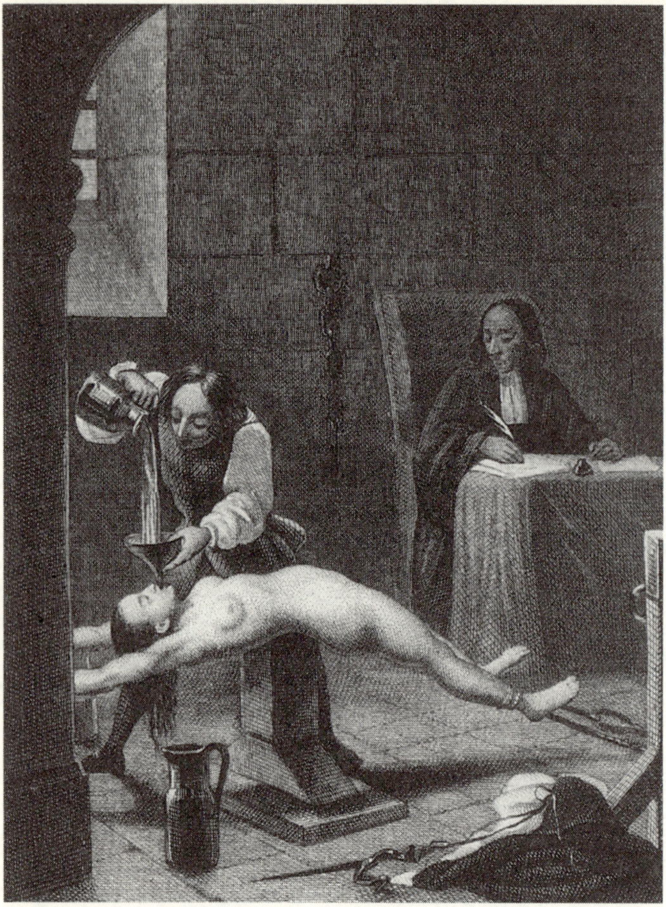

Abb. 1: Peinliche Befragung der Marquise de Brinvilliers

verhältnis unterhalten hatte. Sie hatte ihm gestanden, ihren jüngeren Bruder, der gerade gestorben war, auf dem Gewissen zu haben. Kurz darauf bat sie ihn, ihr bei der Beseitigung ihrer Schwester und ihrer Schwägerin zu helfen. Als er entrüstet ablehnte, war sie verstimmt. Sie bestellte ihn um Mitternacht in ihr Schlafzimmer. Durchs Fenster sah er zufällig, wie sie Sainte-Croix in einem Schrank versteckte. Als er das Schlafzimmer betrat, ging er stracks auf den Schrank zu, worauf Sainte-Croix floh und die Brinvilliers sich in einem Wutanfall auf ihn stürzte. Sie versöhnten sich wieder, aber da Briancourt das Gefühl nicht loswurde, daß man ihm in diesem Haus nach dem Leben trachtete, verließ er es.

Obwohl sie weiter leugnete, wurde die Marquise für schuldig befunden und zum Tode verurteilt – da sie den höheren Ständen angehörte, durch das schmerzlose Beil. Doch vorher hatte sie noch Schmerzen zu erdulden. Sie wurde der Wasserfolter unterzogen, die darin bestand, die nackte, wie ein Sprungtuch an allen Vieren ausgespannte Delinquentin mit mehr als zehn Litern Wasser zu füllen. Wie ihr Beichtvater später berichtete, legte sie schon vor dem Beginn der Tortur ein volles Geständnis ab. Bei ihrer Hinrichtung am 17. Juli 1676 war das Gedränge auf der Place de Grève so groß, daß sich der Kutscher, der das Gericht und die Verurteilte zum Schafott fuhr, mit der Peitsche einen Weg durch die Menge bahnen mußte.

Eine Giftmord-Affäre am französischen Hof

Der Prozeß und die Hinrichtung hinterließen bei den Parisern einen tiefen Eindruck. Vorher hatten Gifte als Domäne der Italiener gegolten. Jetzt griff eine Hysterie um sich, die hinter jedem nicht völlig eindeutigen Todesfall einen Giftmord witterte. Auch war das Gefühl weit verbreitet, die Brinvilliers sei wegen ihrer familiären Beziehungen zur hohen Beamtenschaft nicht rücksichtslos genug verhört worden – mit der Folge, daß Mittäter und Mitwisser ungestraft weiter ihr Wesen trieben. Als daher einige Jahre später Catherine Voisin, genannt La Voisin, und andere Wahrsagerinnen unter dem Verdacht verhaftet wurden, Frauen bei der Beseitigung ihrer Männer geholfen zu haben, setzte Ludwig XIV. am 8. März 1679 ein Sondergericht ein, das im Arsenal tagte. Da der Raum schwarz ausgeschlagen und nur durch Fackeln erleuchtet war, ist das Gericht als *chambre ardente* (Brandkammer) in die Geschichte eingegangen. Berichterstatter war Nicolas Gabriel de La Reynie, der erste Pariser Polizeichef, der sich durch die Zerschlagung der *cour des miracles*, des Hauptquartiers der Bettler, und die Einführung der Straßenbeleuchtung Verdienste erworben hatte. Der König ordnete an, die Prozesse ohne Ansehen der Person zu führen.

Das Gericht war auf die Rückendeckung durch die allerhöchste Autorität im Lande dringend angewiesen, denn die Angeklagten benannten, nach ihrem Kundenkreis befragt, immer respektablere Namen. Schließlich war man bei der unmittelbaren Umgebung des Königs angelangt – dem Marschall von Luxemburg, der Comtesse de Soissons, einer ehemaligen Geliebten Seiner Majestät, und der gegenwärtigen Inhaberin dieser Stelle, der Marquise de Montespan. Der Marschall wurde beschuldigt, an Teufelsbeschwörungen teilgenommen zu haben. Drei Monate saß er in Untersuchungshaft; dann sprachen ihn die Richter frei. Die Comtesse de Soissons sollte von der Voisin ein Mittel erbeten haben, um ihre Nachfolgerin im Herzen des Königs, Mademoiselle de La Vallière, zu beseitigen. Rechtzeitig vor ihrer drohenden Verhaftung gewarnt, zog sie es vor, sich nach Spanien abzusetzen. Der Montespan wurde nachgesagt, sie habe ihrem königlichen Geliebten eine Tinktur aus Stiersamen, Fledermausblut und zermahlenen Föten eingeflößt, um seine Gunst zu behalten. Außerdem habe sie ihre Nebenbuhlerin, Mademoiselle de Fontanges, mit vergifteter Seide aus dem Weg geräumt. Nach längerem Schwanken rang sich der König zu der Ansicht durch, daß diese Beschuldigungen haltlos waren. Die *maîtresse-en-titre* blieb unbehelligt.

Die Voisin wurde am 22. Februar 1680 auf dem Grève-Platz verbrannt. Die Marquise de Sévigné wohnte dem Schauspiel bei und schrieb danach ihrer Tochter: «Ein Richter erzählte mir, für weibliche Delinquenten gebe es gewisse Erleichterungen. – Welche denn? Erwürgt man sie vorher? – Nein, man wirft ihnen Holzscheite an den Kopf, oder die Henkersknechte reißen ihnen den Kopf mit eisernen Haken ab. – Du siehst, mein Kind, es ist gar nicht so schlimm, wie man denkt.»

Als das Sondergericht am 21. Juli 1682 aufgelöst wurde, hatte es 104 Prozesse geführt, von denen 36 mit der Todesstrafe endeten. Zwei der Angeklagten waren unter der Folter gestorben. Nicht wenige der Gefolterten widerriefen später die Geständnisse, die sie mit Nachhilfe der *brodequins* abgelegt hatten. Deshalb auf die Folter zu verzichten, fiel dem Gericht nicht ein. Wieviele der Angeklagten wirklich schuldig waren, ist heute nicht mehr festzustellen – des Giftmords vermutlich nur eine Handvoll. Manches deutet darauf hin, daß Kriegsminister Louvois die *affaire des poisons* bewußt aufbauschte, um politische Gegner auszuschalten. Bei den Parisern hinterließ sie einen üblen Nachgeschmack. Indem es den Aberglauben seiner Oberschicht ans Licht zerrte, lesen wir in zeitgenössischen Korrespondenzen, habe sich Frankreich vor dem Ausland lächerlich gemacht. Als sich zwanzig Jahre später eine neue Affäre zusammenbraute mit Wahrsagern, schwarzen Messen und Wundermitteln, die die verlorene Jungfräulichkeit wieder herstellen sollten, entschied La Reynies Nachfolger, der Marquis d'Argenson, sie ohne Gericht auf administrativem Wege – durch Verbannung oder Einweisung ins Arbeitshaus – zu erledigen.

Bis zur Abschaffung der Folter war allerdings noch ein weiter Weg. Da sie – jedenfalls in der Theorie – erst angewandt wurde, wenn sich die Beweislast umgekehrt hatte, sprich: wenn das Gericht zur Überzeugung gelangt war, der Angeklagte sei schuldig, hatten La Reynie und sein Kollegium ein reines Gewissen. Als sich ein Anwalt namens Duplessis, der den Prozessen im Auftrag von Finanzminister Colbert beiwohnte, Einwände erlaubte, stieß er auf taube Ohren. In der Tat galt die Folter bis tief ins 18. Jahrhundert hinein als durchaus sachgerechtes, ja modernes Verfahren zur Aufklärung von Verbrechen. Bescherte sie den Ermittlern nicht die *regina probationum*, das Kronjuwel der Beweise – das Geständnis? Verglichen mit älteren Beweisverfahren war diese Überzeugung nicht einmal abwegig.

Wie Hagen, der Mörder Siegfrieds, überführt wurde

In der Oper «Lohengrin» wird Elsa, die Herzogin von Brabant, angeklagt, ihren kleinen Bruder ermordet zu haben. Aufgefordert, zur Anklage Stellung zu nehmen, berichtet sie von einem Ritter, der ihr im Traum erschienen sei und für sie kämpfen werde. So geschieht es: Der Ritter besiegt den Ankläger, und damit ist der Prozeß entschieden. Was Richard Wagner hier romantisch verklärt, entsprach tatsächlich dem Rechtsempfinden des frühen Mittelalters. War der Sachverhalt in einem Strafverfahren umstritten, überließ man die Wahrheitsfindung gern dem Urteil Gottes – oder was man dafür hielt. Der Zweikampf war nur ein Gottesurteil unter vielen. Bei der Feuerprobe mußte der Angeklagte zwischen brennenden Holzstößen hindurchgehen, beim Kesselfang mit bloßen Händen einen Stein oder Ring aus siedendem Wasser fischen, bei der Bißprobe ein großes Stück Brot oder Käse unzerkaut herunterwürgen. Mißlangen ihm diese Kunststücke, war er schuldig. Bei der Bahrprobe war er es, wenn sich die Wunden des Opfers in seinem Beisein wieder öffneten. Auf diese Weise wird im Nibelungenlied Hagen, der Mörder Siegfrieds, überführt. Auch eine Luzerner Chronik aus dem Jahre 1513 berichtet vom Prozeß gegen einen gewissen Hans Spieß, der den Mord an seiner Frau erst zugab, als er den nackten Leichnam der exhumierten Toten küssen mußte und ihre Wunden zu bluten begannen.

Damals waren Gottesurteile eigentlich längst außer Mode. Das (vierte) Laterankonzil von 1215 hatte den Geistlichen untersagt, bei Feuer- und Wasserproben mitzuwirken. Der aufgeklärte Kaiser Friedrich II. erließ 1231 ein allgemeines Verbot. Zur gleichen Zeit verlor auch das zweite Beweismittel, das die Strafjustiz des frühen Mittelalters beherrscht hatte, seine Bedeutung – die Eideshelfer. Da die Strafverfolgung grundsätzlich Sache des Geschädigten war, mußte er, wenn er sie nicht in die eigene Hand nahm, Lynchjustiz übte oder dem Täter die Fehde erklärte, seine Anklage durch Eideshelfer untermauern. Die Eideshelfer waren weder Tatzeugen noch Sachverständige, sondern Sippengenossen, die seine Glaubwürdigkeit in rituellen Formeln beschworen. Der Angeklagte konnte sich mit einem ebenso rituellen Reinigungseid verteidigen. Schlecht stand es um ihn, wenn es dem Ankläger gelang, sieben Eideshelfer zusammenzubringen, die den landschädlichen Charakter seines Gegners bezeugten: Dieser war dann «übersiebnet» und schuldig.

Die Wiederentdeckung des römischen Rechts im 12. und 13. Jahrhundert und der gleichzeitige Aufschwung ketzerischer Bewegungen wie der Katharer und Waldenser hatten eine doppelte Folge: Die Privatjustiz mußte dem amtlichen Inquisitionsprozeß weichen und das ritualisierte Verfahren einer gründlicheren Ermittlung der Schuld. Natürlich trat der Wandel nicht über Nacht ein, sondern zog sich über Jahrhunderte hin und war mit dem Ewigen Landfrieden von 1495, der die Privatkriege verbot, noch lange nicht abgeschlossen. In den Mittelpunkt der Beweiserhebung rückte das Geständnis und in seinem Schlepptau das wirkungsvollste Mittel, es zu erzwingen – die Folter. Die Ketzerprozesse, in denen die neue Rechtsphilosophie erstmals auf breiter Front durchgepaukt wurde, sind kein Ruhmesblatt der Kirche, doch gehören sie nicht zu unserem Thema.

Blaubart war kein Ladykiller

Statt dessen wenden wir unsere Aufmerksamkeit einem Mordprozeß zu, an dem sich die Zeichen der neuen Zeit ebenfalls deutlich ablesen lassen. Ob der Angeklagte wirklich schuldig war oder das Opfer einer abgefeimten Intrige, ist – wie bei der *affaire des poisons*, die der Fall in mancher Hinsicht vorwegnimmt – bis heute umstritten. Feststeht, daß Gilles de Rais (oder Retz) einer der reichsten Männer Europas war und viele Neider hatte. Als Marschall von Frankreich kämpfte er an der Seite von Jeanne d'Arc gegen die Engländer. 1434 zog er sich auf seine Güter in der Vendée und der Bretagne zurück. Sein extravaganter Lebensstil zwang ihn, immer mehr Land zu verkaufen. Wegen Verschwendung entmündigt, versuchte er sein Glück mit der Alchimie. Scharlatane aller Art gingen im Schloß Tiffauges ein und aus. Ein Florentiner namens Pelati, ein ehemaliger Priester, soll ihn in die Geheimnisse der schwarzen Magie eingeweiht haben. In den schwarzen Messen, behauptete später die Anklage, seien Knaben und Mädchen geopfert worden. An Tausenden von Kindern beiderlei Geschlechts – «manchmal an lebenden, manchmal an toten, manchmal an sterbenden» – habe er die Sünde der Sodomie begangen. In seinem Stadthaus in Nantes habe er 140 Kinder auf grausame Weise umgebracht.

Daß es überhaupt zu einem Prozeß kam, hatte mit den Kindermorden nichts zu tun, sondern war die Quittung für einen Übergriff gegen die Kirche: Retz hatte sich mit dem Käufer eines seiner Schlösser überworfen und, da er seinen Gegner nicht zu Hause antraf, dessen Bruder verprügelt – ein schweres Verbrechen, denn der Bruder war Priester. Der Herzog der Bretagne und der Erzbischof von Nantes ergriffen dankbar die Gelegenheit, den exzentrischen Großgrundbesitzer unschädlich zu machen – und seine Güter einzuziehen. Im September 1440 wurde der Prozeß unter dem Vorsitz des Bischofs eröffnet. Retz nannte die Anklage absurd und erbot sich, sie durch eine Feuerprobe zu entkräften. Das Gericht ließ sich darauf nicht ein, exkommunizierte ihn und bedrohte ihn mit der Folter. Nachdem ihm die zu diesem Zweck bereitliegenden Werkzeuge gezeigt worden waren, legte er ein umfassendes Geständnis ab, das in der Stadtbibliothek von Nantes nachgelesen werden kann. Am 26. Oktober wurde er mit zwei Gehilfen gehängt. Wegen seiner hohen Abkunft wurde dem Leichnam die Gnade zuteil, nicht auf dem Scheiterhaufen verbrannt, sondern zur kirchlichen Beerdigung freigegeben zu werden.

Die Welt hat den Massenmörder – wenn er denn einer war – nicht vergessen. Obwohl er selbst monogam und wahrscheinlich homosexuell war, wurde er wegen seines bläulich schimmernden Bartes mit der viel älteren Sagenfigur des Ladykillers Blaubart identifiziert. Auch die französische Literatur feierte ihn auf diskrete Weise: Sein Schloß Tiffauges wird in Michel Tourniers Roman «Der Erlkönig» zum Namen des Titelhelden, des pädophilen Automechanikers Abel Tiffauges, dem sich als Kriegsgefangenem in Ostpreußen ein Lebenstraum erfüllt – für eine Ordensburg der SS reinrassige, blonde Knaben zu rekrutieren.

Wurde Beatrice Cenci von ihrem Vater vergewaltigt?

Bei Gilles de Rais hatte bereits die *territio*, das Vorzeigen der Instrumente, ausgereicht, um ein Geständnis aus ihm herauszulocken. In einem römischen Prozeß, der sich gleichfalls im adligen Milieu abspielte und vielfältige literarische Spuren hinterließ, wurde die Folter tatsächlich angewandt. Hier war nicht der Täter, sondern das Opfer ein stadtbekannter Wüstling. Graf Francesco Cenci war in der Nacht des 8. September 1598 auf seiner Burg in den Abruzzen plötzlich gestorben. Angeblich hatte er sich bei einem Sturz vom Balkon den Hals gebrochen. Doch die hastige Beerdigung erregte Verdacht. Während die Hinterbliebenen nach Rom zurückkehrten, machten im Dorf Gerüchte über Blutspuren im Schlafzimmer die Runde. Die Leiche wurde ausgegraben, die Ärzte diagnostizierten Mord.

Als erster wurde Marzio vernommen, ein junger Mann aus dem Dorf, der auf dem Schloß gearbeitet hatte. Während des Verhörs verwickelte er sich in Widersprüche. Nachdem man ihn einige Male mit dem Strick in die Höhe gezogen hatte, gestand er, den Mord gemeinsam mit Olimpio, dem Kastellan, ausgeführt zu haben. Im Auftrag der Familie seien sie in das eheliche Schlafgemach eingedrungen und hätten dem schlafenden Alten mit Hammerschlägen den Schädel zertrümmert. Bevor man Olimpio befragen konnte, wurde er von unbekannter Hand umgebracht. Nun wurde auch die Familie – Francescos zweite Frau Lucrezia und Beatrice, Giacomo und Bernardo, seine Kinder aus erster Ehe – der Strickprobe unterworfen. Ja, gaben sie zu, sie hatten den Alten, der sie wie Haustiere gefangen hielt, tyrannisierte und mit der Reitpeitsche schlug, beseitigen lassen. Zunächst hatten sie mit einer Räuberbande verhandelt, aber deren Preis war ihnen zu hoch gewesen. Danach versuchten sie, Francesco zu vergiften. Da er äußerst mißtrauisch war und keine Speise zu sich nahm, die nicht andere vorher gekostet hatten, war auch dieser Plan gescheitert. So vertraute man sich denn Olimpio an, mit dem die zwanzigjährige Beatrice intim war. Beatrice wurde von der Familie als treibende Kraft hinter dem Mordplan hingestellt.

Obwohl Roms bekanntester Anwalt, Prospero Farinaccio, die Verteidigung übernommen hatte, verurteilte das Gericht die Angeklagten zum Tode. Nur der siebzehnjährige Bernardo kam wegen seiner Jugend mit einer Galeerenstrafe davon. Sein Hauptargument, der Vater habe versucht, seine Tochter zu vergewaltigen, konnte Farinaccio nicht beweisen. Am 11. September 1599 wurden alle vier, während ungeheure Menschenmengen die Straßen säumten, zum Richtplatz an der Engelsbrücke geführt. Giacomo wurde mit Zangen gezwickt und dann mit Keulen erschlagen. Die beiden Frauen wurden enthauptet, während Bernardo zusehen mußte und dabei zweimal in Ohnmacht fiel. Beatrices unbezeichnetes Grab in der Kirche San Pietro in Montorio wurde sofort zur Pilgerstätte. Das römische Volk hatte der schönen Mörderin längst verziehen. Auch Shelley ergreift in seinem Lesedrama «Die Cenci» Partei für Beatrice. Die Bösewichter seiner Tragödie sind der monströse Vater und der Papst, der die gequälte, aus Verzweiflung zum Äußersten getriebene Familie nicht begnadigte.

England ging seine eigenen Wege. Es übernahm weder das römische Recht noch die Folter als festen Bestandteil der Beweisaufnahme. Damit ist nicht gesagt, daß in England nicht gefoltert wurde. Im Gegenteil: Die *recusants*, die nach der Reformation störrisch am alten Glauben festhielten, wurden nicht zarter angefaßt als auf dem Festland die Ketzer. Nachdem man die Pulverfässer gefunden hatte, die am 5. November 1605 König, Regierung und Parlament in die Luft sprengen sollten, wurden die Beteiligten und Mitwisser des Komplotts gnadenlos verhört, wobei sich die Intensität des Verhörs nach dem Grade der Verstocktheit vom Aufziehen an eisernen Ringen (*manacles*) bis zur Streckbank (*rack*) steigerte. Als sich der Scharfrichter Thomas Norton rühmte, er habe einen Geistlichen «einen guten Fuß länger gemacht, als Gott ihn schuf», wurde er allerdings zur Ordnung gerufen und mußte einräumen, er habe dem Inquisiten die Verlängerung nur angedroht.

Die Carolina gab der «peinlichen Befragung» ihren Segen

In Deutschland versuchte Karl V. die uneinheitliche, oft willkürliche Anwendung der Folter zu reglementieren. Die Constitutio Criminalis Carolina von 1532 gestattete es nur bei ausreichendem Tatverdacht, den Angeklagten «peinlich zu befragen». Die Befragung hatte in Gegenwart des Richters, zweier Gerichtspersonen und des Gerichtsschreibers zu erfolgen. Zunächst war die Folter anzudrohen. Leugnete der Angeklagte, bestand der Verdacht aber fort und ließ er sich auf andere Weise nicht entkräften, wurde zur Folter geschritten, die nach der «ermessung eins guten vernunfftigen richters» kurz oder lang, milde oder hart ausfallen konnte. Während der Folter durfte nicht protokolliert werden; maßgebend war, was der peinlich Befragte nachher sagte. Da die

Folter jedoch beliebig oft wiederholt werden konnte, blieb diese Vorschrift, die den Angeklagten eigentlich schützen sollte, bedeutungslos. Nicht besser stand es um den «guten vernunfftigen richter». Wie die folgenden zwei Jahrhunderte zu Genüge bewiesen, war die Formulierung so elastisch, daß auch fanatische Eiferer und sadistische Psychopathen keine Mühe hatten, sie auf sich zu beziehen.

Und wo blieb bei alledem, wird mancher fragen, die Polizei? Zwar gab es den Begriff seit etwa 1500 und seit 1530 eine «Römischer Kayserlicher Majestät Ordnung und Reformation guter Polizey im Heiligen Römischen Reich», denen die Landesfürsten und reichsfreien Städte bald eigene Polizeiordnungen folgen ließen. Doch die Behörden, deren Aufgaben in diesen Gesetzen festgelegt wurden, hatten mit der Aufklärung von Verbrechen nichts zu tun. Sie waren Gesundheits-, Bau-, Feuer-, Fremden- und Sittenpolizei. Die Kriminalpolizei entstand erst um die Wende des 18. zum 19. Jahrhundert.

Ihr Aufstieg ist eng verknüpft mit den wachsenden Zweifeln an der Zulässigkeit und Zuverlässigkeit der Folter und dem wachsenden Bedürfnis nach einer von starren Regeln befreiten, rational nachvollziehbaren Beweiswürdigung. Der biblische, von der Carolina wieder aufgewärmte Grundsatz «Durch zweier Zeugen Mund wird allerwegs die Wahrheit kund» hatte, als ihn der gelernte Jurist Goethe dem Teufel in den Mund legte, an Überzeugungskraft bereits stark verloren. Daß auf Zeugen und Folter nicht unbedingt Verlaß ist, wurde selten deutlicher als in einem skandalösen Strafprozeß, der ganz Europa schockierte.

Jean Calas, Opfer eines Justizmords

Am 13. Oktober 1761 hatte sich die Familie von Jean Calas, einem Tuchhändler in Toulouse, in ihrer Wohnung über dem Laden zum Mittagessen versammelt. Marc-Antoine, der älteste

Sohn, hatte Jura studiert, aber als Protestant keinerlei Aussicht, in der stockkatholischen Stadt eine Stellung zu finden. Er hatte angefangen zu spielen und zu trinken und zitierte gern Hamlets Monolog über den Selbstmord. Nach dem Essen verschwand er. Sein Bruder Pierre und ein Schulfreund, der mit am Tisch saß, fanden ihn eine halbe Stunde später im Laden – tot. Er hatte sich an einer Stange, die er zwischen zwei Türpfosten geklemmt hatte, erhängt. Der fassungslose Vater beschwor die Anwesenden, den Tod als Unfall auszugeben: Er wollte verhindern, daß der Selbstmörder nach damaligem Brauch nackt durch die Straßen geschleift und am Galgen aufgehängt wurde.

Das war ein verhängnisvoller Fehler, denn dem herbeigerufenen Arzt blieben die Würgmale natürlich nicht verborgen. Die ganze Familie und der Hausgast wurden verhaftet und des Mordes angeklagt. Ein Motiv war schnell gefunden: Pierre war zum Katholizismus übergetreten. Marc-Antoine, wurde behauptet, habe den gleichen Schritt vorgehabt, doch sei ihm die protestantische Sippschaft zuvorgekommen. Obwohl alle Beteiligten nun den Selbstmord bezeugten, glaubte man ihnen nicht. Der Tote wurde mit großem Pomp als Märtyrer in der Kathedrale beigesetzt. Die erste Instanz verurteilte die Eltern und Pierre zum Tode. Der Hausgast erhielt eine Galeerenstrafe, die katholische Kinderfrau, die die Unschuld ihrer protestantischen Dienstherren beschworen hatte, fünf Jahre Gefängnis. Die zweite Instanz, das Parlament von Toulouse, hörte mehr als sechzig Zeugen, von denen kein einziger zur Tatzeit am Tatort gewesen war, die aber alle etwas Interessantes gehört hatten, das sie mit dem Gericht zu teilen wünschten.

Das Parlament sprach die Familie frei, bestätigte aber das Todesurteil gegen den Vater. Wie ein Mann von 64 Jahren seinen erwachsenen Sohn überwältigt und erwürgt haben sollte, blieb das Geheimnis der Richter. Auch die Strick- und die Wasserfolter, denen Jean Calas unterworfen wurde, konnten ihn zu keinem Geständnis bewegen. Am 10. März 1762 wurde er auf dem Platz vor der Kathedrale gerädert und nach zweistündigen Todesqualen, während er weiter seine Unschuld beteuerte, erdrosselt. Sein Eigentum wurde beschlagnahmt.

Während die Witwe und Pierre in Montauban untertauchten, floh Donat, der jüngste Sohn, der zur Tatzeit nicht in Toulouse gewesen war, ins protestantische Genf. Dort lernte ihn Voltaire kennen, ließ sich den Fall in allen Einzelheiten erzählen und machte den Justizmord in seinem polemischen «Traité sur la Tolérance» (1763) publik. Nicht nur die Pariser Salons stimmten in den Chor der Entrüsteten ein, der Zorn erfaßte die ganze gebildete Welt. Selbst die Zarin und die Königin von England unterstützten die Spendenaktion, zu der Voltaire aufgerufen hatte. Premierminister Choiseul empfing die Witwe und ordnete die Wiederaufnahme des Prozesses an. Das Parlament von Toulouse fand tausend Gründe, um die Herausgabe der Akten zu verzögern, mußte sich aber schließlich in das Unvermeidliche fügen. Am 9. März 1765 erklärte der Staatsrat das Urteil für null und nichtig und Calas für unschuldig. Ludwig XV. gewährte der Familie einen Schadenersatz von 30 000 Livres.

Im Jahr zuvor hatte der Mailänder Jurist Cesare Beccaria eine knappe Schrift veröffentlicht, die sofort in alle europäischen Sprachen übersetzt wurde. «Dei delitti et delle pene» (Über Verbrechen und Strafen) plädiert für die Abschaffung der Folter und der Todesstrafe. Mit der zweiten Forderung war Beccaria seiner Zeit weit voraus. Mit der ersten traf er ihren Nerv. Schweden hatte die Folter schon 1734 abgeschafft. Preußen folgte 1740, behielt sie aber zunächst noch für Mord- und Hochverratsprozesse bei. 1754 entfiel auch diese Ausnahme. Das schwedische und preußische Beispiel machte Schule: 1767 folgte Baden, 1770 Sachsen, 1776 Österreich, 1789 Frankreich, 1801 Rußland. Selbst Bayern, das in seinem Strafgesetzbuch von 1751 noch vier Grade der Tortur zugelassen hatte, schloß sich 1809 dem europäischen Trend an. Als letzter deutscher Staat verzichtete Sachsen-Koburg-Gotha 1828 auf das einst so beliebte Beweismittel.

Die leicht vorauszusehende Folge war, daß das Geständnis sein Monopol verlor. In der Beweisaufnahme mußten nun auch andere Mittel eingesetzt werden, um den Sachverhalt aufzuklären und den Verbrecher zu überführen. Die Carolina hatte den Indizienbeweis ausdrücklich verboten. Jetzt kam er zu Ehren. Doch mit der Sicherung und Auswertung der Indizien waren die Gerichte überfordert. Eine neue Bürokratie entstand. Die Stunde der Kriminalpolizei hatte geschlagen.

Am nächsten Morgen war der Tatort zugeschneit

Kriminalpolizei und Gerichtsmedizin tun ihre ersten, noch unsicheren Schritte

Nach dem Tode Ludwigs XIV. wollte der Herzog von Orléans, der für den minderjährigen Ludwig XV. die Regentschaft führte, den Polizeichef Argenson entlassen. Doch das ging nicht so leicht, wie er gedacht hatte. In einer Privataudienz drohte Argenson mit unangenehmen Enthüllungen über ein Komplott gegen den spanischen König. Der Regent, der in das Komplott selbst verwickelt gewesen war, verstand den Wink und ließ den Polizeichef im Amt. Der Mann wußte einfach zuviel.

Mit moderner Kriminalistik hatte das Wissen, das die französische Polizei damals durch eine ganze Armee von Spitzeln zusammentragen ließ, nichts zu tun. Bespitzelt wurde jedermann – je höher er auf der gesellschaftlichen Leiter stand und je einflußreicher er war, um so intensiver. Als besonders ergiebige Auskunftsquelle erwiesen sich die Perückenmacher, die nicht nur die Haare ihrer Kundschaft bestens kannten. Der erste Polizeichef, der die Aufklärung von Verbrechen systematisch in Angriff nahm, war Nicolas Berryer de Ravenoville, ein Günstling der Marquise de Pompadour. Er ließ ein zentrales Register der Vorbestraften anlegen und Verbrecher durch Steckbriefe suchen. Das um 1750 eingerichtete, zunächst nur mit drei Inspektoren besetzte *Bureau de sûreté* (Sicherheitsbüro) darf als Keimzelle der französischen Kriminalpolizei gelten. Davon abgesehen, hinterließ Berryer bei den Parisern einen eher zweifelhaften Ruf. Die von ihm angeordneten Razzien, die es vor allem auf bettelnde Kinder abgesehen hatten, wurden als Versorgung des liebeshungrigen Monarchen mit frischem Mädchenfleisch gedeutet und führten mehrfach zu Aufständen.

François Vidocq, Galeerensträfling und Seele der Sûreté

Bis zum nächsten Schritt verging mehr als ein halbes Jahrhundert. 1809 wurde der Kommissar Henry zum Leiter einer neuen Abteilung in der Pariser Polizeipräfektur ernannt, der *Division des affaires criminelles*. Sein Büro hatte er in der Rue de Jérusalem, die später verschwand und einer Adresse Platz machte, die jedem Fan seines fiktiven Nachfolgers, des Kommissars Maigret, ans Herz gewachsen ist: 36 Quai des Orfèvres. Noch im gleichen Jahr bekam Henry Besuch von einem Herrn, der sich als François Vidocq vorstellte. Er sei leider früh in schlechte Gesellschaft geraten, klagte der Besucher, habe sich als Zuhälter und Falschspieler durchgeschlagen, sei wegen Urkundenfälschung und anderer Delikte zu Galeerenstrafen verurteilt worden, aber immer wieder geflohen und untergetaucht. Zuletzt habe er einen kleinen Laden aufgemacht, doch hätten ihn alte Bekannte aus dem Milieu entdeckt und erpreßt. Vidocq bot Henry einen Handel an: Wenn man sein Vorleben auf sich beruhen lasse, sei er bereit, seine umfassende Kenntnis der Unterwelt in den Dienst der Polizei zu stellen.

Henry nahm das Angebot an. Um in der Unterwelt keinen Verdacht zu erregen, wurde Vidocq zunächst verhaftet, verbrachte eine Zeitlang im Kittchen und «flüchtete» bei der Überführung in eine andere Anstalt. Kurz danach konnte Kommissar Henry eine gefährliche Fälscherbande ausheben. Es war der erste von vielen Fahndungserfolgen. Obwohl es an Widerstand gegen den vorbestraften Seiteneinsteiger nicht fehlte, blieb Vidocq achtzehn Jahre lang die Seele der *Sûreté*, wie die Kriminalpolizei kurz genannt wurde, zuletzt mit einem eigenen Büro in der Rue Sainte-Anne und zwölf Mitarbeitern. Nach seinem Abschied

Abb. 2: Pierre François Lacenaire auf der Anklagebank

schrieb er seine Memoiren und eröffnete die erste Detektivagentur der Welt. Diese private Konkurrenz stieß bei seinen ehemaligen Kollegen übel auf. Vidocq wurde wegen Amtsanmaßung verhaftet, auch seine Vorstrafen kamen plötzlich wieder aufs

Tapet. Aber da er inzwischen eine Berühmtheit war, mußte man ihn schließlich laufen lassen.

Balzac hatte Vidocq vor Augen, als er den Meisterverbrecher Vautrin schuf, die überwältigende Persönlichkeit jenseits von Gut und Böse, die in mehreren seiner Romane eine kapitale Rolle spielt. Auch Victor Hugo konsultierte ihn bei den Vorarbeiten zu «Les Misérables», um von der Pariser Unterwelt ein möglichst naturgetreues Bild zu gewinnen. Nicht zufällig trägt die Hauptfigur, der Galeerensträfling Valjean, der es nach seiner Entlassung zu einer angesehenen Existenz bringt, aber dann doch wieder von seiner Vergangenheit eingeholt wird, Züge von Vidocq. Seine Memoiren wurden aber nicht nur von Balzac und Hugo gelesen, sondern auch von einem Mann, der als Dichter berühmt zu werden hoffte und, als es damit haperte, beschloß, ein berühmter Verbrecher zu werden.

Bin ich Napoleon oder eine Laus?

Am 31. Dezember 1834 wurde ein Bankbote in die Rue Montorgueil unweit der Pariser Markthallen bestellt, um bei einem Monsieur Mahossier Geld abzuholen. Kaum hatte er die Wohnung betreten, fiel die Tür hinter ihm ins Schloß. Ein Mann stürzte sich auf ihn und versuchte, ihn zu erwürgen, während ihm ein zweiter Stiche in den Rücken versetzte. Der Bote war ein kräftiger Bursche. Er verteidigte seine Geldtasche und schrie, bis die Mörder von ihm abließen und die Flucht ergriffen. Mit der Ermittlung wurde Inspektor Canler von der Sûreté beauftragt. Er ging geduldig alle Hotelregister durch, fand den Namen und stellte fest, daß Mahossier mit einem gewissen Fizellier ein Zimmer geteilt hatte. Dieser Fizellier, erinnerte sich die Wirtin, war ein großer Kerl mit roten Haaren gewesen. Ein solcher Mann war einige Tage zuvor wegen Diebstahls verhaftet worden, doch hieß er nicht Fizellier, sondern François. Der Verhaftete gab zu, mit Fizellier identisch zu sein. Der Bankbote erkannte in ihm einen seiner beiden Angreifer.

François hatte aber noch mehr zu erzählen: Zwei Wochen vor dem Überfall auf den Boten hatte Mahossier, den er unter dem Namen Gaillard kannte, in der Rue Saint-Martin die Witwe Chardon und ihren Sohn erschlagen und beraubt. Nun meldete sich ein anderer Häftling namens Avril und erbot sich, bei der Suche nach Gaillard behilflich zu sein. Wie sich herausstellte, hieß der Gesuchte weder Mahossier noch Gaillard, sondern Pierre François Lacenaire. Er war 34 Jahre alt, stammte aus einer gutbürgerlichen Familie und hatte sich, da ihm weder die Armee noch die Schriftstellerei die Erfolge brachte, auf die er Anspruch zu haben glaubte, für die Verbrecherlaufbahn entschieden. Als er Anfang Februar in Beaune verhaftet wurde, war es nicht wegen der Pariser Raubmorde, sondern wegen eines gefälschten Wechsels.

Am 12. November 1835 wurde vor dem Pariser Schwurgericht der Prozeß gegen Lacenaire, François und Avril eröffnet. Avril hatte inzwischen gestanden, an dem Doppelmord in der Rue Saint-Martin beteiligt gewesen zu sein. Lacenaire genoß sichtlich das Schauspiel, dessen Hauptdarsteller er war. Im Gefängnis schrieb auch er seine Memoiren und empfing viele Besucher, vor allem Damen, die den gefallenen Engel bewunderten. (Persönlich gab Lacenaire allerdings Herren den Vorzug.) Dostojewski druckte die Memoiren in der Zeitschrift ab, deren Herausgeber er war, um die Auflage zu steigern. Sein Student Raskolnikow, der eine Pfandleiherin und deren Schwester erschlägt, um sich selbst zu beweisen, daß er über die Spießermoral erhaben ist, hat mit Lacenaire manches gemein. «Bin ich Napoleon oder eine Laus?» fragt sich Raskolnikow, als ihm sein schlechtes Gewissen zusetzt. Lacenaire spricht von einem «Duell», das er mit der Gesellschaft ausgefochten habe. Im Film «Die Kinder des Olymp» spielt Marcel Herrand den eleganten Mörder.

Lacenaire und Avril wurden zum Tode verurteilt, François zu lebenslangem Zuchthaus. Bei Lacenaires Hinrichtung gab es eine unvorhergesehene Panne. Die Klinge der Guillotine durchschlug seinen Nacken nur zur Hälfte. Erstaunt drehte er sich um und sah zu, wie sie wieder hochgezogen wurde und auf seinen Adamsapfel niedersauste.

Lacenaire wollte sich an der ganzen Gesellschaft rächen. Andere richteten ihren Haß gegen deren höchste Repräsentanten, das Herrscherhaus. Die Bourbonen, die Orléans und Napoleon III. – sie alle waren das Ziel von Attentaten. Nur ein einziges glückte. Am 13. Februar 1820 erstach ein Sattler namens Louvel den Herzog von Berry, den Neffen Ludwigs XVIII., beim Verlassen der Oper. Louvel, ein fanatischer Bonapartist, ließ sich widerstandslos festnehmen und bekannte sich freimütig zu seinem Vorsatz, die gesamte Familie der Bourbonen auszurotten. Anders als der verwirrte Damiens, der Ludwig XV. mit einem Dolch attackiert hatte, wurde er nicht gefoltert, doch kontrollierte ein Arzt während des Verhörs seinen Blutdruck – ein Verfahren, das der Lügendetektor später verfeinerte.

Höllenmaschinen und Sprengkapseln

Weitaus spektakulärer war das Attentat, das der Korse Joseph Fieschi am 28. Juli 1835 auf den «Bürgerkönig» Louis Philippe verübte. Während einer Truppenparade auf dem Boulevard du Temple gab es plötzlich einen lauten Knall. Das Ziel des Anschlags wurde nur leicht verletzt. Aber zwölf Höflinge, darunter der alte Marschall Mortier, starben. Zu den Verletzten gehörte auch Fieschi selbst. Als die Polizei die Wohnung stürmte, aus deren Fenstern feine Rauchwölkchen quollen, fand sie den blutüberströmten Attentäter und eine Höllenmaschine, die er aus vierundzwanzig Flintenläufen zusammengebastelt hatte. Die Explosion hatte ihm drei Finger abgerissen.

Auch der Anschlag auf Napoleon III. verfehlte sein Ziel, doch hatte er die gewünschte politische Wirkung. Am 14. Januar 1858 besuchte die kaiserliche Familie mit ihrem Hausgast, dem Herzog von Sachsen-Koburg-Gotha, die Oper – nicht die in der Rue de Richelieu, die nach der Ermordung des Herzogs von Berry abgerissen worden war, und auch nicht das Palais Garnier, dessen Bau erst drei Jahre später begann, sondern die provisorische Spielstätte in der Rue Le Peletier, die durch den «Tannhäuser»-Skandal Musikgeschichte machte. Als sich die Wagenkolonne gegen neun dem Gebäude näherte, explodierten vier Sprengkapseln. Die Straßenbeleuchtung erlosch, das Glasdach über dem Eingang krachte klirrend zu Boden. Auf dem Pflaster wälzten sich sterbende Menschen und Pferde. Auch die kaiserliche Karosse wurde beschädigt. Doch als man die verklemmte Tür öffnete, entstiegen ihr die Majestäten unverletzt.

Auch in der Oper, wo die Vorstellung schon im Gange war, hatte man die Explosionen gehört. Als Eugénie mit blutigem Kleid die Kaiserloge betrat, ging ein Stöhnen durchs Parkett. Aber es war nur das Blut eines Adjutanten, den ein Glassplitter am Hals verwundet hatte. In der Pause nahm das Kaiserpaar die Glückwünsche des herbeigeeilten Kabinetts entgegen. Die Rückkehr zu den Tuilerien gegen Mitternacht glich einem Triumphzug. Ganz Paris war auf den Beinen, um den so wunderbar Geretteten zuzujubeln.

Das Verbrechen war rasch aufgeklärt. Ein unglaublicher Zufall kam den Ermittlern zu Hilfe. Ein Polizist hatte wenige Minuten vor der Detonation in der Menge einen wegen Diebstahls ausgewiesenen Italiener namens Pieri erkannt und festgesetzt. Nachdem man bei ihm die fünfte Sprengkapsel gefunden hatte, gestand er, einer der Verschwörer zu sein. Nun war es ein Leichtes, die übrigen zu finden. Die treibende Kraft war Felice Orsini, ein italienischer Berufsrevolutionär, der den Kaiser dafür bestrafen wollte, daß französische Truppen den schon vertriebenen Papst nach Rom zurückgebracht und den Kirchenstaat noch einmal vor dem Untergang gerettet hatten. Vor Gericht appellierte er an den Mann, den er soeben noch hatte beseitigen wollen, Italien

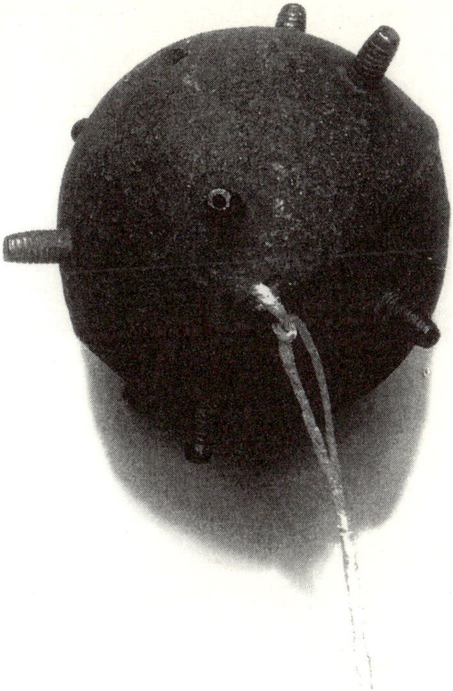

Abb. 3: Sprengkapsel, die Felice Orsini auf Napoleon III. schleuderte

vom Joch des Papstes und der Österreicher zu befreien. Seine feurige Beredsamkeit und sein aristokratischer Anstand verfehlten ihren Eindruck nicht. Gerüchte wollten wissen, nur ein Machtwort ihres Gatten habe Eugénie daran gehindert, den Bombenwerfer im Gefängnis zu besuchen.

Auch der Kaiser, der ein halbes Leben lang konspiriert hatte und seinen Thron einem blutigen Staatsstreich verdankte, war für diese Art von Rhetorik nicht unempfänglich. Er schickte einen Vertrauten in die Conciergerie, um Orsini sein Bedauern darüber auszudrücken, daß die Vollstreckung der Todesstrafe aus Gründen der Staatsräson leider nicht zu umgehen sei. Am 13. März 1858 wurden Orsini und Pieri – letzterer als Rückfalltäter – vom

Scharfrichter Heidenreich geköpft. Die beiden anderen Verschwörer wurden auf die Teufelsinsel verbannt. Vier Monate später reiste der sardische Ministerpräsident Camillo Cavour unter einem falschen Namen nach Plombières in den Vogesen, wo Napoleon III. seine Verdauungsstörungen auskurierte. In einem streng geheimen Treffen vereinbarten sie, daß Sardinien Österreich zum Krieg provozieren und Frankreich Sardinien zu Hilfe kommen werde. Es war der erste Schritt zur Einigung Italiens. Orsini hatte sein Ziel erreicht.

Orsinis Sprengkapseln leiteten ein neues Kapitel der Kriminalgeschichte ein. Es war die Zeit, in der Nihilisten und Anarchisten nach Mitteln suchten, um die verhaßte bürgerliche Gesellschaft aus den Angeln zu heben. Die Bomben kamen ihnen gerade recht. Ihr bevorzugter Sprengstoff war allerdings nicht das von Orsini aus England importierte Knallquecksilber, sondern der letzte, vom schwedischen Fabrikanten Alfred Nobel auf den Markt gebrachte Schrei der Chemie – Dynamit. Mit Dynamit wurde Zar Alexander II. von einer Gruppe, die sich *Narodnaja Wolja* (Wille des Volkes) nannte, in die Luft gejagt. Mit Dynamit versetzte der Anarchist Ravachol, von dem wir noch hören werden, die Pariser monatelang in Furcht und Schrecken. Und mit Dynamit wären um ein Haar die hohen Herrschaften, die am 28. September 1883 das Niederwalddenkmal einweihten, dezimiert worden. Zu den Festgästen gehörten der alte Kaiser, das Kronprinzenpaar, Kaiserenkel Wilhelm und achtzehn regierende Reichsfürsten. Daß sie mit dem Leben davonkamen, verdankten sie der Sparsamkeit des Sattlers Rupsch, eines der acht Verschwörer: Er hatte eine um 35 Pfennig billigere, dafür aber nicht wasserdichte Zündschnur gekauft, die wegen des feinen Nieselregens erlosch.

Ein plötzliches Unwohlsein mit Erbrechen

Doch wir greifen vor. Die Sûreté hatte die drei Attentate im Handumdrehen geklärt. Schwerer tat sie sich mit Giftmorden, denen wir später noch ein besonderes Kapitel widmen werden. Die beiden Prozesse, von denen hier die Rede sein soll, werfen ein bezeichnendes Licht auf die Frühzeit der Gerichtsmedizin. Im ersten waren die Mediziner so uneins, daß die Geschworenen ihr Urteil auf andere Indizien stützten. Im zweiten gab das Gutachten des Begründers der modernen Toxikologie, Mathieu Orfila, den Ausschlag. Dennoch blieb die Schuld der Angeklagten lange umstritten.

Am 2. Juni 1823 wurde Auguste Ballet, ein wohlhabender junger Pariser, bei einem Ausflug nach Saint-Cloud von plötzlichem Unwohlsein mit Erbrechen und lähmender Müdigkeit befallen. Um ihn bemühte sich rührend sein Reisegenosse, der 27 jährige Dr. Edmé Castaing. Auf Wunsch Ballets wurde noch ein zweiter Arzt herbeigerufen, der wiederum eine Kapazität der Pariser *École de Médecine* hinzuzog. Auch sie konnten den Sterbenden nicht retten. Da die Ärzte eine sonderbare Verengung der Pupillen feststellten und deshalb eine Morphium-Vergiftung vermuteten, wurde der Tote obduziert. Doch damals gab es noch kein Verfahren, um Pflanzengifte im Körper nachzuweisen. Die Experten fanden also vom Morphium keine Spur. Aber es gab andere verdächtige Umstände: Der Tote hatte ein Testament hinterlassen, das Castaing zum Alleinerben seines beträchtlichen Vermögens einsetzte. Dieses Vermögen hatte er acht Monate vorher von seinem älteren Bruder Hippolyte geerbt, der ebenso plötzlich mit den gleichen Symptomen gestorben war. Nach dem Tode Hippolytes hatte der bis dahin von Geldnöten geplagte Castaing alle Schulden beglichen und sogar noch 40 000 Francs übrig gehabt, um seiner Mutter Geld zu borgen und Aktien zu kaufen.

Auch der Leichnam Hippolytes wurde ausgegraben und obduziert – wieder ohne greifbares Ergebnis. Dennoch wurde Castaing des Mordes angeklagt. Der Prozeß artete in eine regelrechte Gutachterschlacht aus. Das tödliche Quantum von Morphium war ebenso umstritten wie seine Wirkung auf die Pupillen: Während die Mehrzahl der Experten – mit Recht, wie wir heute wissen – ihre Verengung für charakteristisch hielt, blieb der Anatom François Chaussier, der nach der Revolution das Medizinstudium in Frankreich neu organisiert hatte, steif und fest dabei, eine Morphiumvergiftung habe die Erweiterung der Pupillen zur Folge. Schließlich riß dem Staatsanwalt die Geduld. Sollten sie, rief er den Geschworenen zu, die Verurteilung vom Nachweis des Giftes im Körper abhängig machen, dann wäre das gleichbedeutend mit einem Freibrief für Giftmischer: «Geehrte Mörder, verwendet kein Arsenik und keine metallischen Gifte. Sie hinterlassen Spuren. Verwendet Pflanzengifte! Vergiftet eure Väter, vergiftet eure Mütter, vergiftet eure ganze Familie, und ihr Erbe wird euch gehören! Habt keine Angst! Eure Tat wird ungesühnt bleiben!»

Das Plädoyer des Staatsanwalts überzeugte. Castaing wurde – allerdings nur wegen des Mordes an Auguste – zum Tode verurteilt und guillotiniert. Der Nachweis eines Pflanzengiftes gelang erst 1851. Durch Experimente mit Hunden, denen er Nikotin zu fressen gab, konnte der belgische Chemiker Jean Servais Stas zeigen, daß deren Symptome genau die gleichen waren wie die des Bruders der Gräfin Bocarmé, der von seiner Schwester und deren geldbedürftigem Mann mit Nikotin vergiftet worden war.

Erbschaftspulver

Der Nachweis des klassischen anorganischen Giftes Arsenik war schon 1775 geglückt. Damals entdeckte der schwedische Apotheker Carl Wilhelm Scheele, daß sich das «Erbschaftspulver», wenn man Chlor oder Königswasser dazugab, in Arsensäure verwandelte und diese wiederum bei der Berührung mit Zink in ein giftiges Gas, das nach Knoblauch roch. Valentin Rose, Assessor am Medizinalkollegium in Berlin, entwickelte 1806 ein Verfahren, das es erlaubte, die Rückstände des Giftes als metallische «Arsenspiegel» sichtbar zu machen. Eine noch zuverlässigere, bis heute angewandte Methode erfand 1836 der britische Chemiker James Marsh. Im Prozeß gegen Marie Lafarge, *née* Capelle, einem der spektakulärsten des 19. Jahrhunderts, drückte sie der Anklage die entscheidende Trumpfkarte in die Hand. Ein Problem konnte freilich auch Mr. Marsh nicht ausräumen. Arsen wurde damals zu allen möglichen Zwecken verwendet, so daß sein Vorhandensein noch nicht zwingend einen Mord bewies. Die Arsenspuren, die in Napoleons Haaren gefunden wurden und Amateurdetektive zu dem Schluß verleiteten, er sei vergiftet worden, können also auch etwas ganz anderes bedeuten, nämlich daß seine Haare mit Arsen konserviert wurden.

Marie Capelle war eine junge Waise mit einem kleinen Vermögen, aber sehr großen Ambitionen. Um in der Pariser Gesellschaft mithalten zu können, gab sie sich als reiche Erbin aus. Bei der Hochzeit einer ihrer Schulfreundinnen mit dem Vicomte de Léautaud verschwanden die Juwelen der Braut. Marie wurde verdächtigt, doch schien dem Bräutigam der Verdacht so ungeheuerlich, daß er die Sache nicht weiter verfolgte. Kurz darauf fand sich auch eine Partie für Marie: Durch einen Heiratsvermittler hielt der Schloßherr Charles Lafarge bei Maries Pflegeeltern um ihre Hand an. Als beide Seiten bemerkten, daß sie sich getäuscht hatten, war an einen Rücktritt von den Hochzeitsvorbereitungen nicht mehr zu denken. Lafarge war kein romantischer Kavalier, sondern ein grobschlächtiger Eisengießer, sein Schloß Le Glandier im Zentralmassiv eine halbverfallene, düstere Klosteranlage, in der er seine Schmelzöfen betrieb. Da er bis zum Hals verschuldet war, lagen die Öfen still. Seine Heirat sollte das marode Unternehmen sanieren. Aber dazu war Maries Mitgift nicht groß genug.

Marie folgte ihrem Gatten in sein baufälliges Kloster, weigerte sich jedoch, mit ihm das Bett zu teilen. Nachdem sie mit Selbstmord gedroht hatte, fand er sich mit der ihm zugewiesenen Rolle des keuschen Joseph ab. Als er im Dezember 1839 nach Paris reiste, um ein Patent anzumelden, vermachte sie ihm überraschend ihr gesamtes Vermögen und verlangte von ihm ein Gleiches. Er erfüllte ihren Wunsch, verfaßte allerdings hinter ihrem Rücken ein zweites Testament, in dem er seine Mutter als Alleinerbin einsetzte. Zu Weihnachten schickte sie ihm einen Kuchen, nach dessen Genuß ihm sehr übel wurde, so daß er tagelang das Bett hüten mußte. Als er am 3. Januar nach Le Glandier zurückkehrte, war er immer noch sehr schwach. Marie empfing ihn liebevoll und setzte ihm einen Braten mit Trüffeln vor, nach dessen Genuß ihn wieder die «Pariser Krankheit» überfiel. Er erbrach sich und wurde von Krämpfen geschüttelt. Der Hausarzt tippte auf Cholera und fand auch nichts dabei, als Marie ihn um ein Rezept für Arsenik bat, mit dem sie die Ratten vernichten wollte, die die Nachtruhe ihres kranken Mannes störten. Am 14. Januar war Lafarge tot.

Eine Malerin, die mit im Haus wohnte, hatte beobachtet, wie Marie weißes Pulver in eine Brotsuppe rührte, die sie ihrem Manne reichte. Sie stellte den Teller sicher, ebenso ein Glas, aus dem er Milch getrunken hatte. Der Apotheker im nahegelegenen Lubersac berichtete, Madame Lafarge habe bei ihm schon am 12. Dezember, also vor der Versendung des Kuchens, eine größere Menge Arsenik gekauft, und dann noch einmal am 2. Januar, einen Tag vor der Rückkehr ihres Mannes. Die Witwe wurde verhaftet und vor Gericht gestellt – aber zunächst wegen Diebstahls: Durch die Zeitungsmeldungen aufgeschreckt, hatte der Vicomte de Léautaud den Verlust des Schmucks seiner Frau angezeigt. Le Glandier wurde durchsucht und der Schmuck gefunden. Marie erklärte, die von einem Liebhaber erpreßte Vicomtesse habe ihr die Juwelen anvertraut, um sie zu verkaufen. Das Gericht glaubte ihr nicht. Sie wurde zu zwei Jahren Gefängnis verurteilt.

Der Mordprozeß, der am 3. September 1840 in Tulle eröffnet wurde, lockte Neugierige und Journalisten aus ganz Frankreich an. Die in Schwarz gehüllte Witwe, die indigniert ihre Unschuld beteuerte, hatte die Mehrheit der Zuschauer auf ihrer Seite. Viele Frauen erkannten in ihrem Schicksal ihr eigenes wieder und weigerten sich, der Anklage zu glauben. Wieder waren die Sachverständigen keine große Hilfe. Zwar fanden sie Arsenik im Suppenteller und im Glas, aber keines im Leichnam, den man wieder ausgegraben hatte. Von der Unschuld seiner Mandantin überzeugt, beantragte der Verteidiger, den Verfasser des Standardwerks über Gifte, Orfila, aus Paris herbeizurufen. Orfila kam, unterzog Mageninhalt, Magen und andere Organe des Verstorbenen dem damals noch ganz neuen Marsh-Test und fand, was die Kollegen aus der Provinz nicht gefunden hatten – deutliche Spuren von Arsenik. Sein Gutachten schlug wie eine Bombe ein. Als Orfila den Gerichtssaal verließ, hielt es der Vorsitzende für geraten, ihn von Gendarmen zur Poststation begleiten zu lassen.

Am 19. September wurde Marie Lafarge wegen Mordes zu lebenslanger Zwangsarbeit verurteilt. König Louis Philippe ermäßigte die Strafe zu lebenslangem Gefängnis. Das Urteil überzeugte die «Lafargisten» nicht. In Petitionen und Pamphleten kämpften sie für die Freilassung ihrer Heldin. Sie selbst schrieb Memoiren, in denen sie den Agenten ihres Mannes, Denis Barbier, eine in der Tat zwielichtige Figur, verdächtigte.

Inzwischen haben auch die Feministinnen Marie Lafarge entdeckt. Ohne sie ausdrücklich freizusprechen, stellen sie sie als Opfer einer von Männern beherrschten Gesellschaft hin. 1852 wurde sie entlassen und starb noch im gleichen Jahr an der Schwindsucht.

Abb. 4: Mathieu Orfila, Begründer der modernen Toxikologie (Zeitgenössische Karikatur)

Plötzliche Leibschmerzen beim Kegeln

Wie schwer es den Ärzten damals fiel, Vergiftungen zu diagnostizieren, zeigen auch zwei deutsche Mordprozesse aus der ersten Hälfte des 19. Jahrhunderts. Eine der beiden Giftmischerinnen brachte drei, die andere mindestens dreizehn Menschen um, bevor sie entdeckt wurde.

Am 8. Mai 1809 starb in Sanspareil, einem oberfränkischen Dorf, der unverheiratete Justizamtmann Grohmann. Da er seit längerem kränklich war, schöpfte niemand Verdacht. Besonders gerühmt wurde die aufopfernde Pflege des Verstorbenen durch dessen Haushälterin Nanette Schönleben, geb. Steinacker. Sie trat nun in die Dienste des Kammeramtmanns Gebhard, dessen Frau kurz vor der Niederkunft stand. Am 20. Mai, eine Woche nach der Geburt, war die junge Mutter tot. Im August wurden zwei

Hausgäste nach dem Mittagessen von heftigen Leibschmerzen und Zuckungen befallen, die bis in die Nacht anhielten. Im September vergnügte sich Gebhard mit Freunden beim Kegeln. Nach dem Genuß von einigen Seideln Bier wurde der ganzen Gesellschaft schlecht. Die Schönleben, die dem Haus offenkundig Unglück brachte, wurde nun entlassen. Vor ihrer Abreise bot sie zwei Mägden Kaffee an und dem kleinen Fritz einen in Milch getunkten Zwieback. Eine Stunde später mußten sich alle drei heftig übergeben. Man untersuchte das Salzfaß, das die Haushälterin vor ihrem Weggang gefüllt hatte, und entdeckte darin Arsenik.

Am 18. Oktober wurde die Schönleben in Nürnberg verhaftet. Man fand bei ihr ein Päckchen Arsenik. Auch stellte sich heraus, daß sie nicht Schönleben hieß, sondern Anna Zwanziger und vorher im Dienst des Justizamtmanns Glaser in Kasendorf – zehn Kilometer nördlich von Sanspareil – gestanden hatte. Glaser war am 26. August 1808 plötzlich gestorben. Die Leichen Glasers, Grohmanns und der Amtsmännin Gebhard wurden nun exhumiert. In allen fand man bedeutende Reste von Arsenik. Nach anfänglichem Leugnen gestand Anna, die drei vergiftet zu haben. Sie habe, gab sie als Erklärung an, eine Versorgung für ihr Alter gesucht und in der Hoffnung, Gebhard werde sie heiraten, dessen Frau umgebracht. Glaser und Grohmann habe sie beseitigt, nachdem beide auf ihre Anträge nicht eingegangen waren. Am 17. September 1811 wurde sie in Bamberg enthauptet.

Das Ungeheuer von Bremen

Anna Zwanziger war ein Unschuldsengel, verglichen mit einer Bremerin, die fünfzehn Jahre lang in ihrer Familie und unter ihren Bekannten wie eine reißende Wölfin wütete. Im Oktober 1826 kaufte der Radmacher Rumpff in der Pelzerstraße ein Haus. Man warnte ihn: Das Haus habe der Verkäuferin, einer ehrbaren

Witwe namens Gesche Gottfried, nur Unglück gebracht. Sogar der berühmte Domprediger Dräseke hatte für die von so vielen Todesfällen heimgesuchte «christlich starke Dulderin» öffentliche Fürbitten gehalten. Rumpff ließ sich nicht abschrecken. Er kaufte nicht nur das Haus, sondern ließ Gesche dort weiter wohnen. Zwei Monate darauf starb seine Frau im Kindbett. Niemand zweifelte an ihrem natürlichen Tod. Gesche ließ den Witwer wissen, daß sie einer neuen Ehe nicht abgeneigt wäre. Er wies sie ab. Kurz danach erkrankte auch er. Gesche pflegte ihn hingebungsvoll. Dennoch wurde er immer wieder rückfällig. Eines Tages bemerkte er auf dem Salat ein weißliches Pulver, das er für Zucker hielt. Da er süßen Salat nicht mochte, ließ er ihn wegwerfen.

Am 5. März 1828 wurde im Haus ein Schwein geschlachtet. Den Speck verschloß Rumpff im Schrank. Am nächsten Tag hatte der Speck nicht mehr dieselbe Lage. Als Rumpff ihn näher ansah, entdeckte er die gleichen weißlichen Körner wie früher auf dem Salat. Eine furchtbare Ahnung stieg in ihm auf. In aller Stille ließ er das Pulver vom Hausarzt untersuchen. Es war Arsenik. Am folgenden Tag wurde Gesche Gottfried verhaftet. Als sie ins Gefängnis eingeliefert und entkleidet wurde, stellte sich heraus, daß die stattliche Witwe in Wahrheit spindeldürr war: Sie hatte ihre Körperfülle durch nicht weniger als dreizehn Korsette vorgetäuscht.

Es kam noch mehr heraus. Gesche gestand nicht nur, die Frau des Radmachers vergiftet zu haben, sondern auch alle anderen, die seit 1813 in dem Unglückshaus gestorben waren, außerdem mehrere Bekannte, denen sie Geld schuldete oder über die sie sich geärgert hatte.

Ihren ersten Mann, den Sattlermeister Miltenberg, hatte sie beseitigt, um den sangesfreudigen Weinreisenden Michael Gottfried zu heiraten. Doch Gottfrieds Antrag blieb aus. Sie konnte sich sein Zögern nur so erklären, daß er keine Lust hatte, ihre drei Kinder zu versorgen. Kartenlegerinnen sagten ihr voraus, «daß ihre ganze Familie aussterben und sie allein übrig bleiben werde, um dann sehr gut leben zu können». Also mußten auch ihre Eltern daran glauben. Zwischen Mai und September 1815 starben alle fünf eines ebenso plötzlichen wie qualvollen Todes. Dies fiel nun doch auf. Der letzte Tote, der fünfjährige Heinrich, wurde obduziert. Doch die Mediziner fanden nichts Verdächtiges.

Im Jahr darauf kehrte Gesches Bruder überraschend aus dem Ausland zurück und logierte sich bei seiner Schwester ein. Auch er war schnell entsorgt. Erst am Silvesterabend 1816 gelang es ihr, den ausgiebig mit Punsch traktierten Gottfried herumzukriegen. Er schwängerte sie und erklärte sich, nachdem ihr Zustand offenkundig geworden war, zur Heirat bereit. Anfang Juli trat er plötzlich von seinem Eheversprechen zurück. Außer sich vor Wut, verabreichte sie ihm vergiftete Mandelmilch. Ein rasch herbeigerufener Pfarrer vermählte sie mit dem Sterbenden. Bei ihrem nächsten Verlobten, dem Modewarenhändler Zimmermann, ging sie anders vor. Sie überredete ihn, ihr sein Vermögen zu hinterlassen, womit er sich selbst das Todesurteil gesprochen hatte.

Am 20. April 1831 wurde Gesche Gottfried am Brauttor des Bremer Doms vor 30000 Zuschauern geköpft. Ein Stein mit einem Kreuz, der Spuckstein, bezeichnet die Stelle, an der das Schafott stand.

Die Kriminalpolizei trug zur Aufklärung der Giftmorde, der französischen wie der deutschen, nichts bei. Daß die Polizei rasch an die Grenzen ihrer intellektuellen Bordmittel stoßen würde, hatte der preußische Justizminister von Kircheisen schon 1811 geahnt, als ihr, zwei Jahre nach der Einrichtung der Kriminalabteilung in Paris, die bis dahin bei den Gerichten angesiedelte Zuständigkeit übertragen wurde, Verdächtige zu verhaften und zu verhören. «Was läßt sich von den Agenten der Polizei erwarten», fragte er, «die durch den täglichen Umgang mit Leuten niedriger Denkart selbst unbemerkt an ihrer Moralität leiden müssen, die es gewohnt sind, auf den ersten Verdacht zuzufahren, zur übereilten Haft zu schreiten und eventuell durch unerlaubte Mittel Geständnisse zu erzwingen, um ihre voreiligen Schritte zu beschönigen? Solchen Händen darf das höchste Gut der Staatsbürger nicht anvertraut werden.» Kircheisens Protest blieb ungehört. Ein Jahr später wurden die «Polizei-Offizianten» ermächtigt, ihren Geschäften auch in Zivil nachzugehen. «Sie müssen dann aber zu ihrer Legitimation unter der Weste auf der Brust eine Medaille tragen, welche auf der einen Seite den preußischen Adler und auf der anderen die Worte ‹Polizei von Berlin› führt.»

Der siebenjährige Krieg des Weinhändlers Fonk

Wie recht Kircheisen mit seiner Warnung gehabt hatte, illustriert der Prozeß gegen den Kölner Weinhändler Peter Anton Fonk, der sich über sieben Jahre hinzog. Die Kölner Polizei spielte in diesem Prozeß keine rühmliche Rolle. Fonk wurde beschuldigt, den Buchprüfer Wilhelm Cönen ermordet zu haben. Sein Lieferant, der Destillateur Schröder in Krefeld, hatte ihm Cönen auf den Hals geschickt, weil er vermutete, daß Fonk ihn betrog. Zwischen dem herrisch auftretenden Cönen und Fonk, der sich in seiner Ehre gekränkt fühlte, kam es zu geräuschvollen Szenen, so daß es Schröder für geraten hielt, den Streit gütlich beizulegen. Am 9. November 1816 reiste er selbst nach Köln, und die drei Herren schlossen einen Vergleich. Nach dem Abendessen verschwand Cönen spurlos. Zehn Tage später wurde seine Leiche mit Kopfwunden und Würgmalen aus dem Rhein gefischt.

Obwohl ein überzeugendes Motiv fehlte, verbreitete sich in Köln der Verdacht, Fonk habe Cönen auf dem Gewissen. Die Polizei teilte den Verdacht und machte sich, ohne andere Möglichkeiten ernsthaft in Betracht zu ziehen, mit grimmiger Verbissenheit an die Verfolgung dieser einzigen Spur. Zunächst wurde

Fonks Faktotum, der Küfer Christian Hamacher, ein Mensch von überaus schlichter Denkungsart, unter einem Vorwand verhaftet. Die Polizei überließ ihn in einer dunklen Zelle seinem Schicksal, gab ihm bei den Verhören reichlich zu trinken und brachte ihn schließlich durch Suggestivfragen zu einem wirren Geständnis, in dem er bekannte, seinem Arbeitgeber bei der Ermordung des Cönen geholfen zu haben; die Leiche habe er gemeinsam mit seinem Bruder in den Rhein geworfen. Vier Wochen später widerrief er sein Geständnis. Auch der Bruder bestritt, etwas mit dem Mord zu tun zu haben.

Inzwischen war auch Fonk festgesetzt worden. Zwei Gerichte fanden das Beweismaterial für einen Prozeß zu dünn und ordneten seine Freilassung an. Doch der Staatsanwalt und die Polizei ließen nicht locker. Zeugen wurden eingeschüchtert, entlastende Aussagen nicht protokolliert. Nachdem das Assisengericht in Trier Hamacher zu lebenslanger Zwangsarbeit verurteilt hatte, wurde Fonk zum drittenmal verhaftet. Und diesmal drang der Staatsanwalt durch: Am 9. Juni 1822 befand das gleiche Gericht Fonk mit acht gegen vier Stimmen für schuldig und verurteilte ihn zum Tode. Ein Jahr danach kam das überraschende Finale: Durch königliche Kabinettsorder wurden beide Urteile aufgehoben: Daß Cönen ermordet worden sei, stehe nicht fest; Hamacher habe sein Geständnis widerrufen und Fonk ein Alibi. Beide seien daher unverzüglich auf freien Fuß zu setzen.

Der Prozeß und sein überraschender Ausgang erregten ganz Deutschland. Eine Flut von Schriften kartete das siebenjährige Tauziehen nach. Auch politische Untertöne fehlten nicht: Die Schwurgerichte im Rheinland, ein Überbleibsel aus der französischen Besatzungszeit, stießen in den altpreußischen Gebieten auf starke Ressentiments. Ob Fonk schuldig war oder nicht, ist heute nicht mehr zu klären. Daß Staatsanwaltschaft und Polizei in ihrem Jagdeifer auch das Risiko in Kauf nahmen, einen Justizmord zu begehen, ist dagegen nur allzu offensichtlich.

Hier wurde ein Unbekannter von einem Unbekannten ermordet

Hatte der Fall Fonk-Hamacher ganz Deutschland erregt, so erregte der Fall Kaspar Hauser ganz Europa. Die Identität des sprachlosen Findlings, der am Pfingstmontag 1828 in Nürnberg auftauchte, ist ebenso ungeklärt wie die des mittelgroßen, etwa fünfzig Jahre alten Mannes mit Schnurrbart (so Hausers Beschreibung), der ihn am 14. Dezember 1833 im Ansbacher Hofgarten niederstach. Die Ärzte, die den Leichnam untersuchten, schlossen Selbstmord nicht aus, hielten Mord aber für wahrscheinlicher. Die Tatwaffe, nach Meinung der Ärzte ein «Banditenmesser», blieb unauffindbar. Die Gedenksäule im Hofgarten, in den er, wie der Sterbende aussagte, bestellt worden war, um mehr über seine Herkunft zu erfahren, trägt ihre Inschrift immer noch zu Recht: «Hic occultus occulto occisus est.» (Hier wurde ein Unbekannter von einem Unbekannten ermordet.)

Mit der Aufklärung der Herkunft des Findlings wurde, nachdem ein erster Mordanschlag auf ihn mißlungen war, der Präsident des Appellationsgerichts in Ansbach betraut, Anselm Ritter von Feuerbach, Vater des Philosophen, Großvater des Malers. Die Theorie, die er der bayerischen Königin Karoline unterbreitete, hatte es in sich. In einem streng geheimen Memorandum äußerte er «die dringende Vermuthung, ja die moralische Gewißheit: Kaspar Hauser ist das eheliche Kind fürstlicher Eltern, welches hinweggeschafft worden ist, um Andern, denen er im Wege stand, die Succession zu eröffnen». Feuerbach zögerte auch nicht, mit dem Finger auf das Herrscherhaus zu weisen, in dem die Hauptlinie unter verdächtigen Umständen ausgestorben war und einer morganatischen Nebenlinie Platz gemacht hatte – das badische. Er und nach ihm viele andere hielten Hauser für den badischen Kronprinzen, der nach seiner Geburt gegen ein moribundes Kind ausgetauscht und gefangengesetzt worden war. Als seine Freilassung, anstatt die schmutzige Affäre im Sande verlaufen zu lassen, unerwünschte Aufmerksamkeit erregte, und Hauser sogar damit begann, Erinnerungen an seine Gefangenschaft zu Papier zu bringen, wurde er liquidiert.

1996 verglichen britische Gerichtsmediziner die eingetrockneten Blutflecken auf Hausers Weste und Hemd, den Hauptattraktionen des Ansbacher Markgraf-Museums, mit dem blauen Blut lebender Angehöriger der älteren badischen Linie und fanden keine Übereinstimmung. Ist damit die Unschuld der jüngeren Linie erwiesen? Mitnichten. Abgesehen davon, daß die Genforscher, wie sie selbst einräumten, «am Rande der Nachweisgrenze» operierten, wäre es durchaus denkbar, daß die Badener einen Prätendenten verschwinden ließen, der es, auch wenn er unecht war, Bayern erlaubt hätte, eine Verfassungskrise vom Zaun zu brechen und seine Ansprüche auf die Kurpfalz durchzusetzen.

Doch nicht die Frage nach der Identität Kaspar Hausers soll uns hier interessieren, sondern die Rolle der Polizei bei der Aufklärung des Mordes. Sie war kläglich. Als Hausers Pflegevater, der Lehrer Meyer, das Attentat anzeigte, begnügte sich die Polizei damit, im Hofgarten nach dem Beutel zu suchen, den Hauser von seinem Mörder erhalten haben wollte. Sie fand ihn auch. Aber auf den Gedanken, den Tatort abzusperren und nach Spuren zu suchen, kam sie erst am nächsten Tag. Da es in der Nacht geschneit hatte, war an eine Spurensicherung natürlich nicht mehr zu denken. Kein Wunder, daß der bayerische Innenminister, Fürst Öttingen-Wallerstein, den Bericht des Magistrats mit der erbosten Randbemerkung kommentierte: «Hätte man sollen nicht auf alles fahnden? Welche Schwäche!»

Scotland Yard

Als Kaspar Hauser in Nürnberg auftauchte, hatte London noch keine Polizei. Erst 1829 verabschiedete das Parlament ein Gesetz, das die Sicherheit der Hauptstadt zu einer öffentlichen

Angelegenheit erklärte und sie einer städtischen Behörde, der Metropolitan Police, anvertraute. Nach dem Initiator des Gesetzes, dem Innenminister Sir Robert Peel, heißen die Polizisten seitdem *bobbies*. Da die neue Behörde ein Gebäude am Whitehall Place bezog, wo früher die schottischen Könige abgestiegen waren, taufte sie der Volksmund «Scotland Yard». Bei diesem Namen ist es, obgleich die Adresse zweimal gewechselt hat, geblieben. 1842 wurde hier eine *Detective Branch* eingerichtet, zunächst mit sechs Beamten. Heute beschäftigt das *Criminal Investigation Department* (CID) 3500.

Daß die Londoner Polizei so viel später entstand als ihr Pariser Gegenstück, hat mit dem unterschiedlichen Verhältnis zum Staat zu tun. Während die Franzosen eine straff organisierte Obrigkeit zu schätzen wissen, haben die Engländer einen schwer zu bezähmenden Widerwillen gegen alles, was sie in ihrer persönlichen Freiheit einschränkt. Daß die Habeas-Corpus-Akte, die den Staatsbürger gegen willkürliche Verhaftungen schützte, 1679 in England verabschiedet wurde und nicht in Frankreich, ist kein Zufall. Auch Peel konnte sein Gesetz nur gegen lautstarke Widerstände durchdrücken. Bis vor kurzem vereitelten die Briten jeden Versuch der Regierung, sie durch Personalausweise amtlich zu erfassen.

Im 18. Jahrhundert war London die gefährlichste Stadt Europas. Straßenräuber überfielen ihre Opfer am hellichten Tag. Anstatt die Diebe zu verurteilen, teilten sich korrupte Richter mit ihnen die Beute. Jonathan Wild, den wir aus der «Dreigroschenoper» als Bettlerkönig Peachum kennen, herrschte über die Londoner Unterwelt wie später Al Capone über Chicago. Henry Fielding, Autor des Romans «Tom Jones», widmete ihm eine brillante Satire. Aber er begnügte sich nicht damit, die skandalöse Ohnmacht des Gesetzes zu verspotten. Als ihm die Regierung 1748 antrug, selbst die Verfolgung der Verbrecher zu übernehmen, nahm er die Herausforderung an. Aus Mitteln des Geheimdienstes stellte er eine kleine, aber schlagkräftige Truppe zusammen. Wer ein Verbrechen aufzuklären wünschte, konnte sie für eine Guinee pro Tag und Mann mieten. Da Fieldings Agentur an der Bow Street lag, wurden seine Leute *Bow Street runners* genannt. Nach seinem Tode folgte ihm sein blinder Halbbruder John nach, der im Ruf stand, dreitausend Verbrecher an ihrer Stimme erkennen zu können. Erst 1790 erhielt die Truppe einen offiziellen Status und ein festes Gehalt. Die Gründung der Metropolitan Police machte sie überflüssig. Die emeritierten Jäger trafen sich mit den einst von ihnen Gejagten in einem Pub gegenüber von Scotland Yard, wo sie gemeinsam sentimentalen Erinnerungen nachhingen.

Die Ratcliff Highway Murders

Daß Fieldings kleiner Stab nicht ausreichte, um die Verbrecherwelt in Schach zu halten, wurde den Londonern brutal in Erinnerung gerufen, als zwei grausige Massenmorde die Stadt aufwühlten wie später nur noch Jack the Ripper und seine nächtlichen Streifzüge. Am 7. Dezember 1811, kurz vor Mitternacht, schickte der Tuchhändler Timothy Marr seine Dienstmagd Margaret los, um für ein verspätetes Abendessen Austern zu kaufen. Aber die Stände der Austernfischer waren schon geschlossen, und Margaret kehrte unverrichteter Dinge zum Ratcliff Highway zurück. Zu ihrer Überraschung fand sie das Haus dunkel. Auf ihr Klopfen meldete sich zunächst niemand. Was danach geschah, hat Thomas de Quincey in seinem Klassiker des schwarzen Humors «Der Mord, als schöne Kunst betrachtet» brillant beschrieben: «Während Margaret den Atem anhielt, hörte sie in der furchtbaren Stille etwas, das ihr einen Todesschrecken einjagte. Es war nicht die ersehnte Antwort auf ihr Pochen, sondern ein Knacken auf der Treppe, die zu dem einzigen Obergeschoß hinaufführte, wo die Schlafzimmer lagen. Eins, zwei, drei, vier, fünf Stufen stieg jemand langsam hinab; dann näherten sich die schrecklichen Schritte der Haustür. Hier hielten sie inne. Nur eine einzige Tür liegt noch zwischen Margaret und dem furchtbaren Fremdling; sie hört ihn atmen, ihn, der alles andere atmende Leben im Haus vernichtet hat. Wie behutsam und leise waren seine Schritte, wie schwer sind seine Atemzüge! Was tut er auf der anderen Seite der Tür? Stellt euch vor, daß er sie plötzlich öffnet und Margaret in die Arme des Mörders fällt!»

Doch dazu kam es nicht. Auf das laute Schreien der Magd liefen Nachbarn herbei. Man stürzte ins Haus und fand die gesamte Familie Marr – Vater, Mutter und Kind – und den dreizehnjährigen Lehrling mit zerschmetterten Köpfen und durchgetrennten Gurgeln in ihrem Blute liegen. Gestohlen war nichts. Zwölf Tage später, am 19. Dezember 1811, wurde John Williamson, der Wirt des Gasthauses «The King's Arms» nicht weit vom ersten Tatort, mit seiner Familie auf die gleiche bestialische Weise umgebracht. Ein Gast, John Turner, hatte auf seinem Zimmer verdächtige Geräusche gehört, schlich hinunter und beobachtete in der Dunkelheit einen großen, schweren Mann in einem langen grauen Mantel, der sich über die Leichen beugte. Einen solchen Mann, der um das Haus lungerte, hatte Williamson schon am Vormittag bemerkt. Entsetzt schlich Turner auf sein Zimmer zurück, knotete seine Bettlaken zusammen und ließ sich aus dem Fenster gleiten. Da die Laken zu kurz waren, blieb er auf halber Höhe hängen und rief um Hilfe. Als man ins Haus drang, war es wieder zu spät. Der Mörder war verschwunden. Gestohlen war nur Williamsons Uhr, aber das Geld in der Kasse war noch da.

In Marrs Laden war ein blutbesudelter Eisenhammer gefunden worden, wie ihn Schiffszimmerleute verwenden. Die Initialen J. P. führten zu einem gewissen John Peterson. Aber der war auf hoher See, hatte also ein Alibi. Nun nahm man sich die übrigen Bewohner des Seemannsheims «The Pear Tree» vor, in dem Peterson seine Sachen hinterlassen hatte. Etwa vierzig Personen wurden mehr oder weniger aufs Geratewohl verhaftet, darunter der Matrose John Williams. Noch bevor Anklage erhoben wurde, erhängte er sich. Die Justiz nahm den Selbstmord als Geständnis und begrub ihn, um das rachedurstige Volk zufriedenzustellen, an einer Straßenkreuzung, nachdem ihm ein Pfahl ins Herz gestoßen worden war. Als drei Wochen später im «Pear Tree» eine blaue Jacke mit Blutspritzern und ein blutiges Klappmesser gefunden wurden, nahm man ohne weiteres an, daß sie Williams gehörten. Daß er eher schmächtig war und keinen Mantel – weder einen grauen noch einen anderen – besaß, also nicht der Mann gewesen sein konnte, den Turner beobachtet hatte, focht niemanden an. Auch daß er im Gefängnis keineswegs lebensmüde erschienen, sondern guter Dinge gewesen war, fiel nicht auf. Neuere Untersuchungen deuten darauf hin, daß sein Freitod nicht ganz freiwillig gewesen sein könnte und der wirkliche Mörder ein anderer Bewohner des «Pear Tree», der für seine Gewalttätigkeit berüchtigte Seemann William Ablass. Aber beweisen läßt sich das heute natürlich nicht mehr.

Die ungeheure Aufregung nach den Ratcliff Highway Murders hatte zur Folge, daß die Nachtwächter im East End entlassen und durch bewaffnete Patrouillen ersetzt wurden. «Gentlemen und ehrenwerte Bürger» wurden herzlich eingeladen, sich an den Patrouillen zu beteiligen. Wie sich zeigte, war auch dies nur eine Zwischenlösung. Daß es um die Aufklärung von Verbrechen in Edinburgh, der Hauptstadt Schottlands, nicht besser stand als in London, beweist ein makabrer Fall, der viermal verfilmt wurde – am bemerkenswertesten in «The Doctor and the Devils» nach einem Drehbuch von Dylan Thomas.

Leichen für die Anatomie

Am 31. Oktober 1828 bat William Burke zwei Hausgäste, das Ehepaar Grey, die Nacht in der Pension seines Freundes William Hare zu verbringen. Am nächsten Tag trafen sie den Hausherrn dabei an, wie er den Boden des Wohnzimmers mit Whisky wusch und mit Stroh bedeckte. Für kurze Zeit allein gelassen, stießen sie auf eine Frauenleiche und gingen zur Polizei. Als sie mit einem Konstabler zurückkehrten, war die Leiche verschwunden. Burke, der mit seiner Lebensgefährtin Helen McDougal und dem Ehepaar Hare zechte, bestätigte, jawohl, er habe über Nacht Damenbesuch gehabt, doch sei die Dame am frühen Morgen wieder abgereist. Der Konstabler war schon drauf und dran, die Anzeige als Hirngespinst abzutun, als er unter dem Stroh Blutflecken entdeckte und, nun doch neugierig geworden, blutgetränkte Frauenkleider. Alle vier wurden verhaftet. Die Leiche wurde kurz darauf in der Anatomie des Dr. Knox gefunden.

Gegen die Zusage der Straffreiheit bot sich Hare als Kronzeuge an und legte ein aufreizend selbstgefälliges Geständnis ab: Vor zwei Jahren war einer seiner Pensionäre gestorben. Da der Mann mit der Miete im Rückstand gewesen war, schlug Burke vor, den Toten zu verkaufen. Wie er wußte, gab es bei den Anatomen großen Bedarf, dem professionelle *body-snatchers* (Leichendiebe) nur mit Mühe nachkamen. Dr. Knox zahlte siebeneinhalb Pfund – mehr als das Doppelte der rückständigen Miete. Im Februar 1828 beschlossen die beiden, nicht auf das Ableben weiterer Pensionäre zu warten, sondern dem Schicksal nachzuhelfen. Ihr Verfahren war denkbar einfach: Sie lockten Bettler, Prostituierte, Obdachlose und andere Randexistenzen in eines ihrer beiden Häuser, setzten sie unter Alkohol und erstickten sie mit einem Kissen. Wehrte sich das Opfer, mußte gegebenenfalls zu schärferen Mitteln gegriffen werden. In den neun Monaten produzierte das Duo fünfzehn Leichen, die ein Assistent des Anatomen prompt abholte. Obwohl ihm schwerlich verborgen geblieben sein konnte, daß sein Studienmaterial nicht auf natürliche Weise zu Tode gekommen war, stellte Dr. Knox keine Fragen.

Burke wurde am 28. Januar 1829 gehängt. Helen McDougal, die versicherte, vom Treiben ihres Freundes nichts gewußt zu haben, wurde aus Mangel an Beweisen freigesprochen. Anklage gegen Hare wurde nicht erhoben, doch hielt er es für geraten, sich vor dem Volkszorn in Sicherheit zu bringen und Edinburgh zu verlassen. Angeblich arbeitete er später in einer Kalkgrube in den Midlands und wurde, als man ihn erkannte, von seinen Kollegen mit ungelöschtem Kalk geblendet. Dr. Knox wurde nicht einmal zum Verhör vorgeladen. Die englische Sprache verdankt dem sauberen Paar das Verb *to burke*, was «ersticken» oder im übertragenen Sinne «vertuschen» bedeutet.

Zur Hinrichtung trug Maria Manning schwarzen Satin

Edinburgh und ungelöschter Kalk spielten auch eine Rolle in dem Mordfall, den Charles Dickens in seinem Roman «Bleak House» verwertete. Am 10. August 1849 kam der Zollinspektor Patrick O'Connor nicht zum Dienst und am 11. August auch nicht. Als ihn sein Vetter, der ebenfalls Zollinspektor war, in seiner Wohnung suchte, war er auch dort nicht zu finden. Doch sagte die Wirtin, Mrs. Manning sei an den beiden Tagen in seinen Zimmern gewesen. Mrs. Manning war O'Connors Geliebte. Sie hatten sich drei Jahre vorher bei der Überfahrt über den Kanal kennengelernt, als sie noch Marie de Roux hieß und Gesellschafterin bei Lady Blantyre war. Danach hatte sie den Eisenbahner Frederick Manning geheiratet und war mit ihm an den Minver Place südlich der Tower Bridge gezogen, was sie jedoch nicht daran hinderte, ihr voreheliches Liebesverhältnis fortzusetzen.

Der Vetter und einige von O'Connors Freunden sprachen nun am Minver Place vor. Mr. Manning war nicht da, aber seine Frau gab bereitwillig Auskunft: Sie habe O'Connor am 9. August zum Abendessen erwartet und sei sehr erstaunt, daß er weder erschienen war noch sich für sein Fernbleiben entschuldigt hatte. Die Freunde blieben mißtrauisch. Sie verständigten Scotland Yard und kamen einige Tage später mit einem Polizisten wieder. Jetzt waren beide Vögel ausgeflogen. Das Haus wurde durchsucht, und der Polizist bemerkte, daß der Boden der Küche, die im Keller lag, frisch zementiert war. Darunter fand man in ungelöschtem Kalk den Gesuchten.

Maria Manning wurde in Edinburgh verhaftet, als sie versuchte, Wertpapiere zu verkaufen, die sie in O'Connors Wohnung gestohlen hatte. Fred, der sich auf der Insel Jersey versteckt hielt, wurde von einem aufmerksamen Zeitungsleser erkannt und ebenfalls festgenommen. Beide gestanden die Tat, schoben sich aber gegenseitig die Hauptschuld zu. Soviel wurde klar: Der Mord war ursprünglich für den 8. August geplant gewesen, doch hatte O'Connor eine Freundin zum Essen mitgebracht. Deshalb war er noch einmal für den folgenden Abend eingeladen worden. Vor Tisch hatte ihn Maria gefragt, ob er sich nicht die Hände waschen wolle. Als er in die Küche hinunterging, schoß sie ihn hinterrücks nieder. Da er noch röchelte, gab ihm Fred mit einer Brechstange den Rest. Schaufel und Kalk standen schon bereit. Das Motiv war Gewinnsucht: O'Connor hatte oft mit seinen erfolgreichen Börsenspekulationen geprahlt.

Morde aus Gewinnsucht waren in London keine Seltenheit. Was den Prozeß zur *cause célèbre* machte, war die Person der Angeklagten: Sie entstammte einer adligen Schweizer Familie, sprach Englisch mit exotischem Akzent und trat mit den Allüren einer großen Dame vor ihre Richter. Zugleich war sie offenkundig die treibende Kraft des Verbrechens gewesen. Die Kaltblütigkeit, mit der sie den liebestollen Zollinspektor in die Falle gelockt hatte, verfehlte ihren Eindruck auch auf Dickens nicht. In «Bleak House» verwandelte er sie in Mademoielle Hortense, Lady Dedlocks französische Zofe, die den Anwalt Tulkinghorn erschießt. Das Ehepaar wurde zum Tode verurteilt und auf dem Dach des Gefängnisses in der Horsemonger Lane vor 50 000 Zuschauern gehenkt. Zur Hinrichtung trug Maria Manning, was keine Zeitung zu erwähnen vergaß, schwarzen Satin. Einer der 50 000 Zuschauer war Dickens. Danach schrieb er einen aufgebrachten Leserbrief an die «Times», in dem er das rohe Vergnügen der Masse an dem Schauspiel beklagte. Das Ende der Schauspiele sollte er noch erleben: 1868 schaffte England die öffentlichen Hinrichtungen ab.

Damals war auch die Kriminalpolizei auf dem besten Wege, ihre Kinderschuhe abzustreifen. Wo sich Vidocq und seine Zeitgenossen auf ihre Kenntnis der Unterwelt, ihre Geduld, ihren gesunden Menschenverstand und oft genug den Zufall verlassen mußten, kam ihren Nachfolgern die Wissenschaft zu Hilfe.

Die Unbekannte aus der Theiß

Die schwierige Kunst, Menschen zu identifizieren

Das Revolutionsjahr 1848 brachte den Deutschen weder die ersehnte Demokratie noch die Einigung des Reiches, wohl aber eine wichtige Änderung des Strafprozeßrechts. Nach englischem und französischem Vorbild befanden von nun an auch in Preußen nicht mehr Berufsrichter, sondern zwölf Geschworene über die Schuld des Angeklagten. In den rheinpreußischen Gebieten gab es, wie wir gesehen haben, Schwurgerichte schon seit der französischen Besatzungszeit. Der Streit über die Vorzüge und Nachteile der Laienjustiz war damit keineswegs ausgestanden. Schon im ersten Sensationsprozeß nach ihrer Einführung brach er wieder aus.

Die interessanteste Frage in diesem Prozeß war nicht die Identität des Mörders, sondern die des Opfers. Am 10. September 1849 bemerkten Arbeiter auf einem Fußweg unweit der Faulen Spree, einem Seitenarm der Spree zwischen Charlottenburg und Spandau, Blutspuren. Sie gingen den Spuren nach und entdeckten im Uferschilf den Leichnam eines Mannes ohne Kopf. Der Kopf lag etwa fünfzehn Schritte vom Körper entfernt. Er war mit äußerster Brutalität zerschmettert worden, das Gesicht durch Hieb- und Schnittwunden unkenntlich gemacht. Aus der Hirnmasse wurden elf Schrotkörner entfernt. Kopf und Rumpf paßten zusammen, gehörten also demselben Mann. Aber wer war er?

Der kleine Jäger

Vier Tage nach dem grausigen Fund stießen Spaziergänger in der Jungfernheide, nicht weit von der Mordstelle, auf eine ohnmächtige Frau. Sie gab an, die Frau des Schauspielers Frölig aus Driesen zu sein, der sie verlassen habe und in Spandau mit einer anderen zusammenlebe. Sie habe sich daher zu Fuß nach Spandau aufgemacht, doch sei ihr die Anstrengung zuviel geworden. Die Beschreibung, die sie von dem Vermißten gab, paßte auf die inzwischen beerdigte Leiche. Sie wurde wieder ausgegraben und von Frau Frölig als die ihres Mannes erkannt, ebenso die Kleider des Toten. Als die Polizei in Driesen nachforschte, stellte sie fest, daß niemand dort einen Schauspieler namens Frölig kannte. Seine angebliche Frau war wegen Geisteskrankheit in der Charité behandelt worden.

Nun meldete sich in Lychen, einem Städtchen in der Uckermark, die Frau des Viehhändlers Ebermann, die in der Suchanzeige des Spandauer Gerichts gleichfalls ihren Gatten wiederzuerkennen glaubte. Die Kleider wurden nach Lychen geschickt und von Frau Ebermann als die ihres Gottlob identifiziert. Er habe seine Wohnung, sagte sie, Ende August in Gesellschaft seines Kumpans Franz Schall verlassen, um sich in Berlin mit einem gewissen Pfeffer zu treffen. Seitdem habe sie nichts mehr von ihm gehört. Das Trio war der Kriminalpolizei nicht unbekannt. Ebermann, Schall – wegen seiner schmächtigen Statur «der kleine Jäger» genannt – und der Handschuhmacher Pfeffer waren vielfach vorbestrafte Wegelagerer, Einbrecher und Wilddiebe. Im Vorjahr war Schall in den Verdacht geraten, im Grunewald einen Förster erschossen zu haben. Doch konnte man ihm die Tat nicht nachweisen.

Schall und Pfeffer wurden verhaftet. Angeklagt vor dem Berliner Kammergericht wurde zunächst aber nur Schall. Gegen ihn sprach eine Reihe von Indizien – vor allem, daß er am 9. September zusammen mit Ebermann in Berlin gesehen worden war, daß er am 11. September Ebermanns silberne Uhr versetzt hatte und daß sich bei ihm drei Chemisetts fanden, die Ebermann gehörten. Schall leugnete nicht, mit Ebermann von Lychen nach Berlin gefahren zu sein; doch habe man sich dort friedlich getrennt. Die Uhr habe ihm Ebermann als Pfand für die ausgelegten Reisekosten überlassen. Die Chemisetts habe Ebermann vermutlich seiner Frau zum Waschen gegeben – was Frau Schall verneinte.

Die Zeugin, die Schall und Ebermann am Vorabend des Mordes gesehen hatte, war Ebermanns Geliebte, ein Fräulein Hansen. Im Winter hatte ein Unbekannter versucht, sie zu erschießen, hatte sie jedoch nur leicht verletzt. Als ihr Pfeffer gegenübergestellt wurde, schwankte sie: Er sehe dem Mann, der auf sie geschossen habe, ähnlich, sei es aber wohl doch nicht, denn der Attentäter habe blonde Haare gehabt, nicht schwarze. Im Gerichtssaal kam Unruhe auf. Aus dem Publikum wurde dem Vorsitzenden ein Zettel gereicht, den er vorlas: «Pfeffer kann sich im Gefängnis Kopf- und Barthaare schwarz gefärbt haben.» Der Zettel stammte vom Spandauer Staatsanwalt, der dem Prozeß aus privater Neugier beiwohnte. Der Vorsitzende ordnete an, Pfeffer die Haare zu waschen. Als er zurückkam, waren sie bedeutend heller: Man hatte Ruß herausgespült.

Während die Identität des Mannes, der die wichtigste Zeugin des Prozesses zum Schweigen bringen wollte, nunmehr feststand, geriet die des Opfers ins Zwielicht. Ein Schäfer namens Möwes wollte Ebermann noch nach dem 10. September gesehen haben. Da er die Gabe des Zweiten Gesichtes besaß, konnte es aber auch sein, daß er nur Ebermanns Geist gesehen hatte. Ernster zu nehmende Zeugen sagten aus, Ebermann sei am linken Unterarm tätowiert gewesen. Auch sein Arzt hatte die Tätowierung bemerkt. Außerdem habe er Ebermann wiederholt an den Handgelenken und am Rücken geschröpft, und zwar immer an den gleichen Stellen, so daß Schröpfnarben entstanden waren. Dem Gutachter, der die Leiche untersucht hatte, waren aber weder

Tätowierungen noch Schröpfnarben aufgefallen. Konnte es sein, daß der Tote gar nicht Ebermann war? Das war die These, auf die der Verteidiger sein Plädoyer stützte: Ebermann war nicht das Opfer, sondern der Mörder! Er hatte den Toten unkenntlich gemacht, ihm seine eigenen Kleider angezogen und sich dann nach Amerika abgesetzt – wie Hunderttausende anderer Deutscher, die ihrer Heimat nach der gescheiterten Revolution den Rücken kehrten.

Zu den Tätowierungen wurde Geheimrat Casper, der wenige Jahre später das erste Standardwerk der damals noch jungen Gerichtsmedizin schreiben sollte, als Sachverständiger befragt. Er untersuchte die alten Soldaten im Invalidenhaus und stellte fest, daß sich die Tätowierungen in 32 Fällen erhalten hatten, in vier Fällen aber nicht. Dies genügte den Geschworenen. Sie sprachen Schall «mit mehr als sieben Stimmen» schuldig. Das Kammergericht verurteilte ihn zum Tode.

Doch das Kollegium des Kreisgerichts, das Todesurteilen zustimmen mußte, war nicht überzeugt. In einem ausführlichen Votum legte es dar, daß weder die Identität des Mörders noch die des Ermordeten zweifelsfrei bewiesen worden sei. Daß Ebermann noch lebte, war auch die herrschende Meinung in der Berliner Unterwelt. Der Präsident des Schwurgerichts und der Staatsanwalt verteidigten das Urteil in einem ebenso ausführlichen Schriftsatz. Die beiden Seiten der Medaille wurden im Ministerrat vorgetragen und lebhaft debattiert. So viel war klar: Kassierte der König das Urteil, dann würde die Autorität der soeben eingeführten Schwurgerichte von vornherein unterminiert. Dieses rechtspolitische Argument gab den Ausschlag. Das Todesurteil wurde bestätigt. Am 11. Februar 1853 fiel Schalls Kopf im Gefängnishof von Moabit unter der Axt des Scharfrichters.

Vorher hatte er noch sein Gewissen erleichtert. Zunächst räumte er ein, Ebermann in Notwehr erschossen zu haben. Doch am Vorabend seiner Enthauptung legte er vor dem Untersuchungsrichter ein «allerletztes Geständnis» ab: «Ich habe den Ebermann mit ruhiger Entschlossenheit totgeschlagen, weil ich mich dieses Menschen entledigen mußte, da er mich zu immer neuen schlechten Streichen aufforderte. Mein ganzer innerer Mensch wäre zugrunde gegangen, so hatte er mich umstrickt und gefaßt. Ich mußte mich seiner entledigen, um frei zu werden, um meinen inneren Menschen zu retten.»

Die Zähne bringen es an den Tag

Während das Berliner Kammergericht gegen den «kleinen Jäger» verhandelte, wurde in Boston ein Prozeß eröffnet, in dessen Mittelpunkt ebenfalls die Identifizierung einer Leiche stand. Anders als in Berlin entstammten das Opfer, der Angeklagte und die Zeugen nicht der Unterwelt, sondern gehörten zu den «Brahmanen», den ahnenstolzen Patriziern der Stadt. So groß war der Andrang, daß 60 000 Eintrittskarten für je zehn Minuten ausgegeben wurden. Wie sein Berliner Gegenstück stritt der Angeklagte die Tat ab, wurde jedoch durch Indizien überführt.

Am Vormittag des 23. November 1849 verließ Dr. George Parkman, ein Arzt, der seine Praxis aufgegeben und mit Grundstücksspekulationen viel Geld verdient hatte, sein Haus im vornehmen Stadtteil Beacon Hill. Ganz gegen seine Gewohnheit kam er zum Mittagessen nicht zurück und auch zum Abendessen nicht. Zwei Tage später meldete sich John White Webster, Professor für Chemie an der Harvard Medical School, beim Bruder des Verschwundenen und berichtete, justament am 23. habe er Parkman ein Darlehen von 483,64 Dollar auf Heller und Pfennig zurückgezahlt. Schon vorher war der Verdacht aufgekommen, Parkman sei einem Raubmord zum Opfer gefallen. Websters Aussage schien den Verdacht zu bestätigen.

Nur einer glaubte nicht daran – Ephraim Littlefield, der Hausmeister der Medical School. Das Gebäude war von der Polizei zweimal durchsucht worden, aber sie hatte nichts gefunden. Littlefields Mißtrauen war erwacht, als ihm der knauserige Webster zu Thanksgiving einen Truthahn schenkte, was er in den Vorjahren nie getan hatte. Während seine Frau Schmiere stand, meißelte er nachts den Boden von Websters Labor auf und stieß auf verbrannte menschliche Gebeine. Webster erklärte der Polizei, es handle sich um Reste einer Leiche, mit der er wissenschaftliche Experimente angestellt habe. Doch die Zahnprothese des Toten widerlegte ihn: Parkmans Zahnarzt erinnerte sich sehr gut an den Patienten, für den er sie angefertigt hatte.

Obwohl Webster seine Unschuld beteuerte, verurteilten ihn die Geschworenen zum Tode. Erst vor der Vollstreckung des Urteils gestand er die Tat, doch stellte er sie als Folge eines Wutanfalls hin. Anstatt sich auf eine Stundung des Darlehens einzulassen, habe Parkman gedroht, ihn beim Universitätspräsidenten anzuzeigen: «Mir haben Sie Ihre Stelle zu danken. Und mir werden Sie es zu danken haben, daß Sie sie wieder verlieren!» Hätte sich Webster, wie es ihm sein Anwalt geraten hatte, von vornherein zu seiner Schuld bekannt, wäre ihm der Galgen vermutlich erspart geblieben. So aber wurde er im August 1850 gehängt. Als Charles Dickens Boston zwanzig Jahre später besuchte, fragten ihn seine Gastgeber, welche Sehenswürdigkeit er als erste zu besichtigen wünsche. Wie aus der Pistole geschossen, kam die Antwort: «Den Raum, in dem Dr. Parkman ermordet wurde!»

Ein Ritualmord?

Auch nach dem Brand des Wiener Ringtheaters, bei dem mindestens 600 Zuschauer ums Leben kamen, konnten viele der völlig verkohlten Leichen nur anhand ihrer Zähne identifiziert werden. Der Mann, der dieses gigantische Unternehmen leitete, war der Gerichtsmediziner Eduard von Hofmann. Zwei Jahre später rettete er in einem Prozeß, der die Doppelmonarchie in zwei sich bitter bekämpfende Parteien spaltete, mehr als ein Dutzend unschuldig Angeklagte vor dem Galgen.

Am 1. April 1882, am Sabbat vor dem Passahfest, war in dem ungarischen Dorf Tisza-Eszlár das vierzehnjährige Dienstmädchen Eszter Solymosi verschwunden. Ein Gerücht wollte wissen, sie sei vom Synagogendiener Joseph Scharf rituell geschlachtet worden. Im Klima des Antisemitismus, der damals in ganz Europa wieder sein Haupt erhob, wurde der absurde Klatsch von vielen geglaubt, von anderen aus politischen Gründen aufgegriffen. Untersuchungsrichter Bary, der die Ermittlungen leitete, gehörte zur ersten Kategorie. Er setzte Scharfs Kinder so lange unter Druck, bis sie gestanden, den Ritualmord beobachtet zu haben. Unter dem Beifall der antisemitischen Presse wurden Scharf und vierzehn weitere Mitglieder der jüdischen Gemeinde verhaftet, ihre Häuser durchsucht.

Da trat ein Ereignis ein, das den geplanten Schauprozeß zu vereiteln drohte: Am 18. Juni wurde ein totes Mädchen aus der Theiß gezogen. Bary war erleichtert, als drei Landärzte feststellten, die Tote könne unmöglich die Verschwundene sein: Erstens zeige ihre Haut keinerlei Spur von Fäulnis; sie sei daher frühestens vor zehn Tagen gestorben. Zweitens seien ihre Geschlechtsteile so erweitert, daß sie häufig Umgang mit Männern gehabt haben müsse. Drittens seien ihre Hände und Füße überaus gepflegt, was bedeute, daß sie niemals körperlich gearbeitet habe oder barfuß gegangen sei. All das traf auf Eszter nicht zu. Als Bary einen anonymen Brief erhielt, dessen Schreiber behauptete, die Wasserleiche sei von Juden in die Theiß geworfen worden, um ihre Glaubensgenossen zu entlasten, wurden die Denunzierten gleichfalls verhaftet und durch Prügel zu Geständnissen gezwungen.

Zur peinlichen Überraschung Barys und seiner politischen Freunde übernahm nicht ein obskurer Winkeladvokat die Verteidigung der Verhafteten, sondern Karl von Eötvös, der brillanteste Redner des Reichstags. Eötvös setzte durch, daß der Leichnam nochmals exhumiert und von Budapester Ärzten untersucht wurde. Sie kamen zu dem Schluß, daß es sich mit hoher Wahrscheinlichkeit um die verschwundene Eszter Solymosi handele. Bary weigerte sich, ihren Befund zu den Akten zu nehmen. Am 13. Juni 1883 wurde der Mordprozeß in der Kreisstadt Nyiregyháza eröffnet. Eötvös ließ nicht nur die Budapester Sachverständigen aufmarschieren, er hatte auch das Gutachten einer unanfechtbaren Autorität in der Tasche – des Inhabers der Wiener «Lehrkanzel» für Gerichtsmedizin, Eduard von Hofmann.

Hofmann wies den drei Landärzten schwere Irrtümer nach: Wenn Wasserleichen, schrieb er, nicht zur Oberfläche aufstiegen, sondern durch Hindernisse im Wasser festgehalten würden, dann blieben sie monatelang frisch. Die Lockerung der Geschlechtsorgane beweise ebensowenig ein intensives Liebesleben wie die Zartheit der Hände und Füße das Luxusdasein einer Dame – beide seien natürliche Effekte des Wassers. Am 3. August wurden sämtliche Angeklagten wegen erwiesener Unschuld freigesprochen. Eötvös schrieb ein Buch über das Urteil und seine Vorgeschichte. Arnold Zweig machte daraus ein Theaterstück («Ritualmord in Ungarn»), Georg Wilhelm Pabst einen Film («Der Prozeß»).

Die Leiche im Koffer

Sechs Jahre später war es Hofmanns Kollege Alexandre Lacassagne, der erste Inhaber des Lehrstuhls für Gerichtsmedizin in Lyon, dessen Identifizierung eines Toten ganz Frankreich erregte. Am 13. August 1889 wunderte sich ein Straßenwärter in Millery, einem Dorf an der Rhône, über einen stinkenden Jutesack, der in den Brombeersträuchern am Ufer lag. Er öffnete ihn und stieß zu seinem Entsetzen auf den halbverwesten, nackten Leichnam eines älteren Mannes. Bei der Autopsie wurde festgestellt, daß der Mann erdrosselt worden war. Am Tag darauf fand ein Bauer, der Schnecken sammelte, im Nachbarort Teile eines großen Holzkoffers, die ebenfalls streng rochen. Als man die Brombeersträucher noch einmal absuchte, fand man den Schlüssel. Der Unbekannte war offenbar in dem Koffer transportiert worden, und zwar, wie ein Etikett verriet, mit der Eisenbahn von Paris nach Lyon. Ein Kutscher meldete sich bei der Polizei und gab an, drei Männer mit dem Koffer nach Millery gefahren zu haben. Als man ihm das Verbrecheralbum von Lyon vorlegte, identifizierte er alle drei. Sie wurden wegen Raubmords verhaftet. Obwohl sie leugneten, schien der Fall erledigt. Der Tote wurde begraben.

Nicht erledigt war der Fall für Kommissar Goron von der Sûreté. Er war davon überzeugt, daß es sich bei dem Toten um den Pariser Gerichtsvollzieher Augustin Gouffé handelte, der am 27. Juli von seinem Schwager als vermißt gemeldet worden war. Er schickte den Schwager nach Lyon, doch der erkannte den Leichnam nicht – vor allem, weil er schwarze Haare hatte und nicht kastanienbraune wie Gouffé. Auch mußte, nach dem Etikett auf dem Koffer zu urteilen, der Unbekannte schon länger als ein Jahr tot sein. Als ihm der Kollege aus Lyon das Etikett schickte, traute Goron seinen Augen nicht: Das Datum war der 27. Juli 1888. Konnte das Zufall sein? Er eilte zum Bahnhof und stellte anhand der Gepäcknummer fest, daß sich der Beamte versehen hatte: Der Koffer war am 27. Juli 1889 aufgegeben worden. Die Leiche wurde wieder ausgegraben und zum zweiten Mal obduziert. Lacassagne entdeckte eine Deformation der Kniescheibe, die Gouffés Hinken erklärte. Nachdem er die Haare des Toten gewaschen hatte, wurden sie wieder kastanienbraun. Unter dem Mikroskop verglich er sie mit Haaren in Gouffés Bürste und stellte Übereinstimmung fest. Am 22. November krähten die Schlagzeilen der Pariser Boulevardblätter: «Die Leiche im Koffer ist identifiziert!»

Goron hatte auch schon einen Verdacht, wer der Mörder war: Am gleichen 27. Juli war der Betrüger Michel Eyraud spurlos verschwunden. Zwei Tage vorher hatten ihn Zeugen mit seiner Geliebten Gabrielle Bompard in der Gesellschaft Gouffés gesehen. Die Bompard stellte sich selbst der Polizei, Eyraud wurde – in einem für damalige Verhältnisse bemerkenswerten Kraftakt internationaler Zusammenarbeit – in Kuba festgenommen. Die drei in Lyon Verhafteten wurden freigelassen. Der Kutscher bekannte, seine Geschichte erfunden zu haben, «um der Polizei einen Gefallen zu tun».

Vor Gericht schoben sich Eyraud und seine Komplizin gegenseitig die Schuld zu. Das von beiden ausgeheckte Szenario war ungewöhnlich genug: Gabrielle hatte sich in ihrer Wohnung mit Gouffé zu einem Stelldichein verabredet. Dort wartete hinter einem Vorhang Eyraud, der an der Decke einen Flaschenzug befestigt hatte und an diesem den Gürtel ihres Morgenrocks. Als sich Gouffé auf die einladend Hingegossene warf, legte sie ihm spielerisch den Gürtel um den Hals. In diesem Augenblick zog Eyraud die Schlinge mit dem strampelnden Gerichtsvollzieher in die Höhe. Mit den Schlüsseln des Toten durchsuchte er dessen Büro, fand aber nicht das erwartete Geld, worauf er seine Gehilfin durchprügelte und anschließend mit ihr den Akt vollzog, zu dem der Besucher nicht mehr gekommen war.

Am 2. Februar 1891 wurde Eyraud vom Scharfrichter Louis Deibler guillotiniert. Die Bompard kam mit zwanzig Jahren Zuchthaus davon. Im Roman «Der Fall Gouffé» von Joachim Maass wird die «Unzuchtsgottheit aus dem Schlamm der schwarzen Abwässer» freigesprochen und richtet in der Männerwelt noch mancherlei Verheerungen an. Die richtige Gabrielle schrieb im Zuchthaus ihre Memoiren und beschloß ihre Tage als Platzanweiserin in einem Pariser Kino.

Abb. 5: Verhaftung des Anarchisten Ravachol

Die fixe Idee des Monsieur Bertillon

Die Polizei von Lyon und der Untersuchungsrichter in Tisza-Eszlár hatten monatelang die falschen Leute eingesperrt. Wie waren solche Fehlgriffe zu vermeiden? Wie konnte die Identität von Personen zweifelsfrei festgestellt werden – nicht nur von Koryphäen der Wissenschaft, sondern von ganz gewöhnlichen Polizisten? Im Jahr vor dem Verschwinden der kleinen Eszter war in Frankreich ein neues Verfahren probeweise eingeführt worden. Nach seinem Erfinder, Alphonse Bertillon, wurde es *bertillonage* genannt.

Die Bedeutung der Fotografie war auch der Kriminalpolizei nicht verborgen geblieben. 1844 wurde in Brüssel der erste Steckbrief mit einer Daguerreotypie des Gesuchten angeschlagen. Aber erst in den siebziger Jahren begannen die Polizeibehörden in ganz Europa damit, Verhaftete systematisch zu fotografieren und die Fotos in Verbrecheralben zu sammeln. Der Erfolg hielt sich, verglichen mit dem Aufwand und den rasch anschwellenden Beständen, in Grenzen. Bertillon, ein kleiner Beamter im Archiv der Pariser Polizei, schlug vor, wie die Schneider, Hut-, Schuh- und Handschuhmacher auch die Körpermaße der erkennungsdienstlich Behandelten festzuhalten. Das Zusammentragen von Daten lag in der Familie: Sowohl Bertillons Vater wie auch sein Bruder waren Statistiker. Bei den Kollegen am Quai des Orfèvres stieß die Sammelwut auf wenig Gegenliebe – bis ein überraschender Fahndungserfolg die Kritiker zum Schweigen brachte.

Anfang der neunziger Jahre wurden die Pariser durch eine Serie von Bombenattentaten aufgeschreckt. Die Attentäter waren – wie auch anderswo in Europa – Anarchisten. Ihr Anführer nannte sich Ravachol. Der Name war bereits 1889 in den Akten der Polizei von Saint-Étienne aufgetaucht: Es war der Mädchenname der Mutter von François Koenigstein, einem Färber, der unter dem Verdacht des Diebstahls vorübergehend verhaftet und nach dem neuen Verfahren gemessen worden war. Inzwischen wurde er wegen mehrerer Raubmorde gesucht. Als Bertillon die Meßkarte aus Saint-Étienne in Händen hielt, setzte er alles auf diese Karte: Er gab das Signalement an die Presse weiter. Zwei Tage später, am 30. März 1892, wurde Ravachol vom Wirt des

Restaurants Véry erkannt und nach einem wilden Handgemenge überwältigt. Der Verhaftete bekannte sich stolz zu seinem Kampf gegen die bürgerliche Gesellschaft, wollte jedoch mit Koenigstein nichts zu tun haben. Auch mehrere Zeitungen belustigten sich über den plumpen Versuch der Polizei, einem politischen Rebellen gemeine Verbrechen in die Schuhe zu schieben.

Zwei Tage vor dem Beginn des Prozesses flog das Restaurant Véry in die Luft und begrub den Wirt unter seinen Trümmern. Die Pariser Richter waren dankbar, das Verfahren an das Schwurgericht des Departements Loire in Montbrison abgeben zu können. Als Ravachol begriff, daß seine anarchistischen Drohreden in der Provinz nicht verfingen, ließ er die Maske fallen. Mit zynischem Lachen bekannte er sich zu Koenigsteins Verbrechen. Es war wieder Louis Deibler, der sich mit seiner Reiseguillotine in Montbrison einfand und am 11. Juli 1892 das Todesurteil vollstreckte.

Bertillons Idee hatte ihre Feuerprobe bestanden. Sie wurde in ganz Europa kopiert. Aber die Welt blieb nicht stehen. Zehn Jahre nach ihrem Triumph mußte Bertillons Methode einer anderen, noch zuverlässigeren weichen – der Daktyloskopie. Seinen wissenschaftlichen Ruf hatte er schon verspielt, als er sich in die Graphologie verirrte und den berühmten *bordereau,* die im Papierkorb des deutschen Militärattachés gefundene Liste, dem fälschlich angeklagten Hauptmann Dreyfus zuschrieb. Staatspräsident Casimir-Périer, der ihn persönlich empfing, nannte ihn nach dem Gespräch «nicht nur bizarr, sondern völlig verrückt».

An den Fingerspitzen sollt ihr sie erkennen

Daß sich die Fingerkuppen der Menschen unterscheiden, wußten schon die alten Chinesen. Sie ließen Urkunden nicht nur unterzeichnen, sondern bestanden sicherheitshalber auch auf einem Fingerabdruck. William Herschel, ein Enkel des berühmten Astronomen, der 1858 nach Indien versetzt worden war, lernte den Brauch bei chinesischen Händlern kennen. Er schien ihm der geeignete Ausweg aus einem Dilemma, das seine Behörde in nicht geringe Verlegenheit setzte: Bei der Auszahlung der Pensionen an die indischen Veteranen kam es immer wieder zu Unregelmäßigkeiten. Da die Empfänger nicht schreiben konnten, oft dieselben Namen hatten und sich glichen wie ein Ei dem andern, waren die Beamten hilflos, wenn ein Veteran wiederkam und seine Pension zum zweiten Mal verlangte. Herschel ließ die Auszahlungen mit Fingerabdrücken quittieren und legte eine Kontrollkartei an, worauf die Betrügereien sofort aufhörten. Als er selbst in Pension ging und seine Erfahrungen 1881 in der Zeitschrift «Nature» bekannt machte, mußte er zu seinem Schmerz feststellen, daß er nicht der erste war. Der schottische Arzt Henry Faulds, der in Tokio japanische Fingerabdrücke studiert hatte, war ihm um wenige Wochen zuvorgekommen.

Mit seinen Versuchen, das Verfahren anderen Behörden schmackhaft zu machen, hatte Herschel kein Glück. Aber er erregte die Aufmerksamkeit von Darwins Vetter, dem Anthropologen Sir Francis Galton. In seinem Buch «Fingerprints» wies Galton 1892 die Unveränderlichkeit und Einmaligkeit der Papillarlinien nach und pries die Vorzüge der Daktyloskopie gegenüber Bertillons Methode. 1894 wurde zum ersten Mal ein Mörder anhand eines Fingerabdrucks überführt – in Mark Twains Roman «Pudd'nhead Wilson», dessen Titelheld das Sammeln von Fingerabdrücken als Hobby betreibt.

Bis zur praktischen Anwendung vergingen dagegen noch einige Jahre. Voraussetzung war ein einfaches, rasch erlernbares System der Klassifizierung. Diese Nuß knackte ein anderer britischer Kolonialbeamter, der Polizeipräsident der Provinz Bengalen, Edward Henry. Auf sein Betreiben wurden 1897 die langwierigen Messungen in ganz Indien abgeschafft und durch Karteikarten mit Fingerabdrücken ersetzt. Der Erfolg war durchschlagend. Im Handumdrehen faßte die Polizei dreimal so viele Verbrecher wie nach dem alten System. Als im Jahr darauf ein Diener, der den Verwalter einer Teeplantage ermordet und beraubt hatte, anhand eines Fingerabdrucks identifiziert wurde, schreckte das Gericht allerdings davor zurück, die Todesstrafe zu verhängen: Zu neu, zu unerprobt war das Beweismittel. Der Angeklagte wurde nur wegen Raubes verurteilt.

1901 übernahm das Mutterland das Verfahren, das sich in Indien so glänzend bewährt hatte. Henry wurde zum Leiter des CID, der Kriminalabteilung von Scotland Yard, ernannt. Vier Jahre später – Henry war inzwischen zum Chef von Scotland Yard aufgerückt – stellte die Polizei nach einem Doppelmord im Londoner Stadtteil Deptford auf der geplünderten Geldkassette einen Daumenabdruck sicher. Er war nicht das einzige, aber das wichtigste Indiz im Prozeß gegen Alfred und Albert Stratton, ein übelbeleumdetes Brüderpaar. Die Verteidiger taten, was in ihren Kräften stand, um die Beweiskraft der winzigen, nahezu unsichtbaren Spur herunterzuspielen. Der Kronanwalt konterte, indem er jedem der Geschworenen den Abdruck seines rechten Daumens abnehmen und die Unterschiede von Sachverständigen erläutern ließ. Der pädagogische Einsatz zahlte sich aus: Die Jury sprach die Stratton-Brüder schuldig, und der Richter verurteilte sie zum Tode. Die Daktyloskopie hatte sich durchgesetzt.

Die anderen Länder folgten dem britischen Beispiel. Die Sûreté hielt noch eine Weile an den Meßkarten fest und beschränkte sich darauf, sie durch Fingerabdrücke zu ergänzen. Doch mit ihrem Herzen war sie nicht dabei: Als die «Mona Lisa» 1911 aus dem Louvre gestohlen wurde, konnte Bertillon den Dieb nicht finden, obwohl er einen Fingerabdruck auf dem Rahmen hinterlassen hatte und dieser in seiner Kartei registriert war. Nach Bertillons Tod gab man seinem Verfahren auch in Paris den Abschied. Heute erlebt es eine bescheidene Renaissance: Auf der Suche nach fälschungssicheren Pässen sind europäische und amerikanische Behörden wieder auf biometrische Daten verfallen.

Ein Richter in Pennsylvania verstieg sich unlängst sogar dazu, Fingerabdrücke für unzuverlässig zu erklären. Er ist eine der Kuriositäten, mit denen die amerikanische Justiz die Welt immer wieder überrascht, und die Ausnahme, die die Regel bestätigt. Die Regel aber lautet: Bis zur Erfindung der DNA-Analyse, von der wir noch hören werden, galt der Vergleich von Fingerabdrücken als der Goldstandard unter den Beweismitteln. Daß auch aussichtslos scheinende Fälle mit ihrer Hilfe gelöst werden können, zeigte eindrucksvoll eine ungewöhnliche Fahndung in Blackburn, einer der tristen Industriestädte Mittelenglands.

Am 15. Mai 1948 wurde ein vierjähriges Mädchen in der Kinderstation des Queens Park Hospital vermißt. Man fand es, vom Täter mißbraucht, mit zerschmettertem Kopf am Rande des Hospitalgeländes. Auf einer Flasche unter dem Bett des Kindes fand man auch Fingerabdrücke, die nicht vom Personal des Krankenhauses stammten. Das grauenhafte Verbrechen erregte solchen Abscheu, daß sich die Polizei zu einer außergewöhnlichen Aktion ermutigt fühlte. Sie rief sämtliche männlichen Einwohner Blackburns, die älter waren als sechzehn, dazu auf, sich freiwillig ihre Fingerabdrücke abnehmen zu lassen. Die Polizei ging von Haus zu Haus und sammelte 45 000 Abdrücke. Aber die auf der Flasche waren nicht darunter. Man wollte das Unternehmen schon abblasen, als ein Beamter vorschlug, die Namensliste noch einmal mit der Liste der Empfänger von Lebensmittelkarten zu vergleichen. Und siehe da: 800 Namen waren übersehen worden. Unter ihnen war auch der 22jährige Peter Griffith, der Sohn eines geistig gestörten Vaters, der das Krankenhaus gut kannte, weil er dort als Kind längere Zeit verbracht hatte. Seine Fingerabdrücke deckten sich mit denen auf der Flasche. Er wurde verhaftet und gestand.

Blut ist ein ganz besonderer Saft

Während die Polizeibehörden damit begannen, Fingerabdrücke systematisch zu erfassen, machte die Medizin auf einem anderen Gebiet bedeutende Fortschritte: 1900 entwickelte Paul Uhlenhuth, Assistent an der Universität Greifswald, ein Verfahren, Tier- und Menschenblut zu unterscheiden. 1901 entdeckte Karl Landsteiner, Prosektor am Wilhelminen-Hospital in Wien, die Blutgruppen. Im gleichen Jahr erwies Uhlenhuths Verfahren erstmals seinen kriminalistischen Nutzen.

Am 1. Juli 1901 kamen zwei Kinder, der achtjährige Hermann Stubbe und sein sechsjähriger Bruder Peter, nicht zum Abendessen nach Hause. Der Vater betrieb in Göhren, einem Seebad auf Rügen, ein Fuhrgeschäft. Er machte sich mit einigen Nachbarn auf die Suche, gab jedoch bald auf. Erst am nächsten Morgen wurden die beiden Leichen gefunden. Der Täter hatte ihnen Kopf, Arme und Beine abgeschnitten, die Leiber aufgeschlitzt und die Eingeweide im Wald verstreut. Drei Wochen vorher hatte ein Bauer auf einem Feld bei Göhren sieben seiner Schafe ebenso zerstückelt vorgefunden. Offenkundig war hier ein vom Blutrausch besessener Lustmörder am Werk. Der Bauer hatte einen Mann davonlaufen sehen und traute sich zu, ihn zu identifizieren.

Eine Gemüsehändlerin hatte beobachtet, wie der Tischlergeselle Ludwig Tessnow aus dem Nachbardorf Baabe die Kinder ansprach. Tessnow wurde verhaftet und dem Bauern gegenübergestellt. Der erkannte ihn wieder. Aber Tessnow bestritt energisch, etwas mit der Sache zu tun zu haben: Nach den dunklen Flecken auf seiner Kleidung befragt, erklärte er sie für Tischlerbeize. Der Untersuchungsrichter in Greifswald erinnerte sich, daß drei Jahre vorher in der Nähe von Osnabrück zwei Mädchen auf die gleiche Weise hingeschlachtet worden waren. Auch damals hatte die Polizei einen Tischlergesellen verhaftet, ihn aber wieder laufen lassen, da sie ihm nicht widerlegen konnte, daß

Abb. 6: Dr. Crippen

die Flecken auf seinem Anzug Tischlerbeize waren. Der Untersuchungsrichter ließ sich die Akte kommen: Der Mann hieß Tessnow!

Das gute Gedächtnis hatte den ersten Teil des Rätsels gelöst, der geographische Zufall löste den zweiten. In der kleinen Universitätsstadt Greifswald hatten sich die Forschungen des jungen Assistenten bis zur Justiz herumgesprochen. Uhlenhuth bekam die hochwillkommene Gelegenheit, seine Entdeckung an einem praktischen Fall zu demonstrieren. Er wies nach, daß die Flecken auf Tessnows Arbeitskleidung in der Tat harmlos waren, die auf seinem guten Anzug aber nicht: 22 waren Menschenblut, neun Schafsblut. Tessnow wurde zum Tode verurteilt und Uhlenhuth ein berühmter Mann.

Dr. Crippen an Bord

Zu weit größerer Berühmtheit brachte es freilich ein amerikanischer Kollege – nicht als Sachverständiger, sondern als Mörder. Der Fall des Dr. Crippen illustriert auf anschauliche Weise die Fortschritte, die die Kriminalistik im ersten Jahrhundert ihres Bestehens gemacht hatte: Obwohl vom Leichnam kaum etwas übrig geblieben war, wurde er identifiziert. Zum ersten Mal wurde das bei Narkosen verwendete, in größeren Dosen tödliche Scopolamin in einem Mordprozeß nachgewiesen. Und zum ersten Mal wurde ein Mörder mit Hilfe der drahtlosen Telegraphie gefaßt.

Dr. Hawley Harvey Crippen war nach London gezogen, weil seine polnische Frau Cora, die sich den Künstlernamen Belle Elmore zugelegt hatte, von einer großen Opernkarriere träumte. Aber die größte Rolle, die sie spielen durfte, war die der Schatzmeisterin der Music Hall Ladies Guild. Ihre Enttäuschung ließ sie an ihrem Mann aus, der von allen Zeugen im Prozeß als besonders liebenswürdig gerühmt wurde. Am 31. Januar 1910 hatten die Crippens in ihrem Haus am Hilldrop Crescent zwei ältere Schauspieler, Mr. und Mrs. Marinetti, zu Gast. Es war der letzte Auftritt von Belle Elmore. Zwei Tage danach traf bei der Ladies Guild ein Brief ein, in dem die Schatzmeisterin ihr Amt niederlegte: Sie fahre nach Amerika zurück, schrieb sie, um einen kranken Verwandten zu pflegen. Den Marinettis sagte Crippen dasselbe.

Im Februar veranstaltete die Ladies Guild einen Ball. Crippen erschien in Begleitung seiner Sprechstundenhilfe, Ethel Le Neve. Einigen Ladies fiel auf, daß die junge Dame den Schmuck von Mrs. Crippen trug. Anfang März zog sie am Hilldrop Crescent ein. Zu Ostern erhielten die Marinettis ein Telegramm aus Dieppe, in dem ihnen Crippen die traurige Kunde übermittelte, Cora sei in Los Angeles an einer Lungenentzündung gestorben.

Der plötzliche Tod der vitalen Polin erregte nun doch Verdacht. Der Ehemann einer von Coras Freundinnen zog auf einer Geschäftsreise nach Kalifornien Erkundigungen ein und kam mit der Nachricht zurück, von ihrem Tod sei in Los Angeles nichts bekannt.

Am 6. Juli erhielt Crippen Besuch von Chefinspektor Dew. Crippen gestand, aus Angst vor einem Skandal die Unwahrheit verbreitet zu haben: Cora sei noch am Leben. Sie habe ihn verlassen und sei zu einem alten Freund nach Amerika gezogen – wohin, wisse er nicht. Der Inspektor bat ihn, eine Personenbeschreibung anzufertigen, mit der man die Verschwundene suchen könne. Als er am nächsten Tag wiederkam, war das Haus leer. Unter dem Boden des Kohlenkellers entdeckte die Polizei eine Pyjamajacke mit knochenlosen menschlichen Überresten. Wo der dazugehörige Kopf, das Skelett und die Gliedmaßen geblieben waren, wurde nie geklärt.

Der Steckbrief erreichte auch den britischen Passagierdampfer «Montrose», der am 20. Juli Antwerpen anlief und dort einen Mr. Robinson und seinen Sohn John an Bord nahm. Dem Kapitän fiel auf, daß Johns Tischmanieren «most ladylike» waren und daß Vater und Sohn heftig miteinander turtelten. Er schickte einen Funkspruch an seine Reederei, und diese verständigte Scotland Yard. Am 23. Juli erreichte Dew in Liverpool gerade noch den Schnelldampfer «Laurentic», der die «Montrose» vor ihrem Zielort Quebec überholte. Der Arzt und seine Sprechstundenhilfe wurden verhaftet.

Dem Gerichtsmediziner Bernard Spilsbury, der fünf Jahre später den «Badewannenmörder» George Joseph Smith überführte, gelang es, die Fleischreste anhand einer Narbe als Unterleib von Cora Crippen zu identifizieren: Sie war, noch bevor sie nach London kam, am Uterus operiert worden. Das Giftbuch eines Apothekers in der Oxford Street, bei dem Crippen fünf Gran Hyoscin (Scopolamin) gekauft hatte, führte Spilsburys Kollegen William Willcox auf die richtige Spur: Er wies in Magen, Darm, Leber und Niere ein Pflanzengift nach, von dem der Mörder mit guten Gründen annehmen durfte, daß es unentdeckt bleiben würde. Crippen leugnete bis zuletzt. Dennoch sprach ihn die Jury aufgrund der Indizien schuldig. Er wurde am 23. November 1910 gehängt.

Ethel Le Neve wurde freigesprochen. Sie nahm einen anderen Namen an, heiratete einen Mr. Smith, hatte mit ihm zwei Kinder und starb 1965. Die Kinder erfuhren erst zwanzig Jahre später, wer ihre Mutter war, als ein Journalist, der ein Buch über den Crippen-Prozeß schrieb, sie ausfindig machte und interviewte.

Der Mordfall blieb den Engländern unauslöschlich im Gedächtnis. Die Leichenreste im Kohlenkeller, die als Mann verkleidete Geliebte und die sensationelle Ergreifung des flüchtigen Paares gingen in die nationale Folklore ein. Schon ein Jahr nach dem Prozeß zog ein Roman das makabre Dreieck durch den Kakao: In «His First Offence» von Storer Clouston verdächtigt die Polizei den Botaniker und heimlichen Krimi-Autor Molyneux, seine Frau ermordet zu haben und mit dem Dienstmädchen durchgebrannt zu sein. In Wahrheit hält sich Mrs. Molyneux versteckt, um die peinliche Tatsache zu verbergen, daß ihre Köchin gekündigt hat und sie das Abendessen für ihre Gäste eigenhändig zubereiten mußte. Die farcenhaften Verwicklungen, die diesem Grundeinfall folgen, verfilmte Marcel Carné unter dem Titel «Drôle de drame». Als Musical «Belle or The Ballad of Doctor Crippen» erreichte die unendliche Geschichte 1961 das West End, hielt sich aber nur sechs Wochen. 1978 erschien «Dr. Crippen's Diary: An Invention», in dem sich der Dramatiker, Regisseur und Schauspieler Emlyn Williams in die Gedankenwelt des milden Mörders einzufühlen suchte.

Gibt es den geborenen Verbrecher?

In der zweiten Hälfte des 19. Jahrhunderts kam die Kriminalistik ein gewaltiges Stück voran. Der verbreitete Glaube, alle «Welträtsel» – um einen Bestseller von damals zu zitieren – entschlüsseln zu können, führte sie allerdings auch auf gewaltige Abwege. Galtons Forschungen beschränkten sich nicht auf die Fingerspitzen. Indem er Fotos von Vorbestraften verglich, suchte er das typische Aussehen des Verbrechers zu ermitteln. Galton ist der Erfinder der Eugenik, die sich vorgenommen hatte, die Fortpflanzung positiver Erbanlagen zu fördern und negativer zu behindern – ein Programm, das in die Hände der Nazis geriet, wovon es sich bis heute nicht erholt hat.

An den genetischen Fortschritt glaubte auch der italienische Mediziner und Anthropologe Cesare Lombroso. Mit seinem Hauptwerk «L'uomo delinquente» begründete er 1876 die Kriminologie. Lombroso war davon überzeugt, daß die Neigung zum Verbrechen erblich ist und in körperlichen Anomalien zutage tritt. Den Typus des Mörders beschrieb er so: «Die Mörder haben einen glasigen, eisigen, starren Blick, ihr Auge ist bisweilen blutunterlaufen. Die Nase ist groß, oft eine Adler- oder vielmehr Habichtsnase. Die Kiefer sind starkknochig, die Ohren lang, die Wangen breit, die Haare gekräuselt, voll und dunkel. Die Lippen sind dünn, die Eckzähne groß. Augenzittern ist häufig, auch einseitiges Gesichtszucken, wobei sie die Eckzähne zeigen, gleichsam grinsend oder drohend.»

Geheimrat Casper, den wir als Gutachter im Prozeß gegen den «kleinen Jäger» kennen gelernt haben, hatte andere Erfahrungen gemacht. Er begann seine Erinnerungen mit dem Satz: «Meine Mörder sahen alle aus wie junge Mädchen.» Tasächlich hatten die meisten Serienmörder mit Lombrosos Karikatur keinerlei Ähnlichkeit. Seine Verallgemeinerungen werden heute von keinem seiner Nachfolger mehr verteidigt. Aber auf seine Zeitgenossen übten sie eine unwiderstehliche Anziehungskraft aus. Der Neurologe Jean Charcot, der Freud auf die Fährte des Unbewußten brachte, ließ sich den Kopf des guillotinierten Ravachol schicken und teilte ihn in zwei Hälften. Seine Hoffnung, dem psychosomatischen Zusammenhang von Hirnbeschaffenheit und Kriminalität auf die Spur zu kommen, erfüllte sich jedoch nicht. 1975 stahlen Studenten die nicht sezierte Hälfte aus der Salpêtrière und stellten sie im Pantheon auf, wo die Großen der französischen Nation begraben liegen. Heute steht sie wieder, in Formalin konserviert, an ihrem angestammten Platz.

Elementar, mein lieber Watson

Der Kriminalroman und seine Supermänner

Die Geburt der Kriminalpolizei hatte Folgen, die ihre Väter nicht voraussehen konnten. Gut dreißig Jahre, nachdem François Vidocq in die Dienste der Sûreté getreten war, entstand eine neue literarische Gattung – der Kriminalroman. Der englische Begriff *detective novel* trifft die Sache noch genauer. Denn was den Leser dieser Romane interessiert, ist nicht das Verbrechen selbst, sondern seine Aufklärung: *Who done it?* Nach dem klassischen Muster steht der Mord am Anfang der Geschichte und die Enttarnung des Mörders am Ende. Den erlösenden Augenblick, in dem Unwissen in Wissen umschlägt, hatte schon Aristoteles in seinem Lehrbuch der Dichtkunst beschrieben und Anagnorisis genannt. Es ist der Augenblick, auf den jeder Krimi zusteuert.

Als Aristoteles sein Lehrbuch schrieb, war ihm die Sage vom Thebanerkönig Ödipus, der seine Eltern nicht kennt, seinen Vater erschlägt und seine Mutter heiratet, natürlich vertraut. Wer will, kann die Tragödie des Sophokles, die der Sage ihre endgültige Form gab, die erste Detektivgeschichte der Weltliteratur nennen – mit einer Pointe allerdings, die Conan Doyle als stilwidrig mißbilligt hätte: Der Detektiv ist selbst der Täter. Auch das Orakel, das dem Ermittler auf die Sprünge hilft, hätte schwerlich Doyles Beifall gefunden. Der Dänenprinz Hamlet, der dem Mörder seines Vaters nachspürt, macht es dagegen wie Sherlock Holmes und verläßt sich auf seine Beobachtungsgabe: Er inszeniert den Mord mit einer durchreisenden Mimentruppe und wartet auf die Reaktion des verdächtigen Onkels, die auch nicht ausbleibt. Das Ende des Dramas, der gemeinsame Tod von

Jäger und Gejagtem, wäre wiederum in einem Krimi fehl am Platz. Doyle, der versuchte, sich seines Helden auf die gleiche Weise zu entledigen, stieß bei seinen Lesern auf wütende Proteste. Zehn Jahre, nachdem Holmes im Zweikampf mit seinem Erzfeind Professor Moriarty verschollen war, kehrte er – mit der Nachhilfe eines amerikanischen Verlegers, der für die Wiederauferstehung 30 000 Dollar zahlte – unversehrt zurück.

Noch bevor sich die Romanautoren an das Erfinden von Mordgeschichten machten, hatten die Juristen den Markt mit Sachbüchern erobert. Der erste und berühmteste war der französische Anwalt François Gavot de Pitaval, der zwischen 1734 und 1743 zwanzig Bände von «Causes célèbres et intéressantes» herausgab. Sein Name wurde das Kürzel für alle späteren Fallsammlungen. Der Berliner Kriminalrat Julius Eduard Hitzig, der 1842 mit seinem Freund Wilhelm Häring, besser bekannt unter dem Dichternamen Willibald Alexis, eine Serie der «interessantesten Kriminalgeschichten aller Länder» vom Stapel ließ, nannte sie «Der neue Pitaval». Sie brachte es auf sechzig Bände, denen im 20. Jahrhundert weitere folgten. Auch der «rasende Reporter» Egon Erwin Kisch wählte für seine Kriminalreportagen, als er sie zwischen zwei Buchdeckeln noch einmal aufwärmte, den Titel «Prager Pitaval». In England war es dagegen der «Newgate Calender», der das Publikum von 1773 an über das Vorleben der prominentesten Schwerverbrecher auf dem laufenden hielt. Seinen Namen hatte der Kalender von einem Gefängnis, das den Londonern als Freilichttheater ans Herz gewachsen war: Auf dem Vorplatz fanden die öffentlichen Hinrichtungen statt.

Dem Kalender entsprangen die *Newgate novels,* die *fact* und *fiction* unbekümmert mischten und aus wirklichen Verbrechern sentimentale Romanhelden machten. In seinem Roman «Catherine» (1839) parodierte William Thackeray das populäre Genre, indem er Catherine Hayes, die ihren Mann mit der Hilfe zweier Untermieter ermordet und in kleine Stücke geschnitten hatte, in der gleichen Manier verklärte. Kurz danach betrat eine neue

Hauptperson die Bühne, die das Interesse der Leser noch stärker fesselte als die Mörder – der Detektiv.

Auguste Dupin, der Ahnherr aller Amateurdetektive

Es war der amerikanische Journalist, Lyriker und Erzähler Edgar Allan Poe, der den ersten Detektiv zu einem Zeitpunkt in die Welt setzte, als es das Wort noch gar nicht gab. In seiner Kurzgeschichte «The Murders in the Rue Morgue», die 1841 in «Graham's Magazine» erschien, löst der Chevalier César Auguste Dupin, ein dekadenter französischer Adliger, das Rätsel eines viehischen Doppelmordes ohne erkennbares Motiv: Der Täter ist ein Orang-Utan. Dupin ist der Ahnherr aller Amateurdetektive der Weltliteratur. Wie Sherlock Holmes, Pater Brown, Hercule Poirot und Lord Peter Wimsey verfügt er über Talente, die den Profis abgehen – geniale Beobachtungsgabe, kombinatorischen Scharfsinn, hellseherische Intuition. Im wirklichen Leben beschäftigen sich Privatdetektive mit Ehebrechern und säumigen Schuldnern. In der Welt des Kriminalromans, in der die Polizei oft überfordert ist, jagen sie Mörder.

Dupin tritt in drei Geschichten auf. Zwei davon sind reine Erfindung. In der dritten griff Poe einen realen Fall auf. Am 28. Juli 1841 wurde die schlimm zugerichtete Leiche einer jungen Frau aus dem Hudson gefischt. Man identifizierte sie als Mary Rogers, Verkäuferin in einem New Yorker Zigarrenladen. Der Mörder wurde nicht gefunden. «The Mystery of Marie Roget» transportiert das Geschehen nach Paris, wo Dupin, ohne sein Zimmer zu verlassen, nur anhand von Zeitungsartikeln den Mord rekonstruiert und Maries Liebhaber, einen dunkelhäutigen Marineoffizier, als Täter entlarvt. Der geniale Detektiv hatte freilich das Pech, daß im Oktober 1842 eine andere Erklärung ans Licht kam: Eine Wirtin in New Jersey gestand, daß in ihrem Haus eine Abtreibung vorgenommen worden war, die Mary Rogers nicht überlebte. Danach habe man die Tote in den Hudson geworfen. In der Buchausgabe begnügte sich Poe daher mit der dürren Mitteilung, Dupins scharfsinnige Überlegungen hätten zu dem «gewünschten Ergebnis» geführt.

Den Namen für das Geschäft, das Dupin besorgt, führte erst Charles Dickens in die Literatur ein. Anders als viele seiner Kollegen hatte er vor der Arbeit der Polizei hohen Respekt. Mit Chief Inspector Field, dem Leiter der Detective Branch von Scotland Yard, war er befreundet und verewigte ihn in seinem Roman «Bleak House» (1853) als Inspector Bucket, der die Mörderin des Anwalts Tulkinghorn überführt. Bucket ist der erste Detektiv der Weltliteratur, der sich als solcher vorstellt. «Bleak House» ist auch der erste Roman, der den Leser mit einem *red herring* an der Nase herumführt: Die anrüchige Vergangenheit von Lady Dedlock ist eine falsche Fährte und nicht das wahre Mordmotiv. «Bleak House» einen Kriminalroman zu nennen, wäre dennoch verkehrt: Zu vielfältig sind die Handlungsstränge. Verglichen mit den Erbschaften und Liebschaften, um die es hauptsächlich geht, ist der Mord nur von sekundärer Bedeutung.

Auch Sergeant Cuff, der in Wilkie Collins' «Moonstone» (1868) nach dem gestohlenen Diamanten fahndet, hatte ein lebendes Vorbild bei Scotland Yard. Inspektor Whicher war 1860 nach einem Kindermord in Somersetshire landesweit bekannt geworden. Er hatte die sechzehnjährige Constance Kent unter dem Verdacht verhaftet, ihren vierjährigen Stiefbruder Savile aus Eifersucht erdrosselt zu haben. Die Öffentlichkeit nahm die Verhaftung mit Unwillen auf. Da sich auch die Ortspolizei gegen die Einmischung von Scotland Yard wehrte, wurde das Mädchen aus der Haft entlassen. Whicher mußte den Dienst quittieren. Vier Jahre später sah er sich glänzend rehabilitiert: Constance, die in ein Kloster eingetreten war, gestand den Mord. Auch die Karriere von Sergeant Cuff erleidet einen Knick: Noch bevor er den Diamanten gefunden hat, wird er seines Amtes enthoben.

Abb. 7: Der französische Erfinder des Detektivromans fand auch in England begeisterte Leser

Mord muß es sein, blutiger Mord

Dorothy Sayers, die Erfinderin von Lord Peter Wimsey, hat Cuffs Diamantenjagd als «besten Kriminalroman, der je geschrieben wurde» gepriesen. Kein Zweifel, «The Moonstone» ist ein glänzend gebauter, spannender Schmöker. Aber ob man Miss Sayers zustimmt, hängt davon ab, was man von einem Kriminalroman erwartet. Der Mord, der erst gegen Ende passiert, ist ein Postskriptum, nicht der Motor, der die Geschichte in Gang setzt.

In der Hauptsache geht es um einen Diebstahl, und das ist den meisten Kriminophilen nicht genug. «Wenn Sie ein Verbrechen bestellen könnten, wie man ein Essen bestellt», fragt Hercule Poirot seinen Watson, Captain Hastings, «was würden Sie wählen?» Hastings antwortet: «Raub? Falschmünzerei? Nein, ich glaube nicht. Zu vegetarisch. Mord muß es sein, blutiger Mord, mit sämtlichen Zutaten.» Auch S. S. Van Dine, der Schöpfer des hochgestochenen Detektivs Philo Vance, nennt in seinen «Zwanzig Regeln für das Verfassen von Kriminalromanen» die Leiche ein unentbehrliches Requisit – «je toter, desto besser. Kein Verbrechen außer Mord lohnt den Aufwand von dreihundert Seiten.» An diese Spielregel haben sich so gut wie alle Autoren gehalten.

Gewiß, es gab Ausnahmen. Sherlock Holmes und Pater Brown verschmähten es nicht, ihr Genie auch an Fälle zu verschwenden, die nicht einmal strafrechtlich relevant waren. Doyles Schwager E. W. Hornung und Maurice Leblanc wurden berühmt durch ihre Meisterdiebe Raffles und Arsène Lupin. Aber diese Ausnahmen bestätigten nur die Regel. In der Geschichte des Kriminalromans blieb der *gentleman thief*, der Nachfolger von Robin Hood, eine Fußnote.

Die Ehre, den ersten richtigen Kriminalroman geschrieben zu haben, kommt einem Franzosen zu. «Die Affäre Lerouge» von Émile Gaboriau, 1863 in der Tageszeitung «Le Pays» *en feuilleton* erschienen und 1866 als Buch, ist deutlich von Poe beeinflußt, den kein Geringerer als Charles Baudelaire ins Französische übersetzte. Wie bei Poe ist es nicht der wackere Kommissar Lecoq, der den Mord an der Witwe Leroux aufklärt, und schon gar nicht Gévrol, der eitle Chef der Sûreté, sondern der geniale Amateur «Vater» Tabaret. Doch anders als Dupin verläßt sich Tabaret nicht nur auf sein Ingenium, sondern kriecht ohne Rücksicht auf seine Beinkleider durch den Schlamm, um nach Spuren zu suchen. Gefragt, warum er sich in seinem Alter solchen Strapazen aussetze, antwortet er: «Ich kann nur mit den Achseln zucken, wenn ich einen Trottel sehe, der 25 Francs bezahlt, um einen Hasen zu schießen. Schöne Beute! Sprechen wir lieber von der Jagd auf Menschen! Dabei muß ich alle meine Fähigkeiten aufbieten, und der Sieg ist wirklich verdient. Das Wild ist dem Jäger ebenbürtig: Wie er verfügt es über Intelligenz, Kraft und Verschlagenheit. Die Waffen sind beinahe gleich. Wenn man wüßte, wie aufregend das Versteckspiel ist, das sich Verbrecher und Polizei liefern, würden die Bewerber in der Rue de Jérusalem Schlange stehen.»

Zur maßlosen Verblüffung der Polizei beschreibt Tabaret nach eingehender Besichtigung des Tatorts den Täter: Er ist jung, groß, war dem Opfer gut bekannt, elegant gekleidet und gehört der besseren Gesellschaft an. «An jenem Abend trug er einen Zylinder, hatte einen Schirm bei sich und rauchte eine Trabucos in einem Zigarrenhalter.» Es sind die gleichen, an Telepathie grenzenden Kunststücke, mit denen später Sherlock Holmes seinen beschränkten Freund Watson immer wieder überrumpelt. Was aber kann der vornehme Herr bei der armen Witwe, deren ganzes Haus er durchwühlte, gesucht haben? «Geld, Wertsachen? Nein, nein, hundertmal nein! Was er will, was er sucht, was er braucht, sind Papiere, die er im Besitz des Opfers weiß. Schließlich findet er sie. Und wissen Sie, was er mit ihnen macht? Er verbrennt sie.» Nachdem Tabaret herausbekommen hat, daß Madame Lerouge Amme im Hause des Grafen Commarin war, dessen Sohn bei der Geburt gegen einen unehelichen ausgetauscht wurde, ist es bis zur Aufklärung der Affäre nicht mehr weit.

In Gaboriaus späteren Kriminalromanen tritt Tabaret in den Hintergrund und läßt Kommissar Lecoq den Vortritt. Das konnte wohl nicht ausbleiben in einem Volk, das – anders als Engländer und Amerikaner – den Einrichtungen des Staates instinktiv vertraut. Nicht zufällig heißt der Kriminalroman bei den Franzosen *roman policier*.

In der Frühzeit des Kriminalromans waren die Frauen meist Opfer, gelegentlich auch Täter. Im Leben der Detektive spielten sie keine Rolle. Pater Brown ist von Berufs wegen zur Keuschheit verpflichtet. Dupin, Tabaret und Holmes sind eingefleischte Junggesellen ohne erkennbares Interesse am weiblichen Geschlecht. Die Opernsängerin und ehemalige Geliebte des Königs von Böhmen, Irene Adler, die einzige Frau, die Holmes (in «A Scandal in Bohemia») ein gewisses Interesse abnötigt, ist auch die einzige, die ihn hereinlegt. Als E. C. Bentley seinen Detektiv Philip Trent mit der Witwe des Ermordeten glücklich werden ließ, war dies ein bewußter Bruch mit der Tradition.

Die Leiche in der Bibliothek

Weibliche Autoren hat es dagegen von Anfang an gegeben. Manche nennen Metta Victor, die unter dem Pseudonym Seeley Regester Kochbücher und Groschenromane schrieb, die Mutter der *detective novel.* Doch ist in «The Dead Letter» (1866), dem Buch, das ihren Anspruch begründen soll, der Bösewicht von Anfang an so offenkundig, daß das befreiende Aha-Erlebnis am Ende ausbleibt. Auch hat der Detektiv eine Tochter mit paranormalen Fähigkeiten, was ihn gleichfalls disqualifiziert. Nein, die Ahnfrau in unserem Stammbaum ist die Tochter eines New Yorker Anwalts, Anna Katherine Greene. In ihrem Roman «The Leavenworth Case» (1878) finden wir zum ersten Mal Elemente, die uns später immer wieder begegnen – die Leiche in der Bibliothek, den steinreichen Mann, der dabei ist, sein Testament zu ändern, und die ballistischen Asservate in der Untersuchung des Coroners. So sachkundig und lebensnah sind die Beschreibungen, daß sie an der Yale University als Lehrmaterial verwandt wurden, um die Fährnisse des Indizienbeweises zu illustrieren.

Auch Ebenezer Gryce, der dicke Polizist, der den Fall aufklärt, hat mit seinen Nachfolgern viel gemein. Während er selbst still im Lehnstuhl sitzt und seine grauen Zellen spielen läßt, sucht sein Handlanger, ein junger Anwalt, der zugleich der Erzähler

Abb. 8: William Gillette als Sherlock Holmes

ist, nach Spuren. Mit seiner Begriffsstutzigkeit und wohlanständigen Zimperlichkeit verbreitet er die Nacht, in der die Sterne des genialen Analytikers um so heller strahlen. In einem späteren Roman, «That Affair Next Door» (1897) ist eine seiner Gehilfinnen die snobistische, aber gut beobachtende Nervensäge Amelia Butterworth, ein Vorläuferin von Miss Marple, was Agatha Christie in ihrer Autobiographie dankbar anerkannte. Anna Katherine Greene war selbst nicht frei von Snobismus. Ihr Detektiv hat alle Mühe, von der guten Gesellschaft als Gentleman akzeptiert zu werden. Auch in ihrem plüschigen Stil ist sie ein Kind ihrer Zeit. Anwälte reagieren heute, wenn sich ein Mandant offenbart, anders als der Erzähler: «Ich taumelte zurück, als hätte man mir einen Hieb versetzt. Großer Gott! Welch grauenvolle Abgründe der Verderbtheit taten sich vor mir auf! Mir schauderte, mir wurde übel, ich duckte mich und bedeckte meine Ohren mit den Händen.»

Neun Jahre nach dem Auftritt des dicken Polizisten ließ sich ein hagerer, adlernasiger Privatdetektiv in London nieder und überflügelte im Handumdrehen alle seine Vorgänger. Sherlock Holmes hat nicht nur seine Zeitgenossen fasziniert. Sein Ruhm ist bis heute ungebrochen. Er ist mit großem Abstand – noch vor Napoleon, Jesus, Dracula und Tarzan – der am häufigsten porträtierte Leinwandheld. Die Sekundärliteratur ist kaum noch zu überblicken. Wissenschaftler haben ihn nach allen Regeln der Kunst seziert und dekonstruiert. Bei der Lektüre der gelehrten Arbeiten ist nicht immer klar, ob die Forschungen einer literarischen Fiktion gelten oder einer historischen Figur. Daß Holmes ein lebendes Vorbild hatte, wissen wir von Doyle selbst: Den ersten Sammelband seiner Abenteuer widmete er dem Mediziner Joseph Bell, über dessen scharfes Auge er als Student gestaunt hatte. Bell bedankte sich, indem er den Band freundlich rezensierte. Viele Leser nehmen die Abenteuer für bare Münze. Täglich pilgern Bewunderer in die Baker Street und stellen enttäuscht fest, daß es die Nummer 221B, wo ihr Abgott am Kamin brütete, gar nicht gibt.

Was Holmes von seinen Vorgängern unterscheidet, ist der scharfe Umriß seines Charakters. Er hat Eigenschaften, die man so schnell nicht wieder vergißt: Er raucht Pfeife, spielt Geige und injiziert sich dreimal am Tag Kokain. Es ist interessant, daß die viktorianische Leserschaft an der Sucht ihres Helden keinen Anstoß nahm, wohl aber am Ehebruch in der Kurzgeschichte «The Cardboard Box»: In frühen Buchausgaben wurde sie unterschlagen. Daß die Pfeife geschwungen ist und nicht gerade, verdanken wir dem Stückeschreiber und Schauspieler William Gillette, der den Detektiv dreißig Jahre lang auf der Bühne verkörperte: Eine gerade Pfeife hätte ihn beim Sprechen behindert. Bei seinen 1300 Auftritten trug Gillette die Jägerkappe und die karierte Pelerine, ohne die wir uns Holmes gar nicht mehr vorstellen können. Und Gillette war es auch, der seinen begriffsstutzigen Kumpan von Zeit zu Zeit mit der Bemerkung deckelte: «Elementary, my dear Watson.» Im Urtext, dem sogenannten Kanon, kommt sie nicht vor.

Der Hund, der nicht bellte

Sherlock Holmes ist, wie wir gesehen haben, nicht der erste Detektiv, der ein schlichtes Gemüt als Gehilfen beschäftigt und ihm auch die Rolle des Chronisten überläßt. Aber der Witz, mit dem Conan Doyle sein Tandem beschreibt, ist dem seiner Vorgänger weit überlegen. Schon das erste Treffen (in «A Study in Scarlet») ist köstlich. Holmes begrüßt den ihm unbekannten Herrn mit den Worten: «Wie geht es Ihnen? Sie sind in Afghanistan gewesen, wie ich bemerke.» Bei einer anderen Gelegenheit schließt er aus einem Kreidefleck zwischen Watsons Fingern, daß sein Kompagnon nicht mehr daran denkt, südafrikanische Wertpapiere zu kaufen. Nicht zu vergessen den unsterblichen Dialog:

«Gibt es noch einen anderen Punkt, auf den Sie meine Aufmerksamkeit zu lenken wünschen?»

«Der sonderbare Vorfall mit dem Hund in der Nacht.»

«Der Hund hat doch gar nichts getan in der Nacht.»

«Ebendies war der sonderbare Vorfall.»

Über die verschiedenen Arten der Zigarrenasche hat Holmes sogar eine wissenschaftliche Monographie veröffentlicht.

«A Study in Scarlet» (1887) ist der früheste der vier Romane, die Doyle hinterlassen hat: In einem leeren Haus schwimmt eine Leiche in Blut, weist aber keinerlei Wunde auf. Unter ihr wird ein Trauring gefunden und an der Wand das deutsche Wort «Rache» – ein *red herring*, wie sich herausstellt. Auch in den übrigen drei Romanen – im Gegensatz zu den 56 Kurzgeschichten des Kanons, in denen der Leser öfters ohne Leiche auskommen muß – geht es um Mord. «The Sign of Four» (1890) verrät, daß Doyle «The Moonstone» gelesen hat: Der Finder eines indischen Schatzes wird durch einen Giftpfeil getötet. «The Hound of the Baskervilles» (1901) ist Doyles bestes Buch. Alle Ingredienzien für eine behagliche Gruselgeschichte sind versammelt – das Moor, der Nebel, ein düsteres Schloß und ein wildes Ungetüm, das der Mörder auf seine Opfer hetzt. Zu seinem letzten Roman, «The Valley of Fear» (1915), ließ sich Doyle von den Mollie Maguires inspirieren, einer irischen Geheimgesellschaft, die die Interessen der Bergleute in Pennsylvania mit Sabotageakten und Morden durchzusetzen suchte. Als guter Tory bezweifelte Doyle keinen Augenblick, daß die Unternehmer im Recht und die Arbeiter im Unrecht waren.

Der wissenschaftliche Aufputz darf nicht darüber hinwegtäuschen, daß Holmes im Grunde eine Künstlernatur ist, die sich lieber auf ihren untrüglichen Instinkt verläßt als auf geduldige Kärrnerarbeit. Ein erheblicher Teil der Sekundärliteratur ist damit beschäftigt, die Unstimmigkeiten und Widersprüche in den heiligen Schriften wegzuerklären. Doyle selbst nahm die Widersprüche auf die leichte Schulter und bedauerte, daß die Abenteuer seines Meisterdetektivs seine seriösen Romane in den Schatten stellten. Im letzten Jahrzehnt seines Lebens galt seine ganze Leidenschaft dem Spiritismus, dem er kritiklos verfiel. So behauptete er allen Ernstes, vom Kollegen Dickens ermuntert worden zu sein, dessen unvollendeten Roman «The Mystery of Edwin Drood» fertigzuschreiben. «Ich bin geehrt, Mr. Dickens», habe er nur stammeln können, worauf der hohe Verblichene huldvoll zurückgab: «Charles, if you please».

Der erste streng wissenschaftlich arbeitende Romandetektiv ist Dr. John Thorndyke, ein Geschöpf von Austin Freeman, der als Gefängnisarzt einschlägige Erfahrungen gesammelt hatte. Thorndyke begibt sich niemals ohne sein grünes Köfferchen mit Spezialwerkzeugen und Chemikalien an den Tatort. Die Experimente, die ihm Freeman zuschrieb, hatte er vorher selbst gemacht. Einige – wie die Klärung der Frage, ob man Fingerabdrücke fälschen («The Red Thumb Mark», 1907) oder den Zeitpunkt des Todes verschleiern kann, indem man die Leiche auf Eis legt («A Silent Witness», 1914) – fanden Eingang in polizeiliche Lehrbücher. Freeman war auch der erste, der *inverted mysteries* schrieb – Geschichten, in denen der Mörder von Anfang an bekannt ist und die mit seiner Bloßstellung enden. Ein berühmtes, allerdings späteres Beispiel dieser Schule ist «Malice Aforethought» (1931) von Frances Iles, das mit dem unwiderstehlichen Satz beginnt: «Erst mehrere Wochen, nachdem Dr. Bickley beschlossen hatte, seine Frau zu ermorden, unternahm er praktische Schritte in dieser Angelegenheit.» Doch blieben die *inverted mysteries* ein Nebenkriegsschauplatz, der nur eine Minderheit von Autoren und Lesern anzog.

Der Mörder ist ein Künstler, der Detektiv sein Kritiker

G. K. Chestertons Detektiv, der unauffällige, rundliche, harmlos wirkende Pater Brown mit seinem unvermeidlichen Regenschirm, hat dagegen mit der Wissenschaft nichts im Sinn. Er hält sie für Teufelszeug wie die meisten Errungenschaften der modernen Zivilisation, die den Glauben durch die «Brutalität des Intellekts» ersetzt hat. Für Brown ist das Verbrechen nur eine Unterart des Bösen, das unsere Welt beherrscht, und daher ein Fall für den Seelsorger. Geistliche können ebenso zu Mördern werden wie Aristide Valentin, der Chef der Pariser Polizei, für den Verbrecher Künstler sind und Detektive Kritiker. Umgekehrt kann ein verlorener Sohn wie der Meisterdieb Flambeau, wenn man ihm nur recht ins Gewissen redet, zu einem ehrlichen Broterwerb bekehrt werden.

Chesterton selbst verstand die fünfzig Kurzgeschichten, in denen Brown auftritt, als Märchen, als «Poesie des modernen Alltags». Und tatsächlich ist es das Poetische, nicht zur Sache Gehörige, das den Leser an diesen Geschichten fesselt. Was uns in Erinnerung bleibt, sind nicht die Indizien, die Chesterton mehr verschweigt als verrät, sondern die Beschreibung eines ländlichen Gasthauses, eines Kirchturms, eines Gewitters. Die Glaubhaftigkeit läßt oft zu wünschen übrig. Aber der Witz und der wache Sinn für paradoxe Pointen entschädigen uns für allzu kühne Gedankensprünge. Chesterton ist ein Autor für Leser, die Kriminalromane eigentlich nicht mögen.

Es konnte nicht ausbleiben, daß eine so erfolgreiche literarische Gattung nicht nur Massen von zweit- und drittklassigen Mitläufern, sondern auch Parodisten auf den Plan rief. Kein Geringerer als Anton Tschechow hat die überschlauen Spurensucher durch den Kakao gezogen. In seiner Kurzgeschichte «Das schwedische Streichholz» (1883) wird nach dem Verschwinden des Trunkenbolds Mark Iwanowitsch Klausow die Polizei gerufen. Eine Fülle von Indizien deutet darauf hin, daß er von drei Personen ermordet wurde. Der Diener und der Gärtner werden verhaftet. Aber wer ist der dritte Täter? Könnte es Klausows fanatisch fromme Schwester gewesen sein, die seinen Lebenswandel mißbilligte? Ein schwedisches Streichholz lenkt den Verdacht auf die junge Frau des Polizeichefs. Sie gesteht, mit Klausow ein Verhältnis zu haben, und führt die Ermittler zum Badehaus, wo der Ermordete sie freundlich begrüßt und zum Trinken einlädt.

Auch «Trent's Last Case» (1912) von E.C. Bentley, einst als Vorbote einer neuen Ära gerühmt, wirkt heute wie eine Parodie des viktorianischen Kriminalromans. Der Reporter Philip Trent, der den Mord an dem amerikanischen Großkapitalisten Manderson aufklären soll, ist kein exzentrisches Genie, sondern ein netter Mr. Everyman. Von den Spielregeln der Gattung scheint er noch nie gehört zu haben. Seinen Bericht mit der Lösung des Falls schickt er weder seiner Zeitung noch Scotland Yard, sondern dem Mörder mit der Bitte um gefällige Stellungnahme. Wie er aus dem Munde des richtigen Mörders erfährt, ist seine Lösung leider falsch. Statt des Täters hat sich der Amateurdetektiv

Abb. 9: Father Brown – ein Detektiv für Leute, die keine Kriminalromane mögen

selbst entlarvt – als Amateur. Trent beschließt, mit der Witwe des Ermordeten glücklich zu werden und von Kriminalfällen künftig die Finger zu lassen.

Mord im Orient-Express

Das goldene Zeitalter des Kriminalromans

Die Amateurdetektive ließen sich von Trents Versagen nicht abschrecken. Nach dem Ersten Weltkrieg stieg ihre Zahl ins Astronomische. Die Herstellung von Kriminalromanen entwickelte sich zu einer Industrie, die – wie die Herstellung anderer Massenprodukte – bestimmten Normen folgte. Den berühmtesten Versuch, diese Normen schriftlich zu fixieren, haben wir schon erwähnt – S. S. Van Dines «Zwanzig Regeln für das Verfassen von Kriminalromanen». Van Dine, der eigentlich Willard Huntington Wright hieß, bestand nicht nicht nur darauf, daß ein Mord das Ratespiel in Gang setzte. Es mußte darüber hinaus ein Mord aus persönlichen Motiven sein. Attentäter, Verschwörer und Berufsverbrecher hatten in einem Krimi nichts zu suchen. Erotische Verwicklungen waren ebenso unerwünscht wie lange, beschreibende Passagen und subtile Charakterzeichnungen. Der Leser sollte sich ganz auf das Puzzle konzentrieren. Zu diesem Behufe durfte ihm nichts verheimlicht werden. Der Witz des Spiels bestand daran, daß der Detektiv, obgleich er nicht mehr wußte als der Leser, dank seines überlegenen Scharfsinns als erster die Lösung fand.

Fair play ist auch der gemeinsame Nenner der zehn Gebote, die Ronald Knox verkündete. Knox war, was Pater Brown nur auf dem Papier (und später im Film) sein durfte – ein katholischer Geistlicher, dessen ganze Leidenschaft der Verbrecherjagd galt. Während des Krieges hatte er sich in der militärischen Abwehr nützlich gemacht. Danach wandte er sich dem Schreiben von Detektivgeschichten zu, bis ihm sein Bischof diesen weltlichen Zeitvertreib untersagte. Einige seiner Gebote sind ernster gemeint als andere. Doch insgesamt fassen sie die Spielregeln der Zunft im goldenen Zeitalter des Kriminalromans treffend zusammen:

1. Der Verbrecher muß jemand sein, der im frühen Teil der Geschichte erwähnt wurde, ohne daß der Leser seinen Gedanken folgen konnte.
2. Übernatürliche Kräfte sind selbstverständlich ausgeschlossen.
3. Höchstens ein geheimer Raum oder Gang sind erlaubt.
4. Kein bisher unentdecktes Gift darf verwendet werden, ebensowenig Apparate, die am Ende längere wissenschaftliche Erklärungen erfordern.
5. Kein Chinese darf in der Geschichte vorkommen.
6. Weder der Zufall noch unerklärliche Ahnungen, die sich hinterher als richtig erweisen, dürfen dem Detektiv helfen.
7. Der Detektiv darf nicht selbst der Verbrecher sein.
8. Jede Spur, auf die der Detektiv stößt, muß dem Leser sofort zur Überprüfung mitgeteilt werden.
9. Der dumme Freund des Detektivs, der Watson, darf keinen der Gedanken, die ihm durch den Kopf gehen, verheimlichen. Seine Intelligenz muß leicht, ganz leicht unterhalb der des Durchschnittslesers liegen.
10. Zwillingsbrüder und andere Doppelgänger dürfen erst auftreten, wenn wir ausreichend auf sie vorbereitet sind.

Knox war einer der Gründer des Londoner Detection Club, der nur Autoren echter Detektivgeschichten aufnahm – im Gegensatz zum Thriller, der seine Spannung aus der Aktion, der Jagd auf Verbrecher oder feindliche Agenten bezieht. Jedes neue Mitglied mußte einen feierlichen Eid schwören, vor dem Leser kein Indiz geheimzuhalten.

Edgar Wallace, der überaus fruchtbare «König des Thrillers», gehörte dem Club nicht an. Seine Spezialität waren locker gestrickte, nicht notwendig plausible Abenteuergeschichten mit melodramatischen Knalleffekten, mit den Chinesen und geheimen Gängen, die Knox so verabscheute. Seine Verbrecher sind Monstren, seine Detektive strahlende Ritter, denen nach vollbrachter Tat die bis dahin keusch gebliebene Jungfrau an die Heldenbrust sinkt. Für seinen ersten Roman, «The Four Just Men» (1905), hatte er sich einen Werbegag ausgedacht, der ihn beinahe ruiniert hätte: Wie die «vier Gerechten» den britischen Außenminister ermordet hatten, verriet er nicht, sondern versprach 500 Pfund für die richtige Lösung. Da er keine Anstalten machte, die richtige Lösung zu publizieren, verklagten ihn mehrere Leser wegen Betruges und mußten durch die Auszahlung des vollen Preisgeldes ruhig gestellt werden. Aber er machte seinen Verlust bald wieder wett.

Hercule Poirot und seine grauen Zellen

Das bei weitem erfolgreichste Mitglied des Detection Club war Agatha Christie. William Shakespeare ist der einzige englische Schriftsteller, der einen noch größeren Leserkreis erreichte als ihre 85 Romane und Sammlungen von Kurzgeschichten. Ihr Theaterstück «The Mousetrap» wird seit 1952 im Londoner Ambassadors Theatre gespielt – ein Weltrekord. Das Stück ist ein schönes Beispiel für Agatha Christies Technik. Ein Schneesturm schneidet Monkswell Manor, ein Gästehaus in Berkshire, von der Außenwelt ab. Sergeant Trotter erscheint auf Skiern und warnt die entsetzten Gäste vor einem Mörder im Haus, der ein neues Verbrechen plant. Einer der Eingeschlossenen muß es sein, aber wer? In dem sorgfältig abgesteckten Jagdrevier kann die Suche beginnen. In «Murder on the Orient Express» (1934) ist es der legendäre Schnellzug, den ein Schneesturm an der Weiterfahrt hindert, nachdem ein amerikanischer Geschäftsmann erdolcht in seinem Abteil gefunden wurde. «Murder on the Nile» (1937) isoliert die wachsende Zahl der Toten und die Verdächtigen auf einem Nildampfer. «Ten Little Niggers» (1939) verfrachtet zehn Menschen auf eine Privatinsel, wo einer nach dem andern ermordet wird.

«Ten Little Niggers» wurde dreimal verfilmt, aber begreiflicherweise nie unter seinem Originaltitel. *Political correctness* war Agatha Christies Sache nicht. Homosexuelle Männer werden von ihr nur als effeminierte Typen geduldet. Juden haben lange Nasen und sind mit Vorsicht zu genießen. Agatha Christie blieb ein Geschöpf der Belle Époque, die mit dem Ersten Weltkrieg untergegangen war. Ihr enormer Erfolg hatte nicht zuletzt damit zu tun, daß sie die Erschütterungen des Krieges, die Wirtschaftskrisen und die sozialen Umwälzungen ihrer Zeit souverän ignorierte. Sie gab ihren Lesern das Gefühl, daß die heile Vorkriegswelt unverändert weiterbestand. Ihre Morde ereignen sich in aristokratischen oder doch zumindest begüterten Kreisen. Die Unterschichten treten nur als Statisten, vorzugsweise Dienstboten in Erscheinung.

Im Krieg war Agatha Christie Krankenschwester gewesen und hatte sich die Giftkunde angeeignet, die sie in «The Mysterious Affair at Styles» (1920), ihren ersten Roman, nutzbringend einzubringen wußte. Auf die anerkennende Rezension des «Pharmaceutical Journal» war sie besonders stolz. In ihrem Erstling begegnen uns bereits drei der vier Hauptpersonen ihres Universums – der eierköpfige, schnurrbärtige Hercule Poirot, der mit seinen «grauen Zellen» prunkt, der wackere Captain Hastings und der dümmliche Inspektor Japp von Scotland Yard. Poirot, obwohl eigentlich schon im Ruhestand, hatte noch eine lange Karriere vor sich – 32 Romane und 52 Kurzgeschichten. Als Agatha Christie ihn 1975, ein Jahr vor ihrem eigenen Tod, zunächst nach Styles zurückholte und dann ins Jenseits beförderte, widmete ihm die «New York Times» einen Nachruf auf ihrer Titelseite. Die vierte Hauptperson, die durch und durch viktorianische Miss Marple, tritt dagegen nur in zwölf Romanen auf. Schauplatz der von ihr enträtselten Morde ist das Dorf St. Mary

Mead, das man ein Idyll nennen würde, wäre die Verbrechensrate nicht höher als die Londons.

Ihre Mitgliedschaft im Detection Club hielt Agatha Christie nicht davon ab, von Zeit zu Zeit gegen die Regeln der Zunft zu verstoßen. Noch heute empören sich Puristen über «The Murder of Roger Ackroyd» (1926), einen ihrer größten Erfolge, in dem sich der Erzähler selbst als der Mörder entpuppt. Roland Barthes, Alain Robbe-Grillet und Umberto Eco haben diese unorthodoxe Lösung mit tiefsinnigen Kommentaren bedacht. Der französische Psychoanalytiker Pierre Bayard versuchte nachzuweisen, daß sich Poirot unter dem Einfluß eines *délire paranoiaque* geirrt habe: Nicht der Erzähler sei der Täter, sondern seine Schwester. Der amerikanische Literaturkritiker Edmund Wilson attackierte das Buch aus anderen Gründen. Sein Essay «Who Cares Who Killed Roger Ackroyd?» ist eine bissige Abrechnung mit dem Kriminalroman schlechthin: «Warum soll es mich kümmern, wer einen Mord begangen hat, wenn der Autor unfähig ist, ihn so zu beschreiben, daß ich ihn vor mir sehe und fühle? Warum soll ich mir über die Schuld von Leuten den Kopf zerbrechen, die alle gleich scheinen, weil sie nur Namen auf einer Buchseite sind?» Wilson gibt seinen Lesern den Rat, ihre Zeit nicht länger mit dem «unappetitlichen Sägemehl» zu vergeuden.

Warum lesen wir so gerne Mordgeschichten?

Über den literarischen Wert der meisten Kriminalromane darf man sich in der Tat keinen Illusionen hingeben. Selbst eine Könnerin wie Agatha Christie schrieb nur anspruchslose, klischeegesättigte Alltagsprosa. Gerade deshalb werden ihre Mordgeschichten in Englischkursen gern als Lehrmaterial verwendet. Wilson vermutete, daß es dem Kettenleser nicht einmal auf den Denksport ankommt: «Der Süchtige liest nicht, um etwas herauszufinden, sondern nur wegen der milden Spannung, der Vorfreude auf die Enthüllung eines sensationellen Geheimnisses. Daß dieses Geheimnis ohne jedes Interesse ist und die Vorgeschichte nicht wirklich rechtfertigt, stört ihn nicht. Seine lange Abhängigkeit hat ihn daran gewöhnt, sich vom Autor beschwindeln zu lassen: Bei der enttäuschenden Lösung paßt er nicht auf, er denkt nicht zurück und überprüft den Gang der Ereignisse. Er klappt das Buch einfach zu und beginnt mit dem nächsten.»

Tatsächlich legten es die Autoren des klassischen englischen Kriminalromans nicht darauf an, den Mord so zu beschreiben, «daß ich ihn vor mir sehe und fühle». Daß sich der Leser mit dem Opfer identifiziert, war das Allerletzte, was Agatha Christie wollte. Das Opfer mußte sich möglichst rasch in einen *body* verwandeln, das neutrale Objekt einer Ermittlung. Unangenehme Eigenschaften sollten den Leser davor zu bewahren, dem oder der Ermordeten eine Träne nachzuweinen: Linnet Ridway, die erste Tote in «Death on the Nile», ist aufreizend reich. Mr. Ratchett, die Leiche im Orient-Express, hat selber Dreck am Stecken – ebenso wie die «kleinen Negerlein», die auf die einsame Insel gelockt wurden, um dort liquidiert zu werden.

Die rücksichtsvolle Art der Entsorgung hat vielleicht auch damit zu tun, daß es im goldenen Zeitalter des Kriminalromans hauptsächlich Frauen waren, die den Ton angaben. Die Romane von Margery Allingham und Ngaio Marsh – der Vorname verrät ihre neuseeländische Abkunft – spielen im gleichen Tory-Milieu wie die Agatha Christies. Die Detektive der beiden Damen sind allerdings weitaus feiner: Allinghams Albert Campion ist eigentlich Graf Rudolph K. und sogar mit dem Königshaus verwandt. Der Kontrast zu seinem Faktotum, dem glatzköpfigen, vorbestraften Magersfontein Lugg, könnte nicht größer sein. Inspektor Roderick Alleyn steht auf einer nicht ganz so hohen Sprosse der gesellschaftlichen Leiter. Immerhin ist sein Vater Baron, und bevor er selbst in den Polizeidienst eintrat, war er Diplomat. Auch er hat einen plebejischen Mitarbeiter, Inspektor Fox.

Der eleganteste, brillanteste und gewandteste der aristokratischen Detektive ist Lord Peter Wimsey, der jüngere Sohn des 15. Herzogs von Denver. Er spielt Klavier, sammelt Erstausgaben, ist ein ebenso vorzüglicher Weinkenner wie Kricketspieler und dank Bunter, seinem perfekten Butler, stets wie aus dem Ei gepellt. Er tritt zum ersten Mal in «Whose Body?» (1923) auf: Seine Mutter, die Herzoginwitwe, bittet ihn um Hilfe für einen Freund, der in seiner Badewanne eine nackte, männliche Leiche mit goldenem Zwicker entdeckt hat. In «Strong Poison» (1930) verliebt er sich in die des Giftmords angeklagte Harriet Vane und beschließt, sie nicht nur von dem Verdacht zu reinigen, sondern auch zu heiraten – was ihm allerdings erst sieben Jahre später gelingt. In «Murder Must Advertise» (1933), ihrem amüsantesten Roman, griff Dorothy Sayers auf Erfahrungen zurück, die sie als Werbetexterin gewonnen hatte: Lord Peter läßt sich inkognito von einer Werbeagentur anstellen, um einen tödlichen Treppensturz aufzuklären. «The Nine Tailors» (1934) sind die neun Glocken einer Dorfkirche im Moorland von East Anglia, wo die Autorin ihre Kindheit verbrachte. Die gelehrte Darstellung des traditionellen Wechselläutens erweist sich später als Schlüssel zur Identifizierung der unkenntlichen Leiche mit abgehackten Händen, die in einem alten Grab gefunden wurde. Auch «Gaudy Night» (1935) beschreibt ein Milieu, das Dorothy Sayers bestens kannte – die Universität von Oxford, wo sie studiert hatte.

Der Detektiv ist das Ich, der Verbrecher das Es

Dorothy Sayers war nicht nur eine hochgebildete, sondern auch eine sehr gläubige Frau, die Kriminalromane nur deshalb schrieb, weil sie ihr mehr Geld einbrachten als die christlichen Versdramen und theologischen Traktate, die ihr eigentlich am Herzen lagen. In einem Essay, dessen Scharfsinn dem ihres Meisterdetektivs nicht nachsteht, stellte sie ausdrücklich fest, den höchsten

Grad literarischer Vollendung könne diese Art von Literatur niemals erreichen, da sie die Wirklichkeit weder darstellen noch verstehen wolle, sondern vor ihr fliehe. Trotz dieses strengen Urteils gab sie sich große Mühe, aus den Marionetten, die das kriminalistische Uhrwerk in Gang halten, lebendige Menschen zu machen – was ihr nicht alle Leser danken: Manche empfinden ihren Stil als hochgestochen und ihre Milieuschilderungen als lästigen Ballast. Gesellschaftlich unsichere Leser neigen dazu, Lord Peters unbekümmertes Selbstvertrauen mit Snobismus zu verwechseln.

Im letzten Jahrzehnt ihres Lebens wollte Dorothy Sayers von Morden nichts mehr wissen, sondern übersetzte Dantes «Göttliche Komödie» und hielt Vorträge über Philosophie, Religion und mittelalterliche Geschichte. Offenkundig mißlang ihr, was W. H. Auden glückte – Kriminalromanen ein religiöses Erlebnis abzugewinnen. «Ich vermute», schrieb er in seinem Essay «The Guilty Vicarage», «daß der typische Leser von Detektivgeschichten – wie ich – ein Mensch ist, der an einem Gefühl der Sündhaftigkeit leidet.» Für den Poeta laureatus Cecil Day-Lewis, der unter dem Pseudonym Nicholas Blake auch Kriminalromane schrieb, war die *detective novel* ein Ersatz für die frommen Legenden, an die in unserer unfrommen Zeit niemand mehr glaubt. Der Mord steht für die Erbsünde, mit der die Bibel beginnt, die Entdeckung des Mörders für das Jüngste Gericht, mit der sie endet, «wenn unter dem Schall der Posaunen das Geheimnis offenbart wird und die Böcke von den Schafen getrennt werden».

Andere verglichen den Siegeszug des Kriminalromans mit dem der Psychoanalyse. Spielt nicht die erste Detektivgeschichte der Weltliteratur, das Ödipus-Drama, in Freuds Denken eine zentrale Rolle? Geht es nicht auch dem Patienten auf der Couch um die Aufklärung einer dunklen Vergangenheit? So betrachtet, steckt in jedem Kriminalroman ein therapeutisches Element: Der Detektiv, das Ich, obsiegt, indem er das verbrecherische Es vor den Richterstuhl des Über-Ichs zitiert. Die dänische Psychoanalytikerin Geraldine Pedersen-Krag vermutete, dem gewohnheitsmäßigen Krimi-Leser gehe es um die Bewältigung der «Urszene», des als Gewaltakt empfundenen elterlichen Geschlechtsverkehrs: «Indem er zum Detektiv wird, befriedigt er ungestraft seine kindliche Neugier und überwindet so die Hilflosigkeit und das ängstliche Schuldgefühl, an das sich sein Unterbewußtsein erinnert.» Sigmund Freud hatte mit Sherlock Holmes noch etwas anderes gemein – die Abhängigkeit vom Kokain.

Krankenschwestern auf der Pirsch

Auch die amerikanischen Damen siedelten ihre Romane am liebsten in der feinen Gesellschaft an, in den Landhäusern der Reichen und Mächtigen in New England oder in den eleganten Stadtvillen auf der richtigen Seite des gesellschaftlichen Rubikons. Wie Agatha Christie war Mary Roberts Rinehart Krankenschwester gewesen. In einigen ihrer Romane löst Schwester Hilda Adams – halb anerkennend, halb spöttisch «Miss Pinkerton» genannt – das Rätsel. Doch im Gegensatz zu ihrer englischen Kollegin erzählt sie ihre Geschichten gern in der ersten Person als Rückblick auf ein überstandenes Abenteuer. Diese Hätte-ich-nur-gewußt-Perspektive stammt aus der *gothic novel*, dem romantischen Schauerroman, und galt schon damals als altmodisch. Aber ihr Publikum liebte die jungen und nicht mehr ganz so jungen Fräuleins, die sich immer wieder in lebensgefährliche Situationen brachten. Auf dem Höhepunkt ihrer Karriere war Mary Roberts Rinehart die bestverdienende Autorin Amerikas.

«Dies ist die Geschichte, wie eine alte Jungfer den Verstand verlor.» So beginnt ihr erster Roman «The Circular Staircase» (1908), der sie sogleich berühmt machte. Rachel Innes hat ein Sommerhaus gemietet, in dem es offenbar spukt. Sie geht der Sache nach, doch statt des erwarteten Gespenstes findet sie den

Sohn des Eigentümers erschossen am Fuß der Wendeltreppe. Vier weitere Menschen kommen zu Tode, geheime Gänge werden entdeckt, und am Schluß gibt es eine aufregende Jagd nach dem Täter. Auch «The Bat», die dramatische Version des Romans, war ein Riesenerfolg. Am Broadway lief das Stück drei Jahre lang. Als Rineharts bester Roman gilt vielen «The Man in Lower Ten» (1909), ein klassischer Eisenbahnmord: Der junge Anwalt Lawrence Blakely, der einem Geldfälscher auf der Spur ist, reist im Schlafwagen von Washington nach Pittsburgh, landet im falschen Bett und stellt am nächsten Morgen fest, daß der Herr, der in dem von ihm reservierten schlief, die Nacht nicht überlebte.

«The After House» (1914) greift einen wirklichen, bis heute nicht befriedigend geklärten Fall auf. In den frühen Morgenstunden des 14. Juli 1896 wurde die Besatzung des Dreimasters «Herbert Fuller», der Holz von Boston nach Südamerika transportierte, durch Schreie geweckt. Man fand den Kapitän, seine Frau und den zweiten Maat erschlagen und nach einigem Suchen auch die Tatwaffe, eine blutige Axt. Zunächst wurde ein deutscher Matrose verdächtigt und in Ketten gelegt. Doch dann fiel der Verdacht auf Thomas Bram, den ersten Maat. Obwohl er seine Schuld energisch bestritt und das Motiv bis zuletzt unklar blieb, wurde er zum Tode, in einem zweiten Prozeß zu lebenslangem Zuchthaus verurteilt und erst 1913 auf Bewährung entlassen. In ihrem Roman spricht ihn Mary Roberts Rinehart frei; ihr Mörder ist ein wahnsinniger Steuermann.

Mignon G. Eberhart übernahm das Rezept ihrer älteren Kollegin – mit dem gleichen durchschlagenden Erfolg. Auch sie setzt zur Ergreifung der Mörder eine Krankenschwester ein. In den frühen Romanen bedarf die rothaarige Sarah Keate noch eines starken männlichen Arms, des hübschen Polizeileutnants Lance O'Leary, der sie öfters aus selbstverschuldeten Gefahren rettet. Doch später emanzipiert sie sich und schafft die Aufklärung der Verbrechen allein.

Ein Lebemann mit Schußwunde, aber ohne Gebiß

Rinehart und Eberhart gingen mit den Spielregeln des Detection Club recht großzügig um. S. S. Van Dine, John Dickson Carr und Ellery Queen respektierten sie. Van Dines Detektiv Philo Vance ist eine auf die Spitze getriebene Kopie von Lord Peter Wimsey. Auch er sammelt Kunstgegenstände, versäumt aber im Gegensatz zu seinem englischen Vorbild keine Gelegenheit, mit seinem Kennertum zu prahlen – wenn es sein muß, in einer Fußnote. Er besitzt ein Stadthaus in New York und eine Villa bei Florenz. An die Riviera fährt er nicht mehr, seitdem sich dort die «neureichen Amerikaner» breitmachen. In den zwanziger Jahren galt Vance als Gipfel der *sophistication* und brachte seinem Autor eine Menge Geld ein. Heute geht sein arrogantes Ästhetentum vielen auf die Nerven.

Aus zeitgeschichtlichen Gründen lesenswert ist immer noch sein erster Fall, «The Benson Murder Case» (1926): Van Dine griff darin, nur notdürftig verfremdet, einen Mord auf, der die New Yorker Society aufs höchste erregt hatte. Am frühen Morgen des 11. Juni 1920 wurde Joseph B. Elwell, ein stadtbekannter Lebemann, von seiner Haushälterin mit einer Schußwunde im Kopf entdeckt. In seinem Schlafzimmer fand die Polizei Unterwäsche weiblicher Herkunft und ein Adreßbuch mit den Namen von 53 Gespielinnen, darunter verheirateten Damen der Gesellschaft. Daß eine dieser Damen ihn erschossen haben könnte, galt als unwahrscheinlich, da Elwell seine Freundinnen wohl kaum ohne Toupet und Gebiß empfangen hätte. Ehemänner, die Grund hatten, ihn zu beseitigen, gab es dagegen genug. Aber wer es getan hatte, blieb ungeklärt.

John Dickson Carrs Detektiv, Dr. Gideon Fell, ist ein großer, fetter Kerl mit Zwicker und Seehundsschnurrbart. Carr modellierte ihn nach seinem verehrten Vorbild Chesterton. In den Romanen, die er unter dem *nom de plume* Carter Dickson schrieb, tritt ein anderer Fettwanst auf: Sir Henry Merryvale, der zigarrenrauchende «old man of Scotland Yard», erinnerte manche Leser an Winston Churchill. Selbst seine Fans zögern, Carrs blumige Prosa zu rühmen. Sie bewundern ihn als unübertroffenen Meister des *locked-room mystery* – unlösbar scheinender Fälle, in denen Tote hinter verschlossenen Türen gefunden werden, deren Schlüssel von innen stecken, oder erwürgt auf einem feuchten Tennisplatz mit einer einzigen Fußspur, die zur Mordstelle führt – ihrer eigenen. «The Hollow Man» (1935) enthält einen langen theoretischen Exkurs, in dem Dr. Fell die sieben Grundtypen des «unmöglichen» Verbrechens erläutert – einschließlich ihrer Aufklärung.

Hinter dem Künstlernamen Ellery Queen, der zugleich der Name ihres Detektivs ist, verbargen sich zwei Vettern aus Brooklyn, Manfred B. Lee und Frederic Dannay. Wie Carr legten sie größten Wert darauf, daß der Leser mitdachte. In mehreren ihrer Romane halten sie den Erzählfluß an und fordern ihn mit einer «challenge to the reader» ausdrücklich auf, sich einen Reim auf das bisher Vorgefallene zu machen. Ellery, der Detektiv, ist Amateur, hat aber einen Vater bei der New Yorker Polizei, von dem er viel lernt. New York ist auch der gewöhnliche Schauplatz der Romane. Einige spielen in Wrightsville, einem Dorf *upstate* New York, darunter «Calamity Town» (1942), den Kenner besonders schätzen.

Abschied vom Gentleman-Detektiv

Zwei Jahre später erschien im «Atlantic Monthly» eine Kampfansage an die würdigen englischen Damen und ihre amerikanischen Mitläufer. In seinem Essay «The Simple Art of Murder» erklärte Raymond Chandler die feinsinnigen Ratespiele, die verschneiten Herrenhäuser, die Leichen auf Luxusdampfern und die Gentlemen-Detektive für passé: «Die klassische Kriminalgeschichte hat nichts vergessen und nichts dazugelernt. Es ist immer wieder dasselbe – die sorgfältig assortierte Gruppe von Verdächtigen; das Stilett aus massivem Platin, mit dem Mrs. Pottington Postlethwaite III erstochen wird, gerade als ihr vor fünfzehn Gästen das hohe C in der Glöckchen-Arie aus ‹Lakmé› danebengeht; die Jugendlich-Naive im pelzbesetzten Pyjama, die nachts die ganze Gesellschaft zusammenschreit, und am nächsten Tag das dumpfe Schweigen, in dem alle herumsitzen, an Singapur-Slings nippen und sich angiften, während die Polypen auf dem Perserteppich hin und her kriechen.»

Als nachahmenswertes Beispiel empfahl Chandler seinen Kollegen Dashiell Hammett, dessen «Maltese Falcon» (1929) mit der englischen Tradition radikal gebrochen hatte: «Hammett hat den Mord aus der venezianischen Vase geholt und in die Hinterhöfe befördert. Hammett schrieb für Leute mit einer scharfen, aggressiven Einstellung zum Leben. Vor der Schattenseite der Welt hatten sie keine Angst: Sie waren dort zu Hause. Gewalt erschreckte sie nicht: Sie kannten sie von ihrer eigenen Straße. Hammett gab den Mord zurück an die Leute, die ihn aus bestimmten Motiven begehen, nicht nur um eine Leiche zu beschaffen, und die auch die Mittel an der Hand haben – keine handgeschmiedeten Terzerole, kein Curare und keine tropischen Fische.»

Sam Spade, der Detektiv, der sich an der Jagd nach dem maltesischen Falken beteiligt, dabei selbst in Verdacht gerät, seinen Partner erschossen zu haben, aber schließlich die Mörderin stellt, ist kein kombinatorisches Genie wie Hercule Poirot: Sofern er je graue Zellen besaß, sind sie längst dem Whiskey zum Opfer gefallen. Er ist auch kein Amateur, der die Aufklärung von Morden als Hobby betreibt, sondern ein *private eye*, der sich von seiner Kundschaft bezahlen läßt. Hammett wußte, wovon er sprach: Bevor er zu schreiben begann, hatte er acht Jahre lang für die Pinkerton-Agentur gearbeitet. Spade hat keinen Watson, der ihn zu immer neuen Höchstleistungen anspornt. Er lebt gefährlich, wird oft von Gangstern zusammengeschlagen und manchmal verhaftet. Von der behaglichen viktorianischen Welt, die Agatha Christie ihren Lesern suggerierte, war das Amerika der zwanziger und dreißiger Jahre weit entfernt. Gut und Böse verschwammen zu einem ununterscheidbaren Einerlei, käufliche Politiker und korrupte Polizisten waren an der Tagesordnung. Kein Wunder, daß Spade seine Umgebung mit den Augen eines Zynikers betrachtet. Aber er ist nicht zynisch genug, um die Mörderin, die er begehrt, vor dem elektrischen Stuhl zu bewahren.

Die Aufklärung des Mordes ist Nebensache

Im Roman ist Sam Spade «ein blonder Satan» mit Hakennase. Aber da wir alle John Hustons Film gesehen haben, sieht er für uns aus wie Humphrey Bogart. Auch Spades Kollege Philip Marlowe ist untrennbar mit Bogart verwachsen, obwohl Chandler, als er «The Big Sleep» (1939) schrieb, eigentlich Cary Grant vor Augen hatte. Howard Hawks, der Regisseur, gestand nach der Lektüre des Buches, nicht alles begriffen zu haben. Als er ein Telegramm an Chandler schickte und ihn fragte, wer den Chauffeur erschossen habe, kabelte Chandler zurück: «Ich weiß es auch nicht.» Die Aufklärung der Morde ist Nebensache. Auf logische Stringenz kommt es nicht an. Dafür sind die beiden Romane bis an den Rand gefüllt mit dichter Atmosphäre, witzigen Dialogen und farbigen Figuren. Daß aus literarischen Meisterwerken meisterhafte Filme werden, ist keine Selbstverständlichkeit. Hier ist es ausnahmsweise zweimal der Fall.

Von Meisterwerken sind die 85 Perry-Mason-Romane des mit Chandler befreundeten Erle Stanley Gardner sehr weit entfernt. Aber das begeisterte Publikum verschlang sie. Gardner produzierte seine Bücher, wie in Detroit Autos produziert wurden – am Fließband. Auf seiner Farm in Kalifornien unterhielt er einen Stab von zwanzig Angestellten, die «Onkel Erle» zuarbeiteten. Wie Hammett und Chandler hatte Gardner seine Sporen bei den *pulp magazines*, den Groschenheften, verdient. Von Hause aus war er Anwalt, doch warf seine Praxis, da er vor allem Einwanderer verteidigte, nicht genug ab. 1948, als er längst Millionär war, gründete er ein «Gericht der letzten Rettung», das viele unschuldig Verurteilte aus den Fängen der Justiz befreite.

Auch Perry Mason ist Strafverteidiger. Ihm zur Seite stehen seine vielseitig einsetzbare Sekretärin Della Street, der er von Zeit zu Zeit Heiratsanträge macht, und der Detektiv Paul Drake, der die notwendige Fußarbeit erledigt – manchmal hart am Rande der Legalität. Seine Gegner sind Leutnant Tragg vom Los Angeles Police Department und Staatsanwalt Hamilton Burger. Selbstverständlich kann Mason in jedem einzelnen Fall nachweisen, daß die Polizei den Falschen erwischt hat und daß sein Mandant unschuldig ist. Schon in den dreißiger Jahren wurden acht der Perry-Mason-Romane verfilmt. Später inspirierten sie – mit Raymond Burr in der Titelrolle – eine überaus erfolgreiche Fernsehserie. Der Effekt der Serie, das grundsätzliche Mißtrauen gegen das LAPD, wirkte noch im Mordprozeß gegen O. J. Simpson nach.

Kommissar Maigret

Der Kriminalroman, der eine weltweite Leserschaft erreichte, blieb eine anglo-amerikanische Spezialität. Die einzige Ausnahme war der Belgier Georges Simenon und sein Kommissar Maigret. Die Auflage seiner Bücher, schätzungsweise 600 Millionen, liegt sogar noch über der von Agatha Christie. Maigret, der 1931 – zwei Jahre nach Sam Spade und zwei vor Perry Mason – das Licht der Welt erblickte, ist weder ein genialer Exzentriker noch ein zynischer Einzelkämpfer, sondern ein braver, solide verheirateter Beamter am Quai des Orfèves mit einer Spürnase für die Abgründe der menschlichen Seele. Nicht durch scharfsinnige Schlußfolgerungen kommt er den Verbrechern auf die Spur, sondern durch Geduld und Einfühlung. «Wenn ich das Opfer gut kenne», sagt er, «kenne ich auch den Mörder.» Oft hat er so viel Verständnis für die Tat, daß er den Täter laufen läßt.

Auch in der Geschwindigkeit des Schreibens war Simenon allen Konkurrenten überlegen. Für die Niederschrift seiner 136 «harten Romane», die ohne Maigret auskommen, benötigte er durchschnittlich elf Tage. Die 84 Maigret-Romane gingen ihm noch schneller von der Hand. Wie Conan Doyle hatte er von seinem Helden nach kurzer Zeit genug und schickte ihn 1934 in den Ruhestand. Doch ließ er ihn acht Jahre danach wieder in den Dienst zurückkehren. Er selbst nannte seine Bücher bescheiden «Semiliteratur» und beschränkte sein Vokabular bewußt auf zweitausend Wörter. André Gide, Thornton Wilder und andere Zeitgenossen ließen sich dadurch nicht täuschen und nannten ihn den bedeutendsten Erzähler seiner Generation. Nach seinem Tode wurde ihm die höchste Ehre zuteil, die Frankreich einem Schriftsteller zu bieten hat: Er wurde unter die Klassiker der «Pléiade» aufgenommen.

Wenn ich diese Damen umgebracht habe, dann zeigen Sie mir bitte ihre Leichen!

Mordaufklärung im 20. Jahrhundert

Die echten Kriminalkommissare sind in der Regel nicht ganz so begriffsstutzig wie ihre Kollegen in den Romanen. Aber es ist schon wahr: Bei der Aufklärung von Verbrechen trifft die Polizei nicht immer ins Schwarze. Selbst die berühmtesten Vertreter der Zunft waren gegen Irrtümer keineswegs gefeit. Walter Dew, der Mann, der Dr. Crippen festnahm und ein Buch darüber schrieb, ließ sich zunächst täuschen: Wäre Crippen nicht nervös geworden und geflohen, hätte Dew das Verschwinden seiner Frau wohl auf sich beruhen lassen. Elliot Ness, dem bewunderten Chef der «Untouchables», die Al Capone zur Strecke brachten, gelang es nicht, nachdem er Polizeichef von Cleveland geworden war, den «Mad Butcher» zu fassen, einen Serienmörder, der seinen Opfern Kopf und Genitalien abschnitt.

Die erste Voraussetzung einer erfolgreichen Ermittlung ist die Sicherung des Tatorts und die genaue Untersuchung der Leiche. Der Mörder hinterläßt stets etwas und nimmt stets etwas mit. Der französische Gerichtsmediziner Edmond Locard, der diesen Lehrsatz als erster formulierte, war auch der erste, der ihn bewies. Er überführte 1912 den Bankangestellten Émile Gourbin des Mordes an seiner Freundin Marie Latelle. Gourbin hatte ein scheinbar wasserdichtes Alibi. Doch Locard fand am Hals der Toten Kratzer und unter Gourbins Fingernägeln winzige Hautpartikel mit ihrem Gesichtspuder. Gourbin brach zusammen und gestand.

Im gleichen Jahr beschrieb Locards Kollege Victor Balthazard auf einem Fachkongreß in Paris einen Fall, in dem er als

Sachverständiger aufgetreten war. Ein Mann mit dem unglücklichen Namen Guillotin war durch mehrere Schüsse getötet worden. Houssard, der Hauptverdächtige, besaß einen Revolver des gleichen Kalibers. Doch die Polizei zögerte, den Revolver als *corpus delicti* anzuerkennen. Balthazard ließ von den Kugeln im Magazin und im Leichnam vergrößerte Fotos herstellen und wies nicht weniger als 85 Gemeinsamkeiten nach. Houssard wurde verurteilt. Balthazard äußerte die Zuversicht, daß es eines Tages gelingen werde, Geschosse mit der gleichen Zuverlässigkeit zu identifizieren wie Fingerabdrücke. Dieser Tag ließ noch ein gutes Jahrzehnt auf sich warten. Es ist kein Zufall, daß er nicht im Osten, sondern im Westen anbrach – in Amerika.

Amerika, das Land des Equalizers

Noch heute stellen die USA in der Gewaltkriminalität alle anderen Industrieländer weit in den Schatten. Im Jahre 2003 wurden dort 16 500 Menschen umgebracht, fast zwanzigmal so viele wie in Deutschland. Das Tatwerkzeug war in den meisten Fällen eine Schußwaffe. Nichts anderes hatte Samuel Colt im Sinn, als er den von ihm erfundenen Trommelrevolver patentieren ließ. Der Colt war nicht für die Jagd auf Tiere bestimmt, sondern für die lieben Mitmenschen. Er war der *equalizer*, der alle gleich machte – vor allem im Tode:

Be not afraid of any man
no matter what his size.
Just rely on me
and I will equalize.

Vier amerikanische Präsidenten wurden ermordet; Attentate auf sechs weitere mißlangen. Im Vietnam-Krieg verloren die USA 46 000 Mann. Im gleichen Zeitraum wurden an der «Heimatfront» 85 000 Amerikaner erschossen.

Dennoch denken weder Bundesregierung noch Kongreß daran, den Waffenbesitz anzutasten. Die Mehrheit der amerikanischen Politiker hält ihn für ein in der Verfassung garantiertes Grundrecht und hütet sich, den Zorn der mächtigen National Rifle Association mit ihren mehr als zwei Millionen Mitgliedern zu erregen. Wer der *gun lobby* unangenehm auffällt, muß sich darauf gefaßt machen, daß sie bei der nächsten Wahl gegen ihn agitiert und seinen Nebenbuhler unterstützt. Zwar fehlt es nicht an Gesetzen einzelner Bundesstaaten, die den Kauf von Schußwaffen regulieren. Doch lassen sie sich leicht durch *Saturday night specials* umgehen – Waffen, die aus einem laxeren Nachbarstaat eingeschmuggelt wurden.

Es war schon ein Fortschritt, als der Kongreß 1986 den Besitz von Maschinengewehren auf die Polizei und das Militär beschränkte und zwei Jahre später – nach dem Amoklauf eines Geistesgestörten auf dem Schulhof einer kalifornischen Kleinstadt, bei dem fünf Kinder getötet und 29 verletzt wurden – die Einfuhr von Maschinenpistolen untersagte. 1991 rang er sich, obwohl die Waffenlobby alle Hebel in Bewegung setzte, um das Gesetz zu Fall zu bringen, zur Verabschiedung der Brady Bill durch. Das Gesetz sieht zwischen Kauf und Aushändigung der Waffe eine fünftägige Wartefrist vor, in der die Polizei die Angaben des Käufers prüfen kann. Seinen Namen hat es nach James Brady, dem Pressesprecher Ronald Reagans, der beim Attentat auf den Präsidenten im März 1981 schwer verletzt wurde und seitdem – zusammen mit seiner Frau Sarah – zu den entschiedensten Vorkämpfern einer schärferen *gun control* gehört.

Die amerikanische Bundesregierung zögerte nicht nur, den Waffenbesitz einzuschränken. Sie drückte sich auch lange vor polizeilichen Aufgaben. Erst 1908 richtete das Justizministerium ein Bureau of Investigation ein, aus dem drei Jahre später eine selbständige Behörde wurde, das FBI. Doch blieb die Verbrechensaufklärung, von wenigen Bundesdelikten abgesehen, Sache der Einzelstaaten. Es war der Staat New York, in dem die Waf-

Abb. 10: Sacco und Vanzetti hinter Gittern

fenkunde die größten Fortschritte machte. Charles Waite, ein Assistent des Generalstaatsanwalts, reiste durch Amerika und Europa und sammelte systematisch Handfeuerwaffen und Munition. 1923 gründete er mit dem Chemiker Philip O. Gravelle, der ein Spezialmikroskop für den Vergleich von Kugeln erfunden hatte, in New York ein *Bureau of Forensic Ballistics*, das erste der Welt. Als er 1926 starb, wurde der pensionierte Militärarzt Calvin Goddard sein Nachfolger. Goddards Expertise gab im Prozeß gegen die Anarchisten Sacco und Vanzetti den Ausschlag. Auch einen der Killer beim *St. Valentine's Day Massacre* in Chicago konnte er identifizieren.

Sacco und Vanzetti – Raubmörder oder Märtyrer?

Am 15. April 1920 wurden in South Braintree, einer Kleinstadt in Massachusetts, zwei Geldboten erschossen. Die Täter machten sich mit 16 000 Dollar, dem Wochenlohn einer Schuhfabrik, aus dem Staub. Auf einen Tip verhaftete die Polizei zwei italienische Einwanderer, Nicola Sacco und Bartolomeo Vanzetti. Beide waren bewaffnet, stritten aber jede Beteiligung an der Tat ab. Zeugen erkannten in Vanzetti einen der Mittäter bei einem Raubüberfall auf zwei Geldboten im nahegelegenen Bridgewater. Damals hatten die Boten zurückgeschossen und die Räuber in die Flucht gejagt. Wegen dieses Überfalls wurde Vanzetti zu zehn bis fünfzehn Jahren Gefängnis verurteilt. Sacco hatte ein Alibi: Er hatte zur Tatzeit gearbeitet – in einer Schuhfabrik.

Der Prozeß wegen des Doppelmords wurde am 31. Mai 1921 in Dedham, Massachusetts, eröffnet. Da die Angeklagten in anarchistischen Kreisen verkehrten, stellte der Verteidiger seine Mandanten als Opfer einer politischen Hexenjagd hin. Das wichtigste Beweisstück der Anklage waren vier Kugeln, die aus dem Körper eines der beiden Opfer herauspräpariert worden waren. Die bei Sacco gefundene Pistole hatte das gleiche Kaliber .32. Die Frage, ob damit auch die Herkunft der Kugeln zweifelsfrei bewiesen war, wurde von einigen Experten bejaht, von anderen verneint. Die Geschworenen hatten diese Zweifel nicht: Sie befanden Sacco und Vanzetti für schuldig, und Richter Thayer verurteilte sie zum Tode.

Die Folge war ein Aufschrei nicht nur in Amerika, sondern auch in Europa. Zeitungsartikel und Massenaufmärsche protestierten gegen die «kapitalistische Klassenjustiz». Das Gericht sah sich bemüßigt, weitere Verhandlungen über eine mögliche Wiederaufnahme des Prozesses anzusetzen. In einer dieser Verhandlungen wurde ein Sachverständiger, dem das Schicksal der beiden Angeklagten offenbar besonders nahe ging, in letzter Minute daran gehindert, Saccos Waffe heimlich gegen eine andere auszutauschen. Das Tauziehen zog sich über sechs Jahre hin. Schließlich wurde eine Untersuchungskommission eingesetzt, die im Juni 1927 Goddard als neutralen Fachmann hinzuzog. Goddard schoß eine Kugel aus Saccos Pistole in einen Karton mit Baumwolle und verglich sie unter Gravelles Mikroskop mit *Bullet III*, dem tödlichen Geschoß: Sie sahen sich ähnlich wie Zwillinge. Am 23. August 1927 starben Sacco und Vanzetti, bis zuletzt ihre Unschuld beteuernd, auf dem elektrischen Stuhl. Im Jahre 1961 wiederholte das *New Jersey Firearms Laboratory* das Experiment und kam zu dem gleichen Ergebnis: Saccos Schuld kann als erwiesen gelten. Bei Vanzetti sind dagegen Zweifel erlaubt.

Manche mögen's heiß

Nicht jeder ließ sich von Goddards Gutachten beeindrucken. Wer auf *political correctness* Wert legt, ist immer noch gut beraten, die beiden Anarchisten als Opfer eines Justizmords zu beklagen. Das war auch die These des italienischen Films «Sacco e Vanzetti», in dem Joan Baez singt:

Here's to you, Sacco and Bart –
something, something forever in my heart.

Billy Wilder nahm dagegen das Valentinstag-Massaker zum Anlaß seiner köstlichsten Komödie, «Some Like it Hot»: Um sich vor den Gangstern in Sicherheit zu bringen, verdingen sich die Musiker Joe (Tony Curtis) und Jerry (Jack Lemmon), die zufällig Zeugen des Verbrechens wurden, bei einem Damenorchester.

Am Tag des heiligen Valentin pflegen sich Verliebte Karten zu schicken und kleine Geschenke zu machen. Das Geschenk, das Al Capone seinem irischen Gegenspieler «Bugs» Moran zugedacht hatte, war allerdings von anderer Art. Am 14. Februar 1929

Abb. 11: Al Capone bei einer friedlichen Beschäftigung

begehrten fünf Herren, davon drei in Polizeiuniform, Einlaß in das Hauptquartier der Iren, eine Garage an der Clark Street. Die sieben Anwesenden leisteten keinen Widerstand, da sie die Aktion für eine gewöhnliche Haussuchung hielten. Sie wurden an die Wand gestellt und über den Haufen geschossen. Obwohl Moran nicht zu den Toten gehörte, war das irische Syndikat damit erledigt. Erledigt war aber auch Capone. Nach dem Massenmord schlug die Justiz endlich zu. Da man dem Boß der Unterwelt nichts anderes nachweisen konnte, wurde er wegen Steuerhinterziehung zu elf Jahren Gefängnis verurteilt.

Von den fünf *hit men* faßte die Polizei nur einen einzigen. Im April 1930 fand sie in der Wohnung des Berufsverbrechers Fred Burke einen Schrank voller Waffen. Goddard stellte fest, daß zwei *Chicago pianos* - Maschinengewehre, die in der Minute tausend Schuß abgeben konnten – am Valentinstag benutzt worden waren. Burke wurde jedoch nicht deswegen, sondern wegen eines Polizistenmordes im Nachbarstaat Michigan angeklagt und zu lebenslangem Gefängnis verurteilt. Die irischen Gangster waren dem Staatsanwalt offenbar nicht wichtig genug, um einen neuen Expertenstreit vom Zaun zu brechen.

Heute gehört die Identifizierung von Geschossen und Waffen zur polizeilichen Routine. Dennoch sind ballistische Fragen immer noch geeignet, die Gemüter zu erhitzen – wie das Attentat auf John F. Kennedy beweist. Obwohl alle amtlichen Kommissionen feststellten, daß die beiden Mordkugeln aus dem Mannlicher-Carcano-Gewehr des ausgebildeten Scharfschützen Lee Harvey Oswald stammten, fehlt es nicht an Verschwörungstheorien, die dies bestreiten. Auch der Gouverneur von Texas, John Connally, der mit im Wagen saß und schwer verletzt wurde, war bis an sein Lebensende davon überzeugt, daß ihn eine andere Kugel traf als die *magic bullet*, die vorher den Hals des Präsidenten durchschlagen hatte. Doch ist die Kugel des angeblichen zweiten Schützen nie gefunden worden. Hingegen haben Experimente bewiesen, daß es sehr wohl möglich ist, mit einem Geschoß zwei Körper zu durchbohren. Die Kronzeugin in Oliver Stones phantasievollem Film «JFK», die den zweiten Schützen verfolgt haben wollte, hatte noch eine andere verblüffende Beobachtung gemacht: Zwischen Kennedy und seiner Frau, vertraute sie der Polizei an, habe ein großer weißer Hund gesessen.

Die Entführung des Lindbergh-Babys

Verschwörungstheorien umranken auch einen Kriminalfall, der die Amerikaner mindestens ebenso erregte wie die Ermordung ihres Präsidenten – die Entführung und Ermordung des Lindbergh-Babys. Das zwanzig Monate alte Söhnchen des vergötterten Fliegers war am 1. März 1932 aus dessen Wochenendhaus bei Hopewell, New Jersey, geraubt worden. An der Wand des Hauses lehnte eine grob gezimmerte Leiter, über die der Täter ins Kinderzimmer eingestiegen war. Im Zimmer selbst hatte er einen Zettel hinterlassen, auf dem er ein Lösegeld von 50 000 Dollar forderte. Ein Schriftsachverständiger schloß aus der Wortwahl und der fehlerhaften Orthographie auf einen Deutschen von geringer Bildung. Fingerabdrücke wurden nicht gefunden.

Lindbergh war bereit zu zahlen. Ein pensionierter Lehrer, Dr. Condon, erbot sich, den Freikauf zu vermitteln. Am Abend des 2. April überreichte er einem Mann, der sich «John» nannte, auf einem Friedhof in der Bronx das Lösegeld und erhielt ein Kuvert, das den Aufenthaltsort des Kindes enthüllen sollte. Doch der – ein Boot nahe Elizabeth Island – erwies sich als Fiktion. Am 12. Mai wurde in der Nähe von Hopewell die bereits stark verweste Leiche gefunden. Offenbar war das Kind sofort nach der Entführung erschlagen worden. Ohne Wissen Lindberghs hatte die Polizei die Nummern der Geldscheine registriert und gab sie nun an die Banken weiter. Es dauerte mehr als zwei Jahre, bis die ersten Scheine auftauchten. Am 15. September 1934 zahlte ein Fahrer mit deutschem Akzent an einer Tankstelle in der Bronx mit einem Zehn-Dollar-Goldzertifikat. Der Tankwart vermerkte die Autonummer auf dem Schein. Die Bank stellte fest, daß er zum Lösegeld gehörte, und unterrichtete die Polizei. Als der Fahrer, ein aus Deutschland eingewanderter Tischler namens Bruno Richard Hauptmann, verhaftet wurde, trug er eine Zwanzig-Dollar-Note der gleichen Herkunft bei sich. In

Abb. 12: Spurensuche nach der Entführung des Lindbergh-Babys

seiner Garage wurde ein Schuhkarton mit weiteren 14 000 Dollar gefunden. Die restlichen 36 000 Dollar blieben verschwunden.

Hauptmann bestritt, etwas mit der Entführung zu tun zu haben. Den Schuhkarton, sagte er, habe ihm sein Geschäftspartner Isidor Fisch anvertraut, der nach Deutschland zurückgekehrt und dort gestorben war. Da ihm Fisch mehrere tausend Dollar schuldig geblieben sei, habe er sich berechtigt gefühlt, das Geld auszugeben. Aber nicht nur der Besitz des Lösegelds belastete ihn schwer. Dr. Condon hatte «John» in der Dunkelheit zwar nur schattenhaft wahrgenommen, doch erkannte er Hauptmanns Stimme als die des Mannes auf dem Friedhof wieder. Andere Zeugen wollten ihn in der Nähe von Hopewell gesehen haben. Eine Sprosse der Leiter paßte zum Dachboden von Hauptmanns

Haus, wo ein Stück Holz der gleichen Art und Größe fehlte. Dort fand die Polizei auch Condons Telefonnummer in einen Schrank geritzt. Schließlich identifizierten Vater und Sohn Osborn, zwei der führenden Graphologen des Landes, die Handschrift des Angeklagten mit der auf dem Zettel, den der Täter im Kinderzimmer hinterlassen hatte. Eine Vorstrafe wegen Einbruchs in Deutschland war nicht geeignet, Hauptmanns Kredit bei den Geschworenen zu erhöhen. Am 3. April 1936 endete er im Staatsgefängnis von Trenton auf dem elektrischen Stuhl. Wer auf ein Geständnis in der Todeszelle gehofft hatte, sah sich enttäuscht.

Trotz der erdrückenden Indizien sind viele immer noch davon überzeugt, daß Hauptmann der antideutschen Stimmung zum Opfer fiel, die nach Hitlers Aufstieg weite Teile der amerikanischen Presse beherrschte. Die Polizei von New Jersey, heißt es, sei entschlossen gewesen, das «Verbrechen des Jahrhunderts» um jeden Preis aufzuklären – auch um den, die fehlenden Beweise selbst zu fabrizieren. Alles, was Hauptmann hätte entlasten können, sei systematisch unterschlagen worden – zum Beispiel eine Lohnliste, aus der sich möglicherweise sein Alibi für die Tatzeit ergab. Als sich eine Hausangestellte von Lindberghs Schwiegermutter einem zweiten Verhör durch Selbstmord entzog, sei man dem Grund nicht nachgegangen. Die Osborns hätten sich zunächst sehr reserviert verhalten. Erst nachdem das Lösegeld in Hauptmanns Garage gefunden worden war, seien ihre Zweifel an der Identität der Handschriften verflogen.

Übermenschen auf Abwegen

Der Vergleich von Handschriften – vor allem, wenn sich der Schreiber bemüht, sie zu verstellen – ist in der Tat eine höchst subjektive Angelegenheit. Daß sich Alphonse Bertillon blamierte, als er, angesteckt von der antisemitischen Hysterie, den *bordereau* dem unschuldigen Hauptmann Dreyfus in die Schuhe schob, haben wir schon erwähnt. Es sollte nicht der letzte Irrtum der Graphologen sein. Auf soliderem Grund stehen die Experten, wenn es um maschinengeschriebene Dokumente geht. Ein solches Dokument war der Erpresserbrief, den der Vater des vierzehnjährigen Bobbie Franks am 22. Mai 1924 in Händen hielt. Sein Sohn war am 21. Mai in einem Vorort von Chicago entführt und, wie sich noch vor der Auszahlung der verlangten 10 000 Dollar herausstellte, ermordet worden. In der Nähe der übel zugerichteten, durch Säure nahezu unkenntlich gemachten Leiche entdeckte die Polizei eine Brille, als deren Eigentümer sie einen jungen Mann aus dem Bekanntenkreis der Familie, den Jurastudenten Nathan Leopold, ermittelte. Leopold vermutete, die Brille beim Beobachten von Vögeln verloren zu haben. Auf die Frage, wo er am Nachmittag des 21. Mai gewesen sei, gab er an, mit seinem Kommilitonen Richard Loeb und zwei Mädchen ausgegangen zu sein.

Inzwischen hatten zwei Reporter der «Chicago Daily News» Hausarbeiten von Leopold aufgestöbert und mit dem Erpresserbrief verglichen. Sie waren auf derselben Maschine geschrieben, einer Underwood, die Loeb aus einem Studentenheim gestohlen hatte. Die Maschine wurde später in einem Teich gefunden. Von der Polizei in die Enge getrieben, gestanden Leopold und Loeb, den kleinen Bobbie zu einer Autofahrt eingeladen, gewürgt und mit einem Meißel erschlagen zu haben. Als Motiv gaben sie an, sie hätten Nietzsches Ideal des Übermenschen in die Tat umsetzen und sich beweisen wollen, daß es ihnen gelungen sei, die Hemmungen der jüdisch-christlichen Sklavenmoral zu überwinden. (Beide entstammten wohlhabenden jüdischen Häusern.) Es war das Argument, das wir schon aus dem Munde des größenwahnsinnigen Mörders Lacenaire und des Studenten Raskolnikow hörten. Nur dem zweitägigen Plädoyer von Amerikas berühmtestem Strafverteidiger, Clarence Darrow, hatten es die beiden Nietzsche-Jünger zu danken, daß sie nicht zum Tode, sondern zu lebenslangen Freiheitsstrafen verurteilt wurden. Loeb kam bei einer Schlägerei im Gefängnis um. Leopold wurde 1958 entlassen.

Der sensationelle Fall wurde zweimal verfilmt, beide Male mit dichterischer Freiheit und veränderten Namen. In Alfred Hitchcocks «Rope» (1948) strangulieren die beiden Übermenschen ihr Opfer mit einem Strick und verstecken die Leiche in einer Truhe, auf der die Gäste der Party, zu der sie auch den Vater des Toten einladen, nichtsahnend ihre Gläser abstellen. Nur der alte Lehrer der beiden Studenten (James Stewart), der sie mit Nietzsche bekannt gemacht hat, ahnt Schlimmes und entlarvt die Mörder. Richard Fleischers «Compulsion» (1959) beruhte auf dem gleichnamigen Roman von Meyer Levin, der sich wiederum eng an die Prozeßakten anlehnte. Levins Helden sind die findigen Reporter der «Chicago Daily News» und der wortgewaltige Verteidiger, der hier Jonathan Wilk heißt – eine Orson Welles auf den mächtigen Leib geschneiderte Bombenrolle. Levin setzte sich energisch für Leopolds Freilassung ein, was ihm sein Günstling schlecht dankte: Er verklagte Romanautor und Regisseur wegen der Verletzung seiner Privatsphäre, verlor jedoch den Prozeß.

Dem gleichen Geist des Größenwahns entsprang ein Verbrechen, das die italienischen Gerichte sechs Jahre lang beschäftigte. Am 9. Mai 1997 wurde die Studentin Marta Russo auf dem belebten Campus der römischen Universität La Sapienza aus heiterem Himmel erschossen. Die Polizei nahm an, daß der Schuß aus der juristischen Fakultät abgefeuert worden war. Aber warum? Und von wem? Sie tappte im Dunkeln, bis sie erfuhr, daß sich zur Tatzeit im Hörsaal sechs Giovanni Scattone und Salvatore Ferraro aufgehalten hatten, zwei junge Dozenten, die ein rechtsphilosophisches Seminar leiteten. Das Thema des Seminars: der perfekte Mord. Scattone hatte darin die These vertreten, es sei unmöglich, einen Mord zu beweisen, wenn der Täter kein Motiv habe und die Tatwaffe nicht gefunden werde. Sollte der Mord die kühne These illustrieren? Die Zeugen im Hörsaal sechs widersprachen sich. Aber auch Scattone und Ferraro verwickelten sich in Widersprüche. Das Urteil, das die letzte Instanz schließlich bestätigte, war ein Kompromiß, der niemanden befriedigte: Scattone wurde zu fünf Jahren und zwei Monaten Gefängnis verurteilt, Ferraro als Gehilfe zu vier Jahren und zwei Monaten. Beiden wurde die Untersuchungshaft auf die Strafe angerechnet: Ferraro konnte das Gefängnis sofort verlassen, Scattone brauchte nur ein Jahr abzusitzen.

Ein unansehnlicher Glatzkopf mit 283 Bräuten

Aber was ist, wenn nicht einmal die Leiche gefunden wird? Henri-Désiré Landru war fest davon überzeugt, daß ihn das Gericht ohne eine Spur der zehn Frauen, die er beseitigt haben sollte, nicht zum Tode verurteilen könne. Hierin hatte er sich getäuscht. Aber selbst die Geschworenen schlossen sich dem Gnadengesuch an, das er nach dem Urteilsspruch einlegte. Bereuten sie ihren Spruch? Viele Beobachter hatten den Eindruck, daß sie Landru weniger wegen der Morde für schuldig befanden als wegen seines selbstsicheren Auftretens vor Gericht und seiner Weigerung, das Verschwinden der Frauen zu erklären: «Ich bin weder ihr Vater noch ihr Vormund noch ihr Krankenwärter und schon gar nicht ihr Ehemann. Sie konnten gehen, wohin sie wollten. Wenn ich diese Damen umgebracht habe, dann zeigen Sie mir bitte ihre Leichen!»

Als Landru im April 1919 verhaftet wurde, versuchte er, sich eines schwarzen Notizbuchs zu entledigen. Das Buch enthielt die Namen von nicht weniger als 283 Bräuten, die er seit 1914 durch Zeitungsanzeigen kennengelernt hatte. Daß die Werbungen eines unansehnlichen Glatzkopfs mit struppigem Vollbart und stechendem Blick so freudigen Anklang fanden, hatte einerseits mit dem Weltkrieg zu tun, der den größten Teil der heiratsfähigen Männer aus dem Verkehr zog. Zum anderen verfügte er über eine außerordentliche Potenz: «Er huldigte Venus», bestätigte eine der Zeuginnen, «vor dem Einschlafen, mitten in der Nacht und beim Aufwachen.» Für seine Liebesabenteuer hatte Landru unter wechselnden Namen zunächst in Vernouillet, dann in Gambais, Vororten im gutbürgerlichen Westen von Paris, Häuser gemietet. Dazwischen kehrte er immer wieder zu seiner ihm rechtmäßig angetrauten Frau und seinen vier Kindern zurück, die keine Ahnung davon hatten, was der Papa auf seinen Geschäftsreisen trieb.

Die Polizei machte alle Bräute ausfindig – bis auf zehn. In einer Garage entdeckte sie Kleider, Möbel und persönliche Papiere der Verschwundenen. Ihre Bankguthaben waren abgehoben worden. Landru behauptete, sie hätten ihn mit dem Verkauf ihrer Habe beauftragt, da sie im Ausland ein neues Leben beginnen wollten. Nachbarn hatten sich gelegentlich über den ekelerregenden, fetten Rauch beschwert, der aus seinem Schornstein quoll. Im Keller des Hauses von Gambais stand ein eiserner Ofen mit Ascheresten, die von Menschen stammen konnten – oder auch nicht. Trotz der unauffindbaren Leichen lehnte Staatspräsident Millerand das Gnadengesuch ab. Am 25. Februar 1922 wurde Landru im Hof des Gefängnisses von Versailles guillotiniert. Als ihn der Gefängnisgeistliche fragte, ob er vorher die Messe hören wolle, gab er zur Antwort: «An sich mit Vergnügen, Hochwürden, aber ich glaube, wir sollten die Herren nicht warten lassen.»

Charlie Chaplin ließ sich von dem lebensgefährlichen Casanova zu seiner schwarzen Komödie «Monsieur Verdoux» (1947) inspirieren. Das Plädoyer in eigener Sache, das er dem Angeklagten in den Mund legte, wurde ihm von den Amerikanern schwer verübelt: Er sei ja nur «ein kleiner Geschäftsmann des Mordes», sagt Verdoux. Hätte er die Menschen *en gros* umgebracht wie die Waffenfabrikanten und die Berufssoldaten, dann wäre er längst Millionär und mit Orden geschmückt. Demonstrationen in vielen Städten und empörte Kritiken sorgten dafür, daß der Film

Abb. 13: Ein unwahrscheinlicher Frauenheld: Landru

nach wenigen Tagen abgesetzt wurde. Erst 1964 wagten es amerikanische Kinos, ihn wieder ins Programm zu nehmen.

Daß die Leiche fehlt und der Mörder dennoch verurteilt wird, kommt selten vor. Im Regelfall erwartet die Justiz, daß zumindest Teile der Leiche gefunden werden, die es erlauben, ihr einen Namen zu geben und den Tathergang zu erschließen. Dabei spielen die Zähne, mit deren Hilfe schon Dr. Parkman und die Opfer des Ringtheater-Brands identifiziert wurden, noch heute eine kapitale Rolle. Eine relativ neue Entdeckung ist, daß sie auch Rückschlüsse auf den Täter zulassen. So wurde 1971 der kanadische Serienkiller Wayne Boden anhand der Bißmarken, die er in Hals und Brust der von ihm strangulierten Frauen zurückließ, überführt. Ein Gebißabdruck in der linken Hinterbacke eines seiner – vermutlich mehr als fünfzig – Opfer wurde auch dem einnehmenden Frauenmörder Ted Bundy zum Verhängnis, als man ihn 1979 faßte und in Miami vor Gericht stellte.

Der genetische Fingerabdruck

Acht Jahre danach wurde ein Angeklagter zum ersten Mal aufgrund eines ganz neuen Beweismittels überführt – seines genetischen Fingerabdrucks. Seit der Entdeckung der Struktur des Erbguts, der berühmten Doppelhelix, im Jahre 1953 hatte die Genforschung gewaltige Fortschritte gemacht. Es war ihr gelungen, aus der Nukleinsäure (englisch *deoxyribonucleic acid*, DNA), dem Träger der genetischen Information, ein Genprofil abzuleiten, das dem Menschen ebenso unverwechselbar zueigen ist wie die Papillarlinien seiner Finger. Gegenüber Fingerabdrücken hat die DNA-Analyse den Vorteil, daß schon winzigste Partikel – ein Haar, ein Stückchen Haut, ein Tropfen Spucke, Blut oder Sperma – zum Vergleich ausreichen. Der Mann, der diese Entdeckung erstmals für die Kriminalistik nutzbar machte, hieß Alex Jeffreys und war Genforscher an der Leicester University.

Am 21. November 1983 kam die fünfzehnjährige Lynda Mann aus Narborough in Leicestershire abends nicht nach Hause. Man fand sie am nächsten Morgen in der Nähe der psychiatrischen Klinik. Sie war vergewaltigt und erwürgt worden. Blutspuren ließen darauf schließen, daß der Täter der Blutgruppe A/PGM 1+ angehörte – wie etwa zehn Prozent der britischen Bevölkerung. Reichliche Spermaspuren deuteten auf einen jungen Mann hin. Trotz dieser Indizien blieb die Suche nach dem Täter erfolglos. Fast drei Jahre später, am 2. August 1986, wurde in der Nähe des Tatorts eine zweite Leiche gefunden. Die fünfzehnjährige Dawn Ashworth war auf die gleiche Weise zu Tode gekommen wie Lynda Mann. Die Polizei verhaftete den siebzehnjährigen

Richard Buckland, den sie schon nach dem ersten Mord verdächtigt hatte. Buckland war körperlich stark entwickelt, aber geistig zurückgeblieben. Nach einem scharfen Verhör gab er den zweiten Mord zu; den ersten leugnete er. Da die Polizei überzeugt war, daß beide Morde vom gleichen Täter begangen worden waren, bat sie Professor Jeffreys, die Blut- und Spermaspuren an den Leichen mit Bucklands Blut und Sperma zu vergleichen. Der Vergleich fiel nicht so aus, wie sie gehofft hatte: Die Spuren an den Leichen, antwortete Jeffreys, seien in der Tat die einer einzigen Person, aber nicht Bucklands. Buckland wurde freigelassen.

Die Polizei ließ sich durch den Rückschlag nicht entmutigen. Sie beschloß, die neue Technik zu nutzen. Sie rief die jungen Männer von Narborough und Umgebung zu einer freiwilligen Blutprobe auf. Mehr als fünftausend ließen sich zwischen Januar und September 1987 testen. Die Proben mit der Blutgruppe A/PGM 1+ wurden nach Aldermaston, dem gerichtsmedizinischen Labor des Innenministeriums, geschickt und dort einer DNA-Analyse unterzogen. Keine einzige entsprach dem gesuchten Profil. Eine unvorsichtige Bemerkung brachte die Polizei schließlich auf die richtige Fährte: In einem Pub erzählte ein Bäckerlehrling, der 27jährige Colin Pitchfork habe ihn dafür bezahlt, sich an seiner Stelle zur Blutprobe zu melden. Pitchfork war schon als Exhibitionist aufgefallen und in der psychiatrischen Klinik ambulant behandelt worden. Sein genetischer Fingerabdruck wurde als der des Täters identifiziert. Das Gericht verurteilte ihn zu lebenslangem Gefängnis.

Jack Unterweger, Reporter seiner eigenen Morde

Auf die gleiche Weise wurde 1994 der Serienmörder Jack Unterweger überführt. Der Sohn eines amerikanischen Soldaten und einer Wiener Prostituierten war nicht der große Unbekannte, sondern ein Liebling der Medien. 1974 hatte er eine junge Frau, die ihn an seine Mutter erinnerte, mit ihrer Unterwäsche erdrosselt. Die Lebenserinnerungen («Fegefeuer – Eine Reise ins Zuchthaus»), die er in seiner Zelle schrieb, machten ihn zum prominentesten Häftling Österreichs. Als er 1990 entlassen wurde, rissen sich die Talkshows um den interessanten Mörder. Die Deutschen verliehen ihm einen Literaturpreis. Im Januar 1991 stießen Spaziergänger im Wienerwald auf die Leiche eines «Mensch» (wie man in Österreich die käuflichen Mädchen nennt), die mit ihrer Unterwäsche erwürgt worden war. Im Laufe des Jahres kamen sechs weitere Frauen auf die gleiche Weise um. Unterweger, der inzwischen Reporter geworden war, berichtete über jeden dieser Fälle und befragte sogar den Leiter der Grazer Mordkommission zum Stand der Ermittlungen. Der Polizei fiel auf, daß er in der Nähe der Fundorte Dichterlesungen veranstaltet hatte. Doch seine Anhänger verwahrten sich gegen die «haltlosen und aus der Luft gegriffenen» Verdächtigungen.

Im Sommer 1991 flog Unterweger für vier Wochen nach Los Angeles, um für eine Illustrierte Material über den Straßenstrich zu sammeln. Mit dem Streifenwagen der Polizei ließ er sich durch das Rotlichtviertel fahren. Kurz darauf wurden drei Prostituierte erdrosselt aufgefunden. Doch für eine Anklage in den USA reichten die Beweise nicht aus. Als der Prozeß im April 1994 vor dem Grazer Landgericht eröffnet wurde, war die stärkste Waffe im Arsenal des Staatsanwalts ein Haar, das man im Kofferraum von Unterwegers Auto gefunden hatte. Das Berner Institut für Rechtsmedizin hatte es nach einer DNA-Analyse der tschechischen Prostituierten Blanka Bockova zugeschrieben, die unter den bekannten Umständen zu Tode gekommen war. An den Kleidern eines anderen Opfers waren Fusseln von Unterwegers Schal gefunden worden. Am 29. Juni 1994 verurteilte ihn das Landgericht wegen neunfachen Mordes zu lebenslanger Unterbringung in einer geschlossenen Anstalt für kriminelle Triebtäter. Noch am selben Tag erhängte er sich in seiner Zelle.

Die eindrucksvollen Erfolge der DNA-Analyse dürfen allerdings nicht zu dem Fehlschluß verleiten, alle anderen Beweismittel seien damit überholt. Dies zeigte ein Mordprozeß in Rouen, der eine vom Staatsanwalt nicht erwartete Wendung nahm. In der Nacht vom 17. auf den 18. Mai 2001 wurden Jean-Jacques und Danielle Roussel, ein Ehepaar mittleren Alters, aus unbekannten Gründen ermordet. Die verkohlte Leiche des Mannes wurde aus den rauchenden Trümmern seiner Scheune gezogen, die der Frau in mehreren, säuberlich voneinander getrennten Stücken aus der Seine. Beide waren erschossen worden. Der Verdacht fiel auf Alfred Petit, einen Nachbarn, der wegen versuchten Mordes an zwei Polizisten einsaß und von einem Freigang nicht ins Gefängnis zurückgekehrt war. Als ihn die Polizei faßte, fand sie Blut auf seinen Kleidern, das nach der DNA-Analyse von Madame Roussel vergossen worden war. Dies reichte für eine Anklage wegen zweifachen Mordes.

Daß Petit für seine Tat kein erkennbares Motiv hatte, war ein Schönheitsfehler, mit dem der Staatsanwalt leben konnte. Auch die kunstgerechte Zerteilung der Leiche, die auf einen Arzt oder Metzger hindeutete, beirrte ihn nicht. Petit war weder das eine noch das andere, wohl aber sein Vater, ein pensionierter Polizist, der das Metzgerhandwerk erlernt hatte und die einschlägigen Werkzeuge immer noch besaß. Die Polizei hatte es nicht für nötig befunden, ihren alten Kollegen zu vernehmen. Einen Augenzeugen, der in der Nähe der brennenden Scheune *zwei* Männer beobachtet hatte, darunter einen, der auffallend hinkte, wimmelte sie ab. Als sich der Zeuge zu Beginn des Prozesses einer Regionalzeitung anvertraute, lud ihn das Gericht vor. Er erkannte in Vater Petit den Hinkenden, den er bei der Scheune gesehen hatte. Obwohl sich der Staatsanwalt heftig dagegen wehrte, wurde das Verfahren unterbrochen und eine weitere Beweiserhebung angeordnet. Im Januar 2004 erledigte der alte Petit die Schuldfrage auf drastische Weise: Er erhängte sich.

Das Schweigen der Lämmer

Kombinationsgabe, Spürsinn, Intuition – was den geübten Kriminalisten auszeichnet (von den genialen Romandetektiven ganz zu schweigen), haben auch die neuesten Erkenntnisse der Wissenschaft nicht überflüssig gemacht. Wer Verbrecher entlarven will, muß nicht selbst einer gewesen sein wie Vidocq. Er muß auch kein Hellseher sein wie Maximilian Langsner, der der Polizei im kanadischen Edmonton bei der Aufklärung eines vierfachen Mordes zur Hand ging. Das österreichische «Kriminalmedium» wies ihr den Weg zu einer Zeugin, die Vernon Booher am 9. Juli 1928 dabei beobachtet hatte, wie er sich zur Tatzeit aus dem Gottesdienst schlich, und zu dem Versteck des gestohlenen Gewehrs, mit dem er seine Mutter, seinen Bruder Fred und zwei Hausangestellte erschossen hatte. Vernon gestand, seine Mutter umgebracht zu haben, weil sie sich seinen Heiratsplänen widersetzte. Die übrigen drei hatte er beseitigt, um keine Mitwisser zu haben. Langsner erklärte die Lösung des Falls, an dem sich die professionellen Ermittler die Zähne ausgebissen hatten, mit seiner Gabe, die Gedanken von Menschen zu lesen – vor allem dann, wenn sie ein schlechtes Gewissen hatten. Zwei Jahre zuvor hatte ihn diese Gabe freilich im Stich gelassen, als er der Polizei von Toronto dabei helfen sollte, Ambrose Small zu finden, den Direktor der Oper, der zuletzt im Dezember 1919 gesehen worden war. Small blieb verschollen.

Der geübte Kriminalist muß kein Hellseher sein, aber er muß genügend Phantasie aufbringen, um sich in die Seele des Verbrechers einzufühlen. Seit dem Oscar-Regen auf Jonathan Demmes «Silence of the Lambs» weiß man auch in der tiefsten Provinz, was ein *profiler* ist. Die Nachwuchspolizistin Jodie Foster wird vom *Behavioral Science Unit* des FBI beauftragt, den einsitzenden Serienmörder Hannibal Lecter (Anthony Hopkins) zu interviewen, um einen anderen, noch aktiven Mörder besser zu ver-

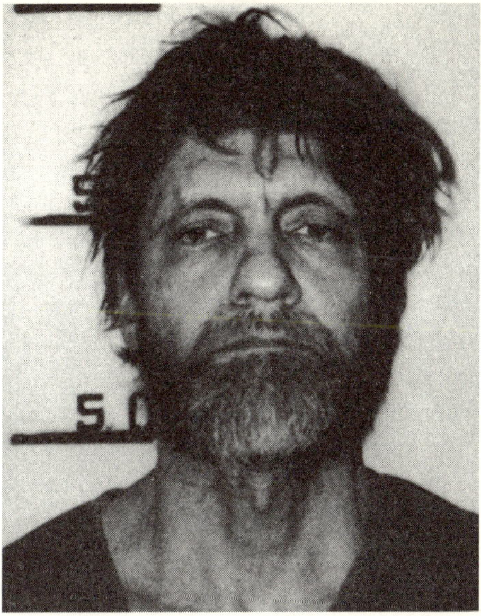

Abb. 14: «Unabomber» Theodore Kaczynski

stehen und zu fassen. Diese Abteilung gibt es tatsächlich. Seit 1979 ist sie damit beschäftigt, Erkenntnisse über Serienmorde in eine Datenbank einzuspeisen. Seit 1985 hat die Datenbank auch einen Namen – *Violent Criminal Apprehension Program* (*VICAP*). Anders als Cesare Lombroso, der den «geborenen Verbrecher» aus seinen Erbanlagen zu erklären suchte, will die moderne Kriminalistik das Profil des Serientäters durch seine «Handschrift» ermitteln – seine Gewohnheiten bei der Auswahl des Opfers, des Tatorts, der Mordwaffe. Die österreichische Polizei kam auch ohne VICAP rasch dahinter, daß die Prostituierten, die mit ihrer Unterwäsche erwürgt worden waren, auf das Konto desselben Täters gingen. In einem großen Land wie den USA, in dem die Polizeihoheit bei den Einzelstaaten liegt und das FBI nur beschränkte Zuständigkeiten hat, ist eine zentrale Datenbank dagegen eine Notwendigkeit.

Nicht nur Sexualmorde enthüllen dem, der sie zu lesen versteht, die Handschrift des Täters. Auch der «Unabomber» – vom FBI so genannt, weil er seine selbstgebastelten Briefbomben hauptsächlich an *universities* und *airlines* schickte – wurde schließlich an seinem Stil erkannt. Sechzehn Jahre lang, von 1979 bis 1995, tappte die Polizei im Dunkeln, während die Bomben drei Adressaten zerrissen und 29 verletzten. Im Juni 1995 schickte der Bastler ein langes Manifest über die Zukunft der Industriegesellschaft an die «New York Times» und die «Washington Post» und versprach, im Falle der Veröffentlichung auf weitere Attentate zu verzichten. Beide Zeitungen druckten das wirre Elaborat, worauf sich bei der Polizei ein David Kaczynski aus Chicago meldete, den das Vokabular an das seines Bruders Theodore erinnerte. Theodore Kaczynskis Wohnung, eine primitive Hütte in Montana, wurde durchsucht und das Material zum Bombenbau gefunden. Im Januar 1998 wurde er zu lebenslangem Gefängnis verurteilt.

Der Musterfall, der immer wieder zitiert wird, ist der des «Mad Bombers», der New York zwischen 1940 und 1956 terrorisierte. Seine Absicht war, wie er der Polizei schrieb, die Elektrizitätsgesellschaft Con Edison «für ihre schmählichen Untaten zur Rechenschaft zu ziehen». Glücklicherweise kam bei den Explosionen niemand ums Leben, doch gab es ein Dutzend Verletzte. Im Dezember 1956 wandte sich die Polizei an den Psychiater Dr. James A. Brussel, der anhand der Briefe ein bemerkenswert zutreffendes Profil zeichnete: Der Absender sei ein etwa fünfzigjähriger Mann, glattrasiert, gepflegt, unverheiratet, der vermutlich mit einer älteren Verwandten zusammenlebe. Englisch sei nicht seine Muttersprache, sondern er sei aus einem osteuropäischen Land eingewandert. «Und wenn Sie ihn verhaften, wird er einen Zweireiher tragen. Zugeknöpft.» Das Gutachten wurde veröffentlicht, worauf der Bomber eine weitere Katze aus dem Sack ließ: Er habe bei Con Edison einen Arbeitsunfall gehabt und sei entlassen worden, ohne eine Entschädigung zu erhalten.

Abb. 15: Albert DeSalvo, der «Boston Strangler»

Die Polizei ging nun die Personalakten durch und stieß auf den 52jährigen polnischen Einwanderer George Metesky, der mit seinen beiden Halbschwestern in Bridgeport lebte. Als er den Beamten aufs Revier folgte, trug er Hemd, Krawatte und einen Zweireiher – zugeknöpft. Er wurde für unzurechnungsfähig befunden und in eine Anstalt eingewiesen.

Das *profiling* ist keine exakte Wissenschaft

Seltener erwähnt wird ein anderer Fall, in dem sich derselbe Dr. Brussels im Verein mit anderen Psychiatern peinlich blamierte. Zwischen Juni 1962 und Juli 1964 wurden in Boston elf Frauen vergewaltigt und erwürgt. Das Gremium der Sachverständigen entwarf vom «Boston Strangler» folgendes Profil: Es handle sich um zwei Täter, beide homosexuell und stark gehemmt, beide allein lebende Lehrer, die ihre Morde in den Schulferien begehen. Albert DeSalvo, der schließlich als Mörder enttarnt wurde, war das genaue Gegenteil – Bauarbeiter, verheiratet mit zwei Kindern und sexuell so ungehemmt, daß er außer den von ihm ermordeten Frauen mindestens dreihundert weitere vergewaltigte. Was folgt daraus? Das *profiling* ist keine strenge Wissenschaft, sondern Psychologie und daher ebenso subjektiv wie die Einfühlung, die der russische Regisseur Konstantin Stanislawski von seinen Schauspielern verlangte. Das geduldige Sammeln objektiver Fakten kann sie nicht ersetzen. Erst die Mischung aus beiden macht den erfolgreichen Kriminalisten aus.

Nichts ist verhängnisvoller als eine subjektive Gewißheit, die sich über die objektiven Fakten hinwegsetzt. Ob Bruno Lüdke, den Mario Adorf in «Nachts, wenn der Teufel kam» (1957) so schaurig-schön darstellte, wirklich der größte Serienmörder der deutschen Kriminalgeschichte war, steht keineswegs fest. Die 53 Morde und drei Mordversuche, die er gestand, haben vermutlich mehr mit seinem Schwachsinn und den Vernehmungsmethoden zu tun als mit der Wahrheit. Die Protokolle des Berliner Kommissars Franz, der ihn im März 1943 verhörte, sind voller Unklarheiten und Widersprüche. Als der Film herauskam, berichtete Lüdkes Schwester Hertha, ihr Bruder habe nach der Vernehmung Striemen im Gesicht und eine geschwollene Lippe gehabt. «Die haben mir ja so gehauen», habe er ihr zugeflüstert. «Wenn ich nicht sage, daß ich die Rössner ermordet habe, schießen sie mir dot.» Lüdke wurde nicht totgeschossen, sondern ohne Prozeß in das Polizeigefängnis von Wien eingewiesen, wo er am 8. April 1944 auf mysteriöse Weise starb, wahrscheinlich als Opfer medizinischer Menschenversuche.

Ein Teelöffel Arsenik, eine kleine Prise Zyankali

Frauen und Ärzte sind unter den Giftmischern auffallend stark vertreten

Von Giftmischern haben wir bereits mehrfach gesprochen und einige der berühmtesten Affären kennen gelernt. Trotzdem widmen wir ihnen hier ein eigenes Kapitel. Denn nur so wird der rote Faden sichtbar, der die Geschichte des Giftmords durchzieht: Sie ist das Gebiet der Kriminalistik, auf dem die Wissenschaft ihre größten Triumphe feierte und ihre größten Niederlagen erlebte. Die Dunkelziffer ist immer noch hoch. Bei älteren, kränklichen Opfern hat der Mörder gute Aussichten, ungeschoren davonzukommen, wenn er ein Gift wählt, dessen Symptome denen eines natürlichen Todes ähneln. In diesen Fällen sind es oft außermedizinische Indizien, die den Verdacht auf ihn lenken. Dr. Harold Shipman, der freundliche Hausarzt in Hyde, einem Vorort von Manchester, der im Januar 2000 wegen fünfzehn Giftmorden verurteilt wurde, hatte wahrscheinlich mehr als dreihundert seiner Patientinnen auf dem Gewissen. Solange er sich nicht bereicherte, fiel die hohe Sterberate seiner Praxis niemandem auf. Erst als er das Testament einer Patientin fälschte und sich selbst zum Alleinerben einsetzte, ging die enterbte Tochter der Sache nach, entdeckte den Schwindel und lenkte den Verdacht auch auf die Frage, wie die Erblasserin zu Tode gekommen war.

Noch mehr Giftmorde, nämlich sechshundert, gestand die legendäre Tofana oder Trufania, die 1723 in Neapel öffentlich hingerichtet wurde. Ihr Geständnis hatte gewiß auch mit der «peinlichen Befragung» zu tun, der sie unterworfen wurde. Aber

Abb. 16:
Dr. Harold Shipman,
der freundliche
Hausarzt

es besteht kein Zweifel daran, daß die «Aqua Tofana», ihr Gebräu, mit dem sich überzählige Verwandte unauffällig beseitigen ließen, in ganz Europa reißenden Absatz fand.

Die Tofana, die Brinvilliers, Anna Zwanziger, Gesche Gottfried und Marie Lafarge waren Frauen. Bei Giftmorden ist der Anteil weiblicher Täter ungleich höher als bei Gewaltverbrechen. Das hat einerseits mit der geringeren Körperkraft der Frauen zu tun, andererseits mit gesellschaftlichen Traditionen. Das Waffentragen ist Sache der Männer, das Pflegen und Heilen Sache der Frauen – wobei der Unterschied zwischen Arznei und Gift oft nur in der Dosis liegt: Das griechische Wort *pharmakon* stand für beides. «Kennst du der Mutter Künste nicht?» fragt Brangäne ihre Herrin Isolde und zeigt auf die Hausapotheke, die sie mit auf die Reise genommen hat. Zu ihren Elixieren gehören auch der Todestrank, mit denen Isolde sich und Tristan vergiften will, und der Liebestrank, den ihnen die treue Magd stattdessen kredenzt.

Locusta, die Mordgehilfin des Kaisers Nero

Die Urmutter der Zauberweiber und Giftmischerinnen ist Medea, die, von ihrem Gatten Jason verstoßen, nicht nur ihre Rivalin Glauke und deren Vater Kreon durch ein vergiftetes Hochzeitsgeschenk umbringt, sondern auch ihre eigenen Kinder abschlachtet. In der Urfassung der Argonautensage sind es die Korinther, die Medeas sieben Söhne und sieben Töchter als Rache für den Tod ihres Königs ermorden. Angeblich brachten sie Euripides mit fünfzehn Silbertalenten dazu, den peinlichen Makel zu tilgen und das Verbrechen Medea in die Schuhe zu schieben. Wenn es wirklich so war, hatte die Bestechung Erfolg: Die späteren, gut zweihundert Bearbeiter des Stoffs stützen sich alle auf Euripides – Luigi Cherubini inbegriffen, dessen Oper Maria Callas zu einer ihrer Glanzrollen verhalf. Seneca, der ebenfalls eine Medea-Tragödie schrieb, hatte dabei ein reales Vorbild vor Augen – Locusta, die Mordgehilfin des Kaisers Nero und seiner Mutter Agrippina. Wegen *veneficium* in Haft, beschaffte sie das Gift zur Beseitigung von Agrippinas Mann Claudius und dessen Sohn Britannicus, Neros gefährlichstem Konkurrenten. Zum Dank wurde sie begnadigt und reich belohnt. Ein von ihr zubereitetes Gift hatte Nero auf seiner Flucht bei sich, doch fehlte ihm der Mut, es einzunehmen. Neros Nachfolger Galba ließ sie hinrichten.

Mit Giftmorden machte Rom nicht erst unter den psychopathischen Kaisern Bekanntschaft. Wie häufig sie gewesen sein müssen, läßt sich aus einem Gesetz schließen, das im Jahre 81 v. Chr.

Abb. 17: Maria Callas als Giftmischerin Medea

in Kraft trat. Die *Lex Cornelia de sicariis et veneficiis* bedrohte die vorsätzliche Tötung, das Waffentragen in verbrecherischer Absicht sowie die Produktion, den Verkauf und den Besitz von Giften mit der Todesstrafe. Damals kannte man nur Pflanzengifte – Schierling, Opium, Bilsenkraut. Anorganische Gifte werden in der Literatur kaum erwähnt. Die Reichen und Mächtigen schützten sich durch einen *praegustator* (Vorkoster) vor unangenehmen Überraschungen bei Tisch. Sehr gesucht waren Gegengifte, die zunächst an Todeskandidaten ausprobiert wurden. Unter ihnen erfreute sich die *mandragora* (Alraunwurzel) besonderen Ansehens. Sie galt als Zaubermittel, das dem, der sie als Amulett trug, Reichtum und Glück verhieß.

Im «Goldenen Esel» von Lucius Apuleius, dem einzigen lateinischen Roman, der vollständig überliefert ist, finden wir eine bezeichnende Anekdote: Ein Witwer heiratet eine junge Frau, die sofort ein Auge auf ihren Stiefsohn wirft. Als er sie zurückweist, beauftragt sie einen Sklaven, ihn zu vergiften. Aber es ist sein jüngerer Bruder, der das Gift trinkt. Die Frau beschuldigt ihren Stiefsohn des Mordes. Der junge Mann ist im Begriff, zum Tode verurteilt zu werden, als sich ein Arzt zu Wort meldet. Er berichtet, der Sklave sei zu ihm gekommen und habe ihn um ein starkes Mittel gebeten, angeblich für einen Kranken. Da er geahnt habe, daß der Sklave log, habe er ihm den Sud der Alraunwurzel gegeben, der einen todesähnlichen Schlaf herbeiführe. Das Gericht begibt sich zum Sarg des vermeintlich Ermordeten, der Vater lüftet den Deckel, das Kind lebt. Der Sklave wird gekreuzigt, die böse Stiefmutter verbannt.

Nach sechs Tagen war der Papst tot

Erst im 8. Jahrhundert, als der arabische Arzt und Alchimist Geber (Djabir ibn Hajjan) die Rezepte seiner Hexenküche zu Papier brachte, erfuhren die interessierten Kreise, daß sich mit dem weißen, geruch- und geschmacklosen Arsenikpulver mehr Menschen beseitigen ließen, als es Locustas Säfte je vermocht hätten. Es war das Pulver, damals *cantarella* genannt, mit dem Papst Alexander VI. und sein Sohn Cesare Borgia ihre Personalpolitik betrieben. In den letzten Jahren von Alexanders Pontifikat machte in Rom das Wort die Runde: «Es ist gefährlich, reich und Kardinal zu sein.» Mindestens drei Kardinäle, wahrscheinlich mehr, wurden mit *cantarella* vergiftet. (Daß auch Cesares Schwester Lucrezia an den Morden beteiligt war, wie es die Legende will, ist nicht erwiesen.)

Dieses Gift scheint auch Alexander und Cesare zum Verhängnis geworden zu sein. Am 5. August 1503 aßen sie im Garten des

Kardinals Adriano da Corneto zu Abend. Am 11. August bekam der Kardinal hohes Fieber, das drei Tage dauerte und dann nachließ. Am nächsten Tag ereilte das Fieber auch Alexander und Cesare. Am 18. August starb der Vater, der Sohn überlebte. Die Ärzte diagnostizierten Malaria, doch die Römer stellten ihre eigene Diagnose. Toxikologen deuten die von Zeugen überlieferten Symptome als Arsen-Erythem. Nach einem deutschen Zeitgenossen «hett der Duca 2 silbrin fleschen zugericht mit wein und in die ain hett er gift ton und in die andere kains». Ein Diener habe die Flaschen verwechselt und auch den Borgias den vergifteten Wein vorgesetzt. Pietro Bembo, der große Humanist, stellte befriedigt fest: «So erkennt man den allerheiligsten Willen und die unendliche Gerechtigkeit der unsterblichen Götter. Denn sie ließen zu, daß diese zwei Personen, die so viele Fürsten und so viele Vasallen vergifteten, um ihr Vermögen an sich zu reißen, selbst durch das Gift umkamen, welches sie ihrem Gast bestimmt hatten.»

Das Berliner Gegenstück zur Marquise de Brinvilliers, ebenfalls eine Dame der guten Gesellschaft, war die Geheimrätin Ursinus. Als sie am 5. März 1803 verhaftet wurde, spielte sie mit Freunden Whist. Ihr Diener Benjamin Klein hatte sie angezeigt: Als ihm unwohl war, hatte ihm seine Herrin eine Tasse Fleischbrühe gereicht, worauf ihm noch schlechter wurde. Am nächsten Tag servierte sie ihm ein Reisgericht. Als er dankend ablehnte, warf sie den Reis in den Abtritt. Mißtrauisch geworden, sah er sich in der Wohnung um und fand in einem Schrank eine Tüte mit weißem Pulver und der Aufschrift «Arsenik». Die Geheimrätin bot ihm nun Backpflaumen an. Er nahm sie an, aß sie aber nicht, sondern brachte sie zum Apotheker: Auch in den Pflaumen war Arsenik.

Nun erinnerte man sich daran, daß der – sehr viel ältere und kränkliche – Geheimrat drei Jahre zuvor überraschend gestorben war und einige Monate später eine Erbtante. In beiden Fällen hatte sich die Geheimrätin um die plötzlich Erkrankten hingebungsvoll bemüht; in beiden Fällen hatte sie vorher Arsenik gekauft – angeblich gegen die Ratten, die es weder in ihrem Hause gab noch in dem der Tante. Die beiden Leichen wurden exhumiert, doch gelang es den Experten nicht, Arsenspuren zu finden. Das Gericht sprach die Ursinus daher von der Anklage des Gattenmordes frei, verurteilte sie aber wegen Mordes an ihrer Tante und wiederholten Mordversuchs an ihrem Bedienten zu «lebenswierigem Festungsarrest», den sie auf der Festung Glatz absaß. Nach dreißig Jahren wurde sie entlassen, mußte aber weiterhin in Glatz wohnen, wo sie 1836 starb. Das Motiv für die Mordversuche an Klein wurde nie geklärt. Gerüchte behaupteten, daß sie mit ihm ein Verhältnis hatte und daß er zuviel wußte. In den Akten steht davon nichts. Einem der Experten, dem Chemiker Valentin Rose, ließ die ergebnislose Autopsie keine Ruhe. Drei Jahre später entdeckte er einen Weg, die Rückstände des Giftes auch in Leichen sichtbar zu machen. Es war das Verfahren, das 1810 die Giftmischerin Anna Zwanziger überführte.

Unbefriedigte Ehefrauen

Auch die Amerikanerin Florence Maybrick war mit einem fast doppelt so alten Mann verheiratet, einem Baumwollhändler in Liverpool. Als Maybrick dahinterkam, daß ihn seine Frau mit seinem Freund Brierley betrog, verprügelte er sie und änderte sein Testament. Einen Monat nach dieser ehelichen Szene ging es mit seiner Gesundheit plötzlich steil bergab. Am 11. Mai 1889 war er tot. Das Kindermädchen hatte beobachtet, wie Mrs. Maybrick in ihrem Waschbecken Fliegenpapier aufweichte, das, wie jeder wußte, Arsenik enthielt. Im Leichnam wurden außer Arsenik auch Spuren von Strychnin, Blausäure und Morphium gefunden. Der Verteidiger erklärte sie mit den radikalen Methoden des Verstorbenen, seiner Potenz auf die Beine zu helfen; das aus dem Fliegenpapier gewonnene Arsenik habe seine Mandantin zu kosmetischen Zwecken verwendet. Tatsächlich war der Gebrauch von Arsenik als Stärkungs- und Schönheitsmittel damals nicht ungewöhnlich. Aber der Ehebruch der hübschen Witwe machte auf die Geschworenen einen sehr schlechten Eindruck, und sie sprachen sie schuldig. Florence Maybrick wurde zum Tode verurteilt, doch wurde die Strafe in lebenslanges Zuchthaus umgewandelt. 1904 wurde sie entlassen, kehrte nach Amerika zurück und schrieb ein Buch «My Fifteen Lost Years».

Wie Marie Lafarge fehlte es auch Florence Maybrick nicht an Parteigängern, die sie für unschuldig hielten. Sie verwiesen darauf, daß sie, um ihren Geliebten zu heiraten, ihren Mann nicht hätte zu vergiften brauchen: Nach der Prügelei sei sie berechtigt gewesen, die Scheidung zu verlangen. Im übrigen habe Mr. Maybrick gleichfalls eine außereheliche Liaison unterhalten, der sogar mehrere Kinder entsprangen. Molly Bloom – im berühmten punkt- und kommalosen Schlußmonolog des «Ulysses» – hat keinen Zweifel an der Richtigkeit des Urteils, doch versagt sie der unbefriedigten Ehefrau nicht ihre Sympathie. Ganz anders Königin Victoria. Sie hielt die Ehebrecherin für eine zutiefst verdorbene Person und wollte von ihrer vorzeitigen Freilassung nichts wissen. Immerhin hatte der umstrittene Prozeß für die britische Strafjustiz eine bleibende Folge: 1907 wurde eine zweite Instanz, der *Court of Criminal Appeal*, eingerichtet.

Florence Maybrick, Marie Lafarge und Charlotte Ursinus waren mit Männern verheiratet, die sie nicht liebten. Der Brinvilliers und Gesche Gottfried ging es dagegen ums Erben. Beide Motive spielten eine Rolle in einem ungarischen Prozeß, der später die Vorlage zu einem Theaterstück abgab – Julius Hays «Haben» (1945). Nach einer verdächtigen Häufung von Todesfällen, die auffallenderweise nur Männer dahinrafften, wurden 1929 im Dorf Nagyrev die Leichen von 50 Bauern ausgegraben. In 46 fand man Arsenik. Wie sich herausstellte, hatte die Hebamme des Dorfes, Zsuzsanna Fazekas, die Witwen freigiebig mit dem weißen Pulver versorgt. Als ihr die Verhaftung drohte, nahm sie selbst davon und entzog sich dadurch der irdischen Justiz. 26 ihrer Kundinnen wurden angeklagt, acht zum Tode verurteilt, die übrigen zu Gefängnisstrafen. Als aufrechter Kommunist rückt Hay die Habsucht der Bäuerinnen ins Rampenlicht und stellt die Mordserie als natürliche Folge kapitalistischer Gesinnung hin – eine summarische Deutung, die selbst seinen Glaubensgenossen Brecht verdroß: «Der Marxist ist weit weniger daran interessiert, daß irgendwo einige Frauen durch Heirat und Mord Bauernhöfe in die Hand bekommen, als daran, wie überall Bauernhöfe geführt werden.»

Im kapitalistischen Amerika waren es dagegen zwei verrückte alte Jungfern, deren kriminelles Treiben das Broadway-Publikum entzückte und vom Massensterben auf den Kriegsschauplätzen ablenkte. In Joseph Kesselrings Gruselkomödie «Arsenic and Old Lace» (1941) erlösen Abby und Martha Brewster alleinstehende Herren mit vergiftetem Holunderbeerwein aus ihrer Einsamkeit. «Für eine Gallone Wein», vertraut Tante Martha ihrem wie vom Donner gerührten Neffen Mortimer an, «nehme ich einen Teelöffel Arsenik, gebe einen halben Löffel Strychnin dazu und dann noch eine kleine Prise Zyankali.» Frank Capra, der das Stück gleichzeitig verfilmte, mußte sich vier Jahre – so lange lief es am Broadway – gedulden, bevor sein Film in die Kinos kam.

Die Rache des Pantoffelhelden

Aber natürlich sind es nicht nur Frauen, die sich unerwünschte Personen mit Arsenik vom Halse schaffen. Der Kriminalroman «Malice Aforethought» von Frances Iles, den wir als klassisches Beispiel eines *inverted mystery* kennen gelernt haben, beruht auf einem wirklichen Vorfall. Als Katherine Mary Armstrong am 22. Februar 1921 starb, wurde ihr Tod als Folge eines natürlichen Herzversagens diagnostiziert. Das Jahr davor hatte sie in einer Nervenheilanstalt verbracht und war erst im Januar nach Hause entlassen worden. Daß ihr Mann Herbert Rowse Armstrong, ein Anwalt im walisischen Hay-on-Wye, größere Mengen Arsenik gekauft hatte, fiel nicht weiter auf: Es war bekannt, daß er dem Unkraut in seinem Garten mit selbstgebrauten Hausmitteln zu Leibe rückte. Die Szenen, mit denen die imposante Mrs. Armstrong den schmächtigen Pantoffelhelden zu demütigen liebte, hatte er mit bewundernswertem Gleichmut ertragen. Daß er sich für die Demütigungen in London schadlos gehalten und dabei eine Geschlechtskrankheit geholt hatte, kam erst während des Prozesses heraus.

Zu diesem Prozeß wäre es nicht gekommen, hätte sich Armstrong nicht mit einem anderen Anwalt in Hay, Oswald Norman Martin, verkracht. Kurz nach dem Krach bekam Martin von einem Unbekannten eine Schachtel Pralinen zugeschickt. Er selbst aß keine, wohl aber ein Hausgast, dem danach sehr elend war. Im Oktober 1921 lud Armstrong seinen Kollegen zum Tee ein und reichte ihm mit der Entschuldigung «Excuse fingers» ein Stück Kuchen. Nach Hause zurückkehrt, bekam Martin schweren Durchfall mit Krämpfen und Erbrechen. Sein Arzt, der auch Mrs. Armstrong behandelt hatte, schöpfte Verdacht und schickte eine Urinprobe ins Labor. Sie enthielt deutliche Spuren von Arsen. Die Polizei begann diskrete Ermittlungen. Um die Ermittlungen nicht zu gefährden, bat sie Martin, mit Armstrong weiterhin normalen Kontakt zu pflegen. Dies erwies sich als nervenzermürbender Drahtseilakt: Da Armstrong nicht locker ließ und seinen Kollegen mit Einladungen förmlich bombardierte, mußte der seine ganze forensische Geschicklichkeit aufbieten, um den Fallen auszuweichen.

Am 31. Dezember wurde Armstrong endlich verhaftet. In seiner Tasche und seinem Schreibtisch fand man Arsenik, ebenso im Leichnam von Mrs. Armstrong, der nun ausgegraben wurde. Armstrong verteidigte sich geschickt: Den Tod seiner Frau stellte er als Selbstmord hin, das bei ihm gefundene Gift als Rohmaterial für seine Gartenpflege. Doch das Hauspersonal widersprach ihm: Mrs. Armstrong habe im Gegenteil Angst vor dem Sterben gehabt. Armstrong konnte auch nicht erklären, warum er das Gift an verschiedenen Orten aufbewahrte. Er wurde zum Tode verurteilt und am 31. Mai 1922 gehängt.

Frösche sind die besten Versuchskaninchen

Im Regelfall sind es freilich nicht Anwälte, sondern Ärzte, die zum Gift greifen, wenn sie einen Mord planen. Ihre Sachkenntnis und ihr professioneller Zugang zu Giften aller Art macht es ihnen leicht, ihre Spuren zu verwischen. Als Dr. Castaing 1822 und 1823 die beiden Ballet-Brüder ins Jenseits beförderte, war Morphium gerade acht Jahre als Schmerzmittel in Gebrauch, seine Wirkung umstritten, sein Nachweis unmöglich. Als Dr. Shipman anderthalb Jahrhunderte später daran ging, seine Patientinnen mit dem gleichen Gift aus dem Wege zu räumen, waren dessen Wirkungen sehr wohl bekannt, und es war kein Kunststück mehr, es im Körper nachzuweisen. Was ihn jahrelang vor der Entdeckung schützte, war die Vertraulichkeit der Akten und das Vertrauen, das man dem gütigen Arzt entgegenbrachte.

Digitalin, ein Derivat des roten Fingerhuts, ist seit dem 18. Jahrhundert als Mittel zur Anregung schwacher Herzen bekannt; in größeren Dosen ist es tödlich. Als Julie de Pauw am 17. November 1863 plötzlich starb, fand niemand etwas Verdächtiges dabei. Die junge Witwe war längere Zeit leidend gewesen und kurz vorher ohnmächtig die Treppe heruntergefallen. Ihr Arzt, Dr. Edmond-Désiré Couty de la Pommerais, stellte als Todesursache Cholera fest. Drei Tage danach ging bei der Pariser Polizei ein anonymer Brief ein, dessen Verfasser anregte, die pekuniären Verhältnisse des Dr. de la Pommerais in Augenschein zu nehmen. Dabei stellte sich in der Tat Erstaunliches heraus: Der Arzt, der auf größerem Fuße lebte, als es ihm seine Einkünfte erlaubten, war Alleinerbe der Verstorbenen, die Lebensversicherungen in Höhe von 550 000 Francs abgeschlossen hatte; die Prämien hatte der Arzt bezahlt. Kurz darauf erschien die Schwester der Toten, eine Madame Ritter, bei der Sûreté und berichtete, Julie habe ihr gestanden, der Treppensturz sei fingiert gewesen; in Wahrheit habe sie einen Sack mit Holzscheiten die Treppe hinuntergeworfen. Pommerais, der nicht nur ihr Arzt, sondern auch ihr Geliebter war, habe einen genialen Plan ausgeheckt, um sie ein für allemal aus ihren Geldnöten zu erlösen: Er gebe sie als todkrank aus und werde den Versicherungen demnächst das Angebot unterbreiten, die Kapitalversicherung durch die Auszahlung von Monatsrenten abzulösen. Angesichts ihres vermeintlich nahen Endes würden die Versicherungen auf ein so günstiges Angebot bestimmt eingehen. Sobald die neuen Verträge unterschrieben seien, werde sie genesen und sich ihres Wohlstands freuen.

Ambroise Tardieu, der Dekan der *École de Médecine*, sezierte den Leichnam, fand aber nichts. Den einzigen Anhaltspunkt lieferte ein Brief, in dem die Patientin ihrem Arzt beiläufig mitteilte, zur Stärkung ihres Herzens nehme sie auf Anraten «nichtärztlicher Bekannter» Digitalin ein. War dies Teil des Plans, die Versicherungen zu täuschen? Oder wollte Pommerais, der wahrscheinlich wußte, daß der Nachweis des Giftes noch als unmöglich galt, für den gegenteiligen Fall eine Ausrede parat haben? Zur gleichen Zeit hatte er drei Gramm Digitalin gekauft, eine enorme Menge, von der die Durchsuchung seiner Praxis nur noch einen Bruchteil zutage förderte. Tardieu war sicher, daß hier die Lösung des Rätsels lag. Da Pharmakologen herausgefunden hatten, daß Frösche die besten Versuchskaninchen waren, um die Wirkung von Herzmitteln zu erproben, spritzte er einigen Fröschen Digitalin ein, anderen den erbrochenen Mageninhalt der Sterbenden, den man vom Fußboden ihres Schlafzimmers gekratzt hatte. Die Frösche starben mit den gleichen Symptomen. Obwohl Maître Lachaud, der auch Marie Lafarge verteidigt hatte, nichts unversucht ließ, um diesen damals ganz ungewöhnlichen Indizienbeweis zu diskreditieren, wurde Pommerais für schuldig befunden und am 9. Juni 1864 vor dem Roquette-Gefängnis geköpft.

Der für seinen morbiden Geschmack bekannte Dichter Auguste Villiers de l'Isle Adam ließ sich die Hinrichtung nicht entgehen. Zwanzig Jahre danach erlaubte er sich im «Figaro» einen makabren Scherz. Der berühmte Chirurg Velpeau, schrieb er, habe mit Pommerais ein wissenschaftliches Experiment vereinbart: Pommerais wollte versuchen, seinem Kollegen nach dem Fall des Kopfes dreimal zuzublinzeln. Es sei ihm jedoch nur einmal gelungen.

«Sie haben meinen heiligen Billy gehängt»

Lebensversicherungen spielten auch eine beherrschende Rolle in den Plänen von Dr. William Palmer, der mindestens ein Dutzend Menschen vergiftete, hauptsächlich Gläubiger und Verwandte, die ihm etwas zu vererben hatten. Im Frühjahr 1853 versicherte er seine Frau Annie für 13 000 Pfund; im September war sie tot. Zwei hochbetagte Kollegen waren ihm gefällig und stellten als Todesursache «englische Cholera» fest. Nachdem diese Rechnung so glatt aufgegangen war, versicherte er seinen Bruder, einen Trunkenbold namens Walter, für 82 000 Pfund. Walter starb, doch der Hausdiener hatte gesehen, wie Palmer seinem Bruder etwas ins Glas tat, und die Versicherung weigerte sich zu zahlen. Danach wurde auch der Hausdiener sehr krank, erholte sich aber wieder. Palmers letztes Opfer war sein Wettgenosse John Parsons Cook, mit dem er Pferderennen besuchte. Am 19. November 1855 starb Cook unter grauenhaften Krämpfen. Palmer präsentierte einen angeblich von Cook unterschriebenen Schuldschein über 4000 Pfund – eine, wie mit bloßem Auge zu erkennen war, plumpe Fälschung.

Palmer wurde verhaftet, gab sich aber keineswegs geschlagen. Er setzte durch, daß er der Autopsie beiwohnen durfte, und versuchte, das Gefäß mit Cooks Magen zu stehlen. Als das mißlang, bot er dem Fahrer, der es zur Untersuchung nach London bringen sollte, eine Belohnung an, falls es beim Transport verloren gehe. Auch den Coroner versuchte er zu bestechen. Alfred Swaine Taylor, der Begründer der britischen Gerichtsmedizin, diagnostizierte Strychninvergiftung, konnte das Gift aber weder in Cooks Magen noch in den Leichen von Annie und Walter nachweisen. Doch die Fülle der Indizien genügten den Geschworenen, und sie verurteilten Palmer zum Tode. Am 14. Juni 1856 wurde er gehängt, ohne seine Taten gestanden zu haben.

Nicht jeder war von seiner Schuld überzeugt. «They Hanged My Saintly Billy», der Ausruf von Palmers Mutter nach der Hinrichtung, ist auch der Titel eines Romans, in dem Robert Graves den – vielleicht nicht ganz ernst gemeinten – Versuch unternimmt, den Serienmörder reinzuwaschen. Wie Florence Maybrick machte auch Palmer Justizgeschichte: Da der Volkszorn in seinem Heimatort Rugeley in Staffordshire ein *fair trial* zu behindern drohte, verabschiedete das Parlament den «Palmer Act», der es erlaubte, Prozesse aus der Provinz in den Old Bailey, das Londoner Kriminalgericht, zu verlegen.

Dr. Thomas Neill Cream verwendete gleichfalls Strychnin, mordete aber nicht aus Gewinnsucht, sondern aus schierer Freude an der Sache. Als er sich 1891 in London niederließ, hatte er schon eine zehnjährige Gefängnisstrafe in Chicago hinter sich. Sein Verbrechen, die Vergiftung des Epileptikers Daniel Stott, war herausgekommen, weil er selbst dem Staatsanwalt einen Brief geschrieben hatte, in dem er den Apotheker beschuldigte, seine Rezeptur falsch ausgeführt zu haben. Aber Mrs. Stott, seine Geliebte, stellte sich gegen ihn und bezeugte, daß er die Medizin mit einem weißlichen Pulver vermischt habe. In London nötigte er Prostituierten Pillen auf, die er mit Strychnin gefüllt hatte. Vier von ihnen starben unter entsetzlichen Qualen. Da kurz zuvor der geheimnisvolle, nie enttarnte «Jack the Ripper» im gleichen Milieu gewütet hatte, brach in der Welt der käuflichen Liebe Panik aus.

Wieder waren es seine eigenen Briefe, die den Verdacht auf ihn lenkten. Einem Dr. Harper schrieb er, er wisse, daß sein Sohn die Morde an den Prostituierten begangen habe, und forderte ein Schweigegeld von 1500 Pfund. Zur Ergreifung des Mörders setzte er öffentlich die abstruse Summe von 300 000 Pfund als Belohnung aus. Als die Polizei durch eine Prostituierte, die die ihr angebotene Pille nicht geschluckt, sondern weggeworfen hatte, auf ihn aufmerksam wurde, beauftragte er eine Anwaltskanzlei, gegen die Beschattung zu protestieren. Am 3. Juni 1892 wurde er schließlich verhaftet, zunächst nur wegen versuchter Erpressung. Doch bald identifizierten mehrere Damen den schielenden Herrn mit Zylinder, der sich erboten hatte, ihre Leistungen nicht nur mit Geld, sondern auch mit medizinischem Beistand zu entlohnen. In seiner Wohnung wurden sieben Flaschen mit einer strychninhaltigen Mixtur gefunden. Die Geschworenen brauchten für ihren Schuldspruch nur zwölf Minuten. Seine letzten Worte, behauptete die Sensationspresse, seien «I am Jack the ...» gewesen. Obgleich gern geglaubt, hat das Gerücht mit der Wahrheit nichts zu tun: Als der Bauchaufschlitzer das East End unsicher machte, saß Cream in einem amerikanischen Gefängnis.

Die Muse der Surrealisten

Gewöhnliche Sterbliche, die keinen Zugang zu den Giftschränken der Apotheker haben, behelfen sich mit Chemikalien zur Unkraut- oder Schädlingsbekämpfung. Seit 1861, nach der Entdeckung des Thalliums, das bald darauf als Rattengift auf den Markt kam, häuften sich in ganz Europa die Morde mit dem metallischen Salz. Eine andere, weniger verläßliche Methode sind Schlafmittel. Die 18jährige Violette Nozière tat ihren Eltern am 24. August 1933 Veronal in den Kaffee. Der Vater, ein Eisenbahner, starb, die Mutter verlor nur das Bewußtsein. Die Tochter stellte daraufhin das Gas an und verließ die Wohnung. Doch die Mutter überlebte, und die Polizei ließ sich nicht täuschen. Als Violette ihre Mutter im Krankenhaus Saint-Antoine besuchte, wurde sie verhaftet und gestand. Warum hatte sie ihre Eltern umbringen wollen? Sie wollte der kleinbürgerlichen Enge entfliehen. Sie verbrachte ihre Nächte lieber im Quartier Latin mit den Studenten. Diebstähle und Prostitution sorgten für das nötige Kleingeld; dabei holte sie sich die Syphilis. Im Prozeß behauptete sie, ihr Vater habe sie von ihrem zwölften Lebensjahr an mißbraucht, und die Mutter habe es stillschweigend geduldet.

Es war eine wenig erbauliche Geschichte, doch die Surrealisten liebten sie. Noch im gleichen Jahr erschien eine Verteidigungsschrift mit Gedichten von André Breton, René Char und Paul Éluard und Illustrationen von Salvador Dalì, Max Ernst und René Magritte, die dem freiheitsdurstigen Proletariererkind entzückt zujubelte. Breton machte viel davon her, daß der Vater seiner Tochter einen Namen gegeben hatten, der ihre spätere Vergewaltigung (*viol*) schon ankündigte. Dalì, auf die politischen Veränderungen in Deutschland anspielend, schrieb ihren Namen «Nazière» und zeichnete sie als überlange, von einer Krücke gestützte Nase (*nez*). Noch ein halbes Jahrhundert später war die Vatermörderin nicht vergessen. Claude Chabrol widmete ihr einen Film, in dem Isabelle Huppert ebenso undurchdringlich schien, wie es das Original gewesen war. Trotz des Beifalls aus Künstlerkreisen wurde Violette Nozière zum Tode verurteilt. Staatspräsident Lebrun verwandelte die Strafe in lebenslanges Zuchthaus. 1946 kam sie frei, heiratete einen Gastwirt in Rouen, starb aber einige Jahre darauf an Krebs.

Auch ein englischer Giftmörder, der seinen Eltern nach dem Leben trachtete, lebt im Film fort. «The Young Poisoner's Handbook» erzählt die Geschichte von Graham Young, der sich schon als Kind ein Labor zulegte, in dem er mit toxischen Stoffen hantierte. 1962 vergiftete der Vierzehnjährige seine Stiefmutter; sein Vater und seine Schwester überlebten. Young wurde in eine Anstalt für geistig gestörte Verbrecher eingewiesen und 1971 als geheilt entlassen. Er fand eine Stellung als Lagerarbeiter bei einer Linsenschleiferei in Bovingdon, Hertfordshire. Noch im gleichen Jahr wurden mehrere seiner Kollegen schwer krank; zwei starben. Die Ärzte vermuteten eine Virusepidemie. Als die besorgte Unternehmensleitung einen Toxikologen hinzuzog, lenkte der junge Lagerarbeiter dessen Aufmerksamkeit auf den Umstand, daß in der Fabrik Thallium verwendet wurde. Erstaunt über die ungewöhnliche Sachkenntnis, erkundigte man sich bei Scotland Yard und erfuhr Youngs Vorgeschichte. Bei einer Haussuchung fand die Polizei ein Tagebuch, in dem der Hobbymörder seine letalen Menschenversuche genauestens festgehalten hatte. Er hatte den Kollegen das Gift im Pausentee, dessen Ausschank zu seinen Obliegenheiten gehörte, administriert. Vor Gericht zeigte er nicht die geringste Reue, sondern gab der Hoffnung Ausdruck, als genialer Massenmörder in Madame Tussauds Wachsfigurenkabinett Eingang zu finden. Er wurde zu lebenslangem Zuchthaus verurteilt und starb 1990 nach einer Herzattacke.

Die Anregung zu seiner Mordserie hatte sich Young aus einem Krimi geholt – sehr zum Kummer der Autorin. In «The Pale Horse» (1961) beschreibt Agatha Christie mit großer Sachkenntnis die Symptome der Thalliumvergiftung. Das auffallendste ist der Haarausfall, der nach etwa zwei Wochen einsetzt. Dennoch sind Fehldiagnosen nicht selten. Dies zeigte ein Mordprozeß in Münster, der den Ruf einiger Kapazitäten schwer lädierte.

Thallium ist überall

Am 1. April 1957 wurde im Aasee, eingeschnürt in eine Wolldecke, ein männlicher Oberkörper gefunden. Der dazugehörige Unterleib tauchte am gleichen Tag in der Aa auf. Der Kopf blieb verschwunden. Anhand des Gürtels, der das Bündel zusammengehalten hatte, identifizierte man den Toten als den 44jährigen Anstreicher Hermann Rohrbach. Die Witwe, Maria Rohrbach, nahm die Nachricht von der grauenhaften Ermordung ihres Mannes ohne erkennbare Bewegung auf. Die Polizei fand schnell heraus, daß sie vorbestraft war und mit einem in Münster stationierten britischen Sergeanten ein festes Verhältnis hatte. Ihre Freundin Elfriede Masters, die einen britischen Soldaten geheiratet hatte, erzählte jedem, der es wissen wollte: «Die Maria hat mir schon vor einem Jahr gesagt, daß sie ihren Mann vergiften will.» Nachbarn glaubten einen dumpfen Fall in der Wohnung gehört zu haben. Blutspuren in der Küche erklärte die Witwe mit einem heftigen Nasenbluten ihres Mannes. Am 13. April wurde sie verhaftet.

Am 16. April fand man in einem toten Seitenarm der Aa die Beine des Ermordeten. Das Gerichtsmedizinische Institut vertrat die Ansicht, sie könnten höchstens 48 Stunden im Wasser gelegen haben – was Maria Rohrbach entlastet hätte. Die Staatsanwaltschaft ließ sich dadurch ebensowenig beirren wie durch einen ähnlichen Leichenfund wenige Wochen zuvor: Damals war ein Freund des homosexuellen Rohrbach mit abgetrenntem Kopf aus dem Dortmund-Ems-Kanal gefischt worden.

Am 13. März 1958 begann unter gewaltigem Andrang der Prozeß. Der Kopf, erklärte Walter Specht, Labordirektor des Bayerischen Landeskriminalamts, sei von der Angeklagten im Ofen verbrannt worden. Da er im Ofen Spuren von Thallium gefunden und Rohrbach vor seinem Tod über ständigen Durchfall geklagt hatte, der nur bei Abwesenheit seiner Frau nachlasse, schloß er auf eine chronische Thalliumvergiftung. Für den Staatsanwalt war der Fall klar: Maria Rohrbach hatte ihren Mann vergiftet und dann, möglicherweise mit der Hilfe eines Dritten, in der Küche zersägt. Am 18. April wurde sie zu lebenslangem Zuchthaus verurteilt. Die Revision wurde verworfen.

Im September 1959 fanden spielende Kinder in einem Bombentrichter hinter dem alten Bahndamm Rohrbachs Kopf. Er zeigte keinerlei Spuren von Thallium. Inzwischen hatte sich der Verteidiger Ruß von zwölf Lokomotiven und sogar aus dem Ofen von Professor Specht besorgt und ihn analysieren lassen: Sämtliche Proben enthielten Thallium. Damit war ein Grundpfeiler der Anklage eingestürzt. Am 3. Mai 1961 kam es zur Wiederaufnahme des Verfahrens. Siebzehn Sachverständige traten mit höchst unterschiedlichen Überzeugungen vor die Schranken des Gerichts. Ein Beamter der Strafanstalt Lüttringhausen erklärte unter Eid, Maria Rohrbach habe ihm gesagt: «Ich bin unschuldig. Aber ich weiß, wer der Täter ist. Der Kopf ist nicht verbrannt worden. Er liegt in einem Bombentrichter.» Am 30. Juni 1961 wurde sie aus Mangel an Beweisen freigesprochen.

Ein wirkliches Ehe- und Giftmorddrama hatte sich einige Jahre vorher in Worms abgespielt. Drei Menschen waren unter denselben Begleiterscheinungen gestorben. Doch erst beim dritten Mal schöpften die Ärzte Verdacht. Am 27. September 1952 starb der Fliesenleger Karl Lehmann, der mit seiner Frau Christa in ständigem Streit lebte, plötzlich unter heftigen Schmerzen. Diagnose: Durchbruch eines Magengeschwürs. Am 14. Oktober 1953 stürzte Lehmanns Vater eine halbe Stunde nach dem Frühstück tot vom Fahrrad. Auch er war mit seiner Schwiegertochter zerstritten. Ein von Passanten herbeigerufener Arzt stellte Herzversagen fest. Daß hier etwas nicht mit rechten Dingen zuging, wurde offenkundig, als Anni Hamann, eine Freundin der Christa Lehmann, am 15. Februar 1954 nach dem Verzehr einer Praline unter Krämpfen starb. Mit letzter Kraft hatte sie einen Teil des Konfekts wieder ausgespuckt. Der Spitz stürzte sich darauf und starb ebenfalls.

Die Toxikologen brauchten mehrere Tage, um das Gift zu identifizieren. Es handelte sich um «E 605», ein während des Zweiten Weltkriegs entwickeltes Pflanzenschutzmittel, das hier zum ersten Mal für einen Mord verwendet worden war. Eine Exhumierung der Leichen von Vater und Sohn Lehmann förderte Spuren des gleichen Gifts zutage. Auffallend war die krampfartige Verschränkung der beiden großen Zehen mit dem nächstgrößeren. Christa Lehmann wurde verhaftet, als sie nach der Beerdigung den Friedhof verließ. Zunächst bestritt sie jede Schuld. Vier Tage später verlangte sie einen Pfarrer und legte vor ihm ein Geständnis ab: Nicht Anni Hamann habe sie töten wollen, sondern deren Mutter, weil sie versucht habe, sie von ihrer Freundin zu trennen. Die alte Frau Ruh habe jedoch die Praline nicht selbst gegessen, sondern für ihr Enkelkind aufgespart. Am nächsten Tag gab Christa Lehmann auch die beiden anderen Morde zu. Am 20. September 1954 verurteilte das Mainzer Schwurgericht sie zu lebenslangem Zuchthaus. Unmittelbar nach der Tat kam es zu einer Serie von Morden und Selbstmorden mit «E 605», die alles Vergleichbare hinter sich ließ. Erst nach vielen Jahren, als das Gift längst aus dem Verkehr gezogen war, klang die Epidemie ab.

Mord oder Selbstmord?

Maria Rohrbach wurde wegen eines Mordes verurteilt, der – wer immer ihn begangen hatte – jedenfalls kein Giftmord war. Die beiden ersten Morde der Christa Lehmann blieben dagegen unentdeckt. Auf kaum einem anderen Gebiet sind Polizei und Justiz so abhängig vom Sachverstand der Experten, und auf kaum einem anderen Gebiet lassen die Experten sie so oft im Stich. Einige notorische Giftmordprozesse zogen sich über viele Jahre hin und endeten schließlich mit einem Freispruch, weil die Gutachter nicht weiter wußten. Andere kamen trotz dringenden Tatverdachts über die Voruntersuchung nicht hinaus.

Als Charles Bravo, ein junger Anwalt, am 21. April 1876 in Balham bei London starb, nachdem er sich drei Tage lang erbrochen hatte, fanden die Ärzte im Erbrochenen das hochgiftige Antimon. Aber die Frage, wie es in seinen Körper gelangt war und vor allem wer es ihm verabreicht hatte, konnten sie nicht beantworten. Für den Part des Mörders gab es drei Kandidaten: Erstens Bravos Frau Florence, eine Alkoholikerin, deren erster Mann ebenso plötzlich gestorben war. Zweitens den 64jährigen Dr. James Manby Gully, einen prominenten Arzt, der Tennyson und Carlyle zu seinen Patienten zählte und Florence Bravo zu seinen Mätressen. Und schließlich die geheimnisumwitterte Haushälterin Jane Cannon Cox, die beim *inquest*, der Gerichtsverhandlung zur Feststellung der Todesursache, aussagte, der Sterbende habe ihr anvertraut, er habe sich wegen der Liebschaft seiner Frau das Leben genommen, was ihr die Jury jedoch nicht glaubte. Die Jury stellte fest, Charles Bravo sei vorsätzlich ermordet worden, «aber für die Beschuldigung einer oder mehrerer Personen reichen die Beweise nicht aus».

Statt vor Gericht wurde der Prozeß in den Zeitungen und in Schlüsselromanen ausgetragen. In «What Really Happened» (1926) bezichtigt Marie Belloc Lowndes die Haushälterin der Tat, was einer weitverbreiteten Überzeugung entsprach. «Dr. Gully's Story» (1972) von Elizabeth Jenkins erzählt die Geschichte aus der Perspektive des gesellschaftlich ruinierten Arztes. Schuldig ist hier Florence Bravo, aber nur der fahrlässigen Tötung: Nach einer Fehlgeburt gab sie ihrem Mann das Gift ein, um seinen sexuellen Appetit zu dämpfen. Doch betrunken, wie sie wieder einmal war, vertat sie sich in der Dosis.

Elf Tote, zwölf Jahre Prozeß, und am Ende ein Freispruch

Marie Besnard kam nicht so leicht davon. Ihr Prozeß dauerte zwölf Jahre. Die 53jährige Bäuerin wurde am 21. Juli 1949 unter dem Verdacht verhaftet, ihren Mann und ihre Mutter vergiftet zu haben. Den Stein hatte die Posthalterin ins Rollen gebracht: In einem unbeobachteten Augenblick, erzählte sie, habe ihr der sterbende Besnard zugeflüstert, seine Frau habe ihm etwas in die Suppe getan. In der Kleinstadt Loudun war man sich auch bald über das Motiv einig: Auf dem Hof arbeitete ein ehemaliger deutscher Kriegsgefangener namens Dietz, der nach dem Krieg in Frankreich geblieben war. Man zweifelte nicht daran, daß die Bäuerin dem dreißig Jahre jüngeren Knecht verfallen war und ungestört mit ihm zusammenleben wollte. Dreihundert Jahre zuvor war im gleichen Loudun der Beichtvater der Ursulinerinnen, Urbain Grandier, für die «Besessenheit» im Kloster verantwortlich gemacht und wegen Hexerei verbrannt worden. Bald machten Spottverse die Runde, in denen sich «Grandier» auf «Brinvilliers» reimte.

Doch der Untersuchungsrichter spottete nicht. Die Leichen von Léon Besnard und seiner Schwiegermutter wurden exhumiert. In beiden fanden sich auffällige Mengen von Arsen. Und da man schon einmal dabei war und die Gerüchte über plötzliche Todesfälle in der Familie Besnard nicht verstummen wollten, wurden auch andere Leichen ausgegraben, insgesamt elf. Alle enthielten Arsenspuren. In allen Fällen hatte Marie oder ihr Mann geerbt. Als am 20. Februar 1952 der Prozeß im Justizpalast von Poitiers begann, sah es für die Angeklagte nicht gut aus. Ihre strenge schwarze Kleidung und ihr verachtungsvolles Lächeln schienen die Klischeevorstellung von einer kalt operierenden Giftmischerin zu bestätigen. Gleich zu Anfang wurde ihr nachgewiesen, daß sie für eine der verstorbenen Verwandten Rentenzahlungen kassiert und mit gefälschten Unterschriften quittiert hatte. Der Kauf oder Besitz von Arsenik konnte ihr dagegen nicht nachgewiesen werden. Auch Dietz war zunächst verhaftet worden, bestritt aber, ein Verhältnis mit der Angeklagten zu haben, und wurde wieder entlassen. Noch bevor er seine Papiere zurückerhalten hatte, setzte er sich nach Deutschland ab – was seine Glaubwürdigkeit nicht eben erhöhte.

Daß der Prozeß schließlich mit ihrem Freispruch endete, verdankte Marie Besnard ihrem brillanten, billigen Theatereffekten nicht abgeneigten Verteidiger, Maître Gautrat. Es gelang ihm, den Gerichtsmedizinern größere und kleinere Ungenauigkeiten

Abb. 18:
Marie Besnard

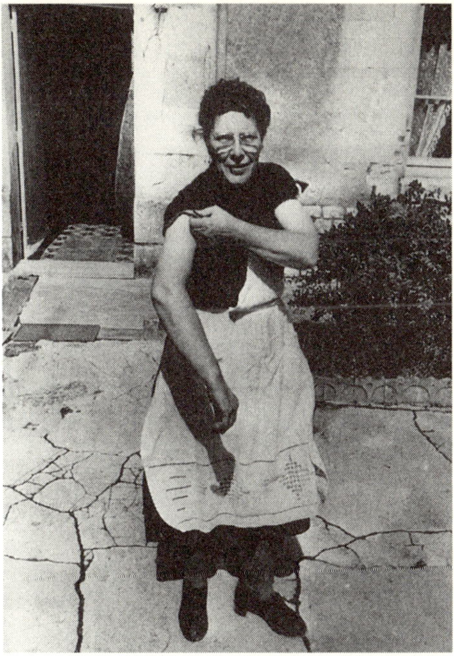

nachzuweisen. Vor allem gelang es ihm, die Beweisaufnahme auf ein Gebiet zu schieben, auf dem unter den Wissenschaftlern Unsicherheit herrschte – die Möglichkeit, daß das Gift über die Mikroben der Friedhofserde in die Leichen gelangt war. Im März 1954, nachdem zwei Expertenteams diesen Ursprung zwar für unwahrscheinlich, aber nicht unmöglich gehalten hatten, wurde die Angeklagte gegen eine Kaution von 1,2 Millionen Francs auf freien Fuß gesetzt. Das dritte Expertenteam, dem auch der Nobelpreisträger Frédéric Joliot-Curie angehörte, brauchte sieben Jahre, um Licht in das Dunkel zu bringen. Es gelang ihm nicht. «Wenn es um das Verhalten des Arsens unter der Erde und in Toten geht», bekannte eine der Autoritäten, «stehen wir vor einer noch unbekannten Welt.» Am 12. Dezember 1961 wurde

Marie Besnard aus Mangel an Beweisen freigesprochen. In ihren Memoiren äußerte sie sich sehr ungnädig über ihre Mitbürger, die sie verleumdet, und die Beamten, die diesen Verleumdungen geglaubt hatten. Als sie 1980 starb, hinterließ sie ihren Körper denjenigen, die auch ihre Verwandtschaft seziert hatten – den Gerichtsmedizinern.

Der perfekte Mord?

Während Marie Besnard noch auf ihr Urteil wartete, spielte sich vor dem Schwurgericht in Leeds ein Mordprozeß ab, in dem es um eine Substanz ging, auf die viele Menschen dringend angewiesen sind, die die meisten aber tötet – Insulin. Insulin ist das den Blutzucker senkende Hormon, das Diabetiker nicht ausreichend produzieren und das ihnen daher künstlich zugeführt werden muß. Bei gesunden Menschen hat die Zufuhr von Insulin dagegen schlimme Folgen – Schweißausbrüche, Zittern, Pulsrasen und, wenn der Zuckerspiegel nicht sofort erhöht wird, das sogenannte hypoglykämische Koma mit Bewußtlosigkeit und Krämpfen, im Extremfall Hirnschädigungen und Tod.

Am 3. Mai 1957, kurz vor Mitternacht, klopfte der Krankenpfleger Kenneth Barlow in Bradford an die Haustür seiner Nachbarn und bat sie dringend, einen Arzt zu rufen. Er habe seine Frau ohnmächtig in der Badewanne gefunden und versucht, sie wiederzubeleben, doch leider vergeblich. Der Arzt konnte nur noch den Tod der dreißigjährigen Elizabeth Barlow feststellen. Da ihre Pupillen stark erweitert waren, vermutete er Drogen und verständigte die Polizei. Die Polizisten fanden in der Küche zwei Spritzen, von denen eine noch feucht war. Barlow zeigte ihnen ein Furunkel, gegen das er sich Penicillin injiziert habe. Dies schien plausibel genug. Trotzdem wurde der Leichnam in das Labor von Harrogate gebracht und noch in der gleichen Nacht obduziert. Dabei entdeckten die Gerichtsmediziner, daß Mrs. Barlow im zweiten Monat schwanger gewesen war, aber keinerlei Symptome, die einen Schwächeanfall mit nachfolgendem Ertrinken gerechtfertigt hätten. Aber etwas anderes entdeckten sie – vier kleine Einstiche in der Gesäßfalte. Barlow hatte also gelogen. Aber was hatte er seiner Frau eingespritzt? An der feuchten Nadel fanden sich, wie von ihm angegeben, nur Spuren von Penicillin.

Drei Wochen später wußte die Polizei mehr. Sie hatte herausgefunden, daß Elizabeth Barlows zweite Frau war. Seine erste war im Vorjahr, 33 Jahre alt, aus heiterem Himmel gestorben. Und: Im St. Luke's Hospital, wo er arbeitete, hatte er zwei Kollegen und taktvollerweise auch einem Patienten erzählt, mit Insulin könne man den perfekten Mord begehen, denn Insulin löse sich im Blut spurlos auf. Die Mediziner entzogen nun dem Gewebe um die Einstichstellen einen Extrakt, den sie Mäusen injizierten. Anderen Mäusen wurde reines Insulin eingespritzt. Beide Versuchsgruppen zeigten die gleichen Symptome – Unruhe, Zittern, Bewußtseinsstörungen und schließlich Koma und Tod. Zur Sicherheit wurde das gleiche Experiment an Meerschweinchen und Ratten wiederholt, mit dem gleichen Ergebnis. Als man Barlow Ende Juli verhaftete, gestand er, seiner Frau etwas injiziert zu haben – aber nicht Insulin, sondern Ergometrin, um das Kind abzutreiben. Doch das hätten die Mediziner im Harn der Toten sofort entdeckt. Auch führt die Einnahme von Ergometrin nicht zur Erweiterung der Pupillen. Obwohl Barlows Motiv bis zuletzt unklar blieb, sprachen ihn die Geschworenen schuldig. Da der *Homicide Act* vom gleichen Jahr die Todesstrafe stark eingeschränkt hatte, wurde er zu lebenslangem Zuchthaus verurteilt.

Der Prozeß gegen Kenneth Barlow war der erste, in dem es um die Beibringung von Insulin in verbrecherischer Absicht ging, aber keineswegs der letzte. In den achtziger Jahren bildete die feudale Gesellschaft von Newport, Rhode Island, den Hintergrund einer Kriminalaffäre, die, schon bevor aus ihr ein Film wurde, der überhitzten Phantasie eines Drehbuchautors entsprungen schien. Tatsächlich war der Schauplatz des Dramas, Clarendon Court, der Drehort für Grace Kellys letzten Auftritt gewesen, bevor sie sich in die Fürstin Gracia Patricia verwandelte – wie es sich gehört, in einem Film, der «High Society» hieß.

Am 21. Dezember 1980, verfiel Martha – genannt «Sunny» – von Bülow in ein Koma, das bis heute andauert. Sunny war eines jener *poor little rich girls*, die trotz ihres ererbten Reichtums mit dem Leben nicht zurechtkommen. Sie war schüchtern, neigte zu Depressionen, trank zuviel und schluckte Drogen aller Art, legale und illegale. In erster Ehe war sie mit dem Fürsten Alfred von Auersperg, seit 1966 mit Claus von Bülow verheiratet, einem bürgerlich geborenen, von einem adligen Verwandten adoptierten Weltenbummler aus Dänemark. Ihrer ersten Ehe entstammten zwei Kinder, Alex and Ala, der zweiten eine Tochter mit dem beziehungsreichen Namen Cosima von Bülow. Nach Cosimas Geburt gingen die Eheleute eigene Wege: Claus vergnügte sich mit diversen Damen, Sunny versank in Apathie. Schon ein Jahr zuvor, Weihnachten 1979, war sie in eine lange Ohnmacht gefallen. Claus hatte den Zustand seiner Frau nicht ernst genommen. Erst auf das energische Drängen der Wirtschafterin, Maria Schrallhammer, ließ er sie, mehr tot als lebendig, ins Krankenhaus schaffen, wo sie sich erholte. Doch der Verdacht blieb bestehen, daß ihm der Tod einer Frau, die ihm Clarendon Court, das Apartment an der Fifth Avenue und 14 Millionen Dollar vermacht hatte, nicht unwillkommen gewesen wäre.

Frau Schrallhammer behielt ihren Dienstherrn scharf im Auge. In Sunnys Handtasche fand sie Spritzen und ein Fläschchen mit der Aufschrift «Insulin». Sunny war nicht zuckerkrank, sondern hatte im Gegenteil einen zu niedrigen Blutzuckerspiegel. Eine Insulin-Injektion mußte daher katastrophale Folgen haben. All das kam jedoch erst heraus, als Alex und Ala ihren Stiefvater des Mordversuchs bezichtigten. Untersuchungen förderten ungewöhnlich viel Insulin in Sunnys Körper zutage. An einer der Spritzen wurde ebenfalls Insulin gefunden. Belastet wurde Bülow auch von seiner langjährigen Geliebten, Alexandra Isles. Sie hatte ihm gedroht, sich von ihm zu trennen, falls er sich nicht scheiden lasse. Während des ersten Komas habe er sie angerufen und ihr gesagt, eigentlich habe er Sunny sterben lassen wollen, es dann aber doch nicht über sich gebracht. Daß der junge Bülow nach seinem Jurastudium in ebender Anwaltskanzlei hospitiert hatte, die den Insulin-Mörder Kenneth Barlow verteidigte, kam im Prozeß nicht zur Sprache. Die These der Verteidigerin, Sunny habe sich selbst Insulin injiziert, um abzunehmen, machte auf die Geschworenen keinen Eindruck. Am 16. März 1982 wurde Bülow wegen zweifachen Mordversuchs zu dreißig Jahren Gefängnis verurteilt. Gegen eine Kaution von einer Million Dollar blieb er jedoch auf freiem Fuß.

Mit Hilfe des Harvard-Professors Alan Dershowitz, der später ein Buch über den Fall schrieb, gelang es Bülow, das Urteil vom Obersten Gericht des Staates Rhode Island wegen verfahrensrechtlicher Fehler kassieren zu lassen. Der Prozeß mußte also wiederholt werden. Der zweite war noch melodramatischer als der erste. Dubiose Zeugen meldeten sich; andere entzogen sich ihrer Einvernahme durch Selbstmord. Bülows neuer Verteidiger, ein früherer Staatsanwalt, brachte es fertig, genügend Zweifel am Insulinschock zu wecken. Die Experten wollten eine unglückliche Kettenreaktion nach Alkohol- und Drogenkonsum nicht ausschließen. Obgleich viele Fragen unbeantwortet blieben, endete der zweite Prozeß am 10. Juni 1985 mit einem Freispruch. Nicht jeder ist von Bülows Unschuld überzeugt. Viele glauben, daß der zahlungskräftige Playboy dem perfekten Verbrechen ein gutes Stück näher kam als der mittellose Krankenpfleger aus Bradford. Barbet Schroeders Film «Reversal of Fortune», der sich auf das Dershowitz-Buch stützt, läßt die Schuldfrage offen. Bülow (Jeremy Irons) ist am Schluß genau so rätselhaft, wie er es am Anfang war. Wie in Billy Wilders «Sunset Boulevard» ist es das Opfer (Glenn Close), das die Geschichte erzählt. Während Sunny im New Yorker Presbyterian Medical Center dahinvegetiert, wenn auch in ihren eigenen Nachthemden und auf Bettlaken von Porthault, hat Bülow den fünfjährigen Nervenkrieg bemerkenswert unbeschädigt überstanden. Auch in den hochgestochensten Restaurants, vertraute er einem Interviewer an, bekomme er jetzt immer einen guten Tisch.

Schiffbrüche der Strafjustiz

Nicht entdeckte Mörder, zweifelhafte Freisprüche, unschuldig Verurteilte

Der Justiz durch die Lappen zu gehen, ist freilich nicht das Privileg der Giftmischer. Auch andere Morde bleiben oft unaufgeklärt. Wie oft, darüber gehen die Schätzungen weit auseinander. Die Statistiken geben naturgemäß nur Auskunft über das Verhältnis der aufgeklärten zu den angezeigten Verbrechen. Über die nicht angezeigten, über die als Selbstmord, Unglück oder natürlicher Tod verbuchten Morde sagen sie nichts. Je näher sich Täter und Opfer standen, um so besser sind die Aussichten für die Kriminalpolizei. Kannten sich Täter und Opfer dagegen nicht, sondern wurden sie erst durch die Tat zusammengeführt, dann tun sich die Ermittler schwer. Serienmörder bleiben daher nicht selten jahrelang unentdeckt. Auch bei Prostituiertenmorden ist die Dunkelziffer hoch. Einige dieser Morde haben die Phantasie der Mit- und Nachwelt ungeheuer erregt – nicht zuletzt wegen des verführerischen Nebeneinanders von Eros und Thanatos, von Sex und Tod.

Das Los Angeles Police Department brauchte eine ganze Weile, um die brutal verstümmelte, in zwei Teile gehackte Frauenleiche zu identifizieren, die am 15. Januar 1947 auf einem unbebauten Grundstück gefunden worden war. Die Identifizierung gelang anhand der Initialen «BD», die der Mörder in ihren rechten Oberschenkel geritzt hatte: «Black Dahlia» war der Spitzname der 21jährigen, stets schwarz gekleideten Elizabeth Short gewesen, die darauf brannte, Hollywood zu erobern, und sich jedem hingab, der ihr dabei helfen konnte. Mit dem Spitznamen

Abb. 19: Elizabeth Short, die «schwarze Dahlie»

glaubte sie sich auf dem besten Wege, denn «Blue Dahlia» hieß ein Film, der im Vorjahr herausgekommen war. Dabei hätte gerade dieser Film – nach einem Drehbuch von Raymond Chandler – sie warnen sollen: Es ging darin um den Mord an einer Frau, die es mit der Tugend nicht allzu genau nimmt. Eine erstaunliche Zahl von Phantasten meldete sich bei der Polizei und bekannte sich zu der Tat. Der richtige Mörder wurde nie gefaßt. Der Bekennerdrang hält bis heute an. In seinem Bestseller «Black Dahlia Avenger» (2003) beschuldigt Steve Hodel, ein pensionierter Beamter des LAPD, seinen eigenen Vater, nicht nur Elizabeth Short, sondern auch andere Mädchen umgebracht zu haben – eine Fundgrube für alle Freunde des Ödipus-Komplexes. In James Ellroys Roman «Black Dahlia» (1987) ist der Mord nur ein

Symptom für die Verderbtheit, die Korruption und Brutalität – mit einem Wort: die Nachtseite der Traumfabrik. Auch eine Jazz-Suite des Saxophonisten Bob Belden trägt den Titel «Black Dahlia».

Die «Frankfurter Allgemeine»

Nicht minder groß war die Anteilnahme der Öffentlichkeit am leichten Leben und schweren Tod der «Frankfurter Allgemeinen», Rosemarie Nitribitt. Das Callgirl, das mit der High Society der Main-Metropole auf Du und Du stand, war am 1. November 1957 in ihrer Wohnung am Eschenheimer Turm erdrosselt aufgefunden worden. Auch in diesem Fall blieb der Mörder auf freiem Fuß. Der Tat dringend verdächtigt wurde der Freund des Opfers, der Handelsvertreter Heinz Pohlmann, doch sprach ihn das Gericht wegen Mangels an Beweisen frei. Schon im Jahr darauf kam Rolf Thieles Film «Das Mädchen Rosemarie» in die Kinos – eine mehr gutgemeinte als gutgemachte Satire auf die Erfolgsmenschen des deutschen Wirtschaftswunders: Rosemarie (Nadja Tiller) will zu hoch hinaus. Als sie ihren Gönner, den Großindustriellen Hartog (Carl Raddatz), mit intimen Tonbändern zur Ehe erpressen will, muß sie verschwinden.

Etwa zur gleichen Zeit erinnerte sich Hollywood an einen schon drei Jahrzehnte zurückliegenden Fall, den mysteriösen Tod der Starr Faithfull. Ein Strandwärter hatte ihren nur notdürftig bekleideten Leichnam am 8. Juni 1931 auf Long Island entdeckt. Als Todesursache wurde Ertrinken festgestellt. War sie verunglückt? Hatte sie Selbstmord begangen? Oder war sie ermordet worden? Das Rätsel wurde nie gelöst – ihr Stiefvater vermutete: weil zu viele einflußreiche Leute ein Interesse daran hatten, die Wahrheit unter den Teppich zu kehren. Wohl aber kamen pikante Einzelheiten aus Starrs Vorleben ans Licht und animierten die Zeitungen zu immer neuen Spekulationen. Die 25jährige, die scheinbar wohlbehütet bei ihren Eltern in Greenwich Village wohnte, hatte es faustdick hinter den Ohren. Sie suchte wahllos Herrenbekanntschaften und hielt ihre erotischen Abenteuer in einem detailfreudigen Tagebuch fest. Ihr Liebesleben hatte schon im Lolita-Alter begonnen, als ein Freund der Familie, der Bürgermeister von Boston, sie verführte – oder sie ihn. Unmittelbar vor ihrem Tod hatte sie Abschiedsbriefe an einen englischen Schiffsarzt geschrieben, in den sie bis zum Wahnsinn verliebt war.

Dem einst vielgelesenen John O'Hara diente der Fall als Vorlage zu seinem Roman «Butterfield 8» (1935) und dieser wiederum als Vorlage zu dem gleichnamigen Film, der Liz Taylor 1960 ihren ersten Oscar einbrachte. Böse Zungen behaupten, der Preis habe weniger ihrer Darstellung des tragischen Callgirls gegolten, das an den Klippen der wahren Liebe zerschellt, als dem Luftröhrenschnitt, mit dem ihr ein Chirurg kurz vor der Preisverleihung das Leben gerettet hatte.

La dolce vita

Eine andere Ertrunkene, die 21jährige Tischlerstochter Wilma Montesi, stellte den Medienzirkus um Starr Faithfull noch in den Schatten. Ihre Leiche wurde am 11. April 1953 auf einem einsamen Strand südlich von Rom gefunden. Die behördliche Untersuchung erbrachte nichts Verdächtiges, der Tod wurde als Unglücksfall zu den Akten gelegt. Anderthalb Jahre später, im Oktober 1954, trat ein Skandalmagazin eine Lawine los, die schließlich sogar die Regierung unter sich zu begraben drohte. In dunklen Andeutungen war von Orgien, Rauschgiftschmuggel und Mädchenhandel die Rede. Eine Zeugin namens Anna Maria Caglio meldete sich und beschuldigte den Sohn von Außenminister Piccioni, die Montesi beiseitegeschafft zu haben. Auch sie selbst sei bei einem Abendessen vergiftet worden und beinahe gestorben, weshalb sie sich in einem Kloster bei Florenz versteckt habe. Für die kommunistische Presse war die schnöde entsorgte Proletarierin nur die Spitze eines Eisbergs, das Symptom einer sich christlich nennenden, aber von Grund auf verdorbenen Gesellschaft. Der Außenminister trat zurück, gegen seinen Sohn und zwei seiner Freunde wurde Anklage erhoben. Der Montesi-Prozeß erzeugte, wie Hans Magnus Enzensberger in seinem Essay «Politik und Verbrechen» schreibt, «eine Industrie, an der sich Ungezählte bereicherten. Ein großer Teil der italienischen Journalisten lebte vier Jahre lang von diesem Prozeß.»

Im Prozeß selbst, der Anfang 1957 eröffnet wurde, brach die Anklage rasch in sich zusammen. Der junge Piccioni bestritt, Wilma Montesi je getroffen zu haben, und der Staatsanwalt konnte ihm nicht das Gegenteil beweisen. Seine Kronzeugin, die Caglio, war keine große Hilfe: Sie wollte zwar viel gehört haben, aber selbst gesehen hatte sie nichts. Zu spät dämmerte dem Staatsanwalt, der Presse und der leichtgläubigen Öffentlichkeit, daß sie einer Mythomanin aufgesessen waren. Am 28. Mai 1957 wurden die drei Angeklagten wegen erwiesener Unschuld freigesprochen. Ein halbherzig unternommener Versuch, Wilmas Onkel Giuseppe als Mörder nachzuschieben, verlief gleichfalls im Sande.

In seinem Film «La dolce vita» (1959) erwähnt Federico Fellini den Medienrummel um die ertrunkene Tischlerstochter mit keinem Wort. Dennoch ist er der Hintergrund, den wir uns dazudenken müssen, um seine Kritik des «süßen Lebens» ganz zu verstehen. Hauptperson ist Marcello (Marcello Mastroianni), ein Journalist von der gewissenlosen Art, wie sie die Montesi-Affäre in so großer Zahl produzierte. Während er einem amerikanischen Filmstar auf den Fersen bleibt, unternimmt seine Geliebte einen Selbstmordversuch. Im Finale wird nicht eine Frauenleiche am Strand gefunden, sondern ein riesiger Rochen, der den betrunkenen, übernächtigten Marcello aus einem großen Auge fragend anstarrt.

Der Prostituiertenmörder Thomas Neill Cream wurde gefaßt, weil er mit Briefen selbst die Aufmerksamkeit der Polizei auf sich gelenkt hatte. Der Prostituiertenmörder Jack Unterweger machte sich durch Reportagen über seine eigenen Morde verdächtig. Der Lastwagenfahrer Peter Sutcliffe trieb fünf Jahre lang, zwischen Oktober 1975 und November 1980, in Yorkshire sein Unwesen. Er schlug Frauen, die nachts allein unterwegs waren, in den meisten Fällen Prostituierte, mit einem Hammer bewußtlos und erstach sie danach mit wütenden Hieben auf Brust und Unterleib. Einem Opfer stieß er einen Holzklotz in die Scheide, einem anderen versuchte er den Kopf abzusägen. Seinem dreizehnten und letzten Opfer stach er ein Auge aus, «weil sie mich so vorwurfsvoll ansah», wie er nach seiner Verhaftung erklärte. Mit einem Riesenaufgebot von Beamten vernahm Scotland Yard 250 000 Männer, darunter auch Sutcliffe, ohne jedoch Verdacht zu schöpfen.

Erst ein glücklicher Zufall brachte die Polizei auf die richtige Spur. In der Nacht des 2. Januar 1981 lockte Sutcliffe in Sheffield eine schwarze Prostituierte in seinen Lastwagen. Daß sie darauf bestand, das Geschäft, für das sie zehn Pfund berechnete, auf den Vordersitzen abzuwickeln und nicht im rückwärtigen Teil, rettete ihr vermutlich das Leben. Eine Routinekontrolle der Polizei stellte fest, daß das Nummernschild nicht zum Wagen paßte. Bevor Sutcliffe aufs Revier gebracht wurde, bat er, am Straßenrand ein dringendes Bedürfnis erledigen zu dürfen. In seiner Tasche fand man eine Wäscheleine und, neugierig geworden, an der Stelle, an der er sich erleichtert hatte, einen Hammer und ein Messer. Ein zweites Messer wurde im Spülkasten der Reviertoilette entdeckt, die er ebenfalls aufgesucht hatte. Sutcliffe gestand, der seit fünf Jahren gesuchte «Yorkshire Ripper» zu sein. Später versuchte er, sich als geisteskrank auszugeben: Gott habe ihm den Auftrag gegeben, behauptete er, die Welt von der käuflichen Liebe zu erlösen. Doch das Gericht blieb unbeeindruckt. Am 22. Mai 1981 verurteilte es Sutcliffe zu lebenslangem Gefängnis.

Im März 1997 stach ihm ein Mithäftling mit einem Kugelschreiber das linke Auge aus.

Wer war Jack the Ripper?

Verglichen mit Sutcliffe und erst recht mit anderen, noch fleißigeren Serienmördern, war Jack the Ripper ein kleiner Fisch. Nur fünf Morde, begangen zwischen dem 31. August und dem 8. November 1888 im Londoner Armenviertel Whitechapel, können ihm mit Sicherheit zugeschrieben werden. Es ist möglich, daß zwei weitere Morde – am 7. August 1888 und am 17. Juli 1889 – gleichfalls auf sein Konto gehen. In allen Fällen waren die Opfer Prostituierte. Trotz der vergleichsweise geringen «Strecke» überstrahlt der Ruhm Jack the Rippers den aller anderen Serienmörder. Jahr für Jahr erscheinen Bücher, in denen «Ripperologen» neue Theorien ausbreiten oder alte aufwärmen. Geführt von Ortskundigen, wallfahrten Touristen zu den Mordstätten. Wer sich die Reise nach London schenken will, kann den Rundgang auch im Cyberspace antreten und sich mit anderen Fans austauschen.

Der Ruhm des Rippers ruht auf zwei Säulen: Er war zwar nicht der erste Serienmörder, der seine Opfer grauenhaft zurichtete, wohl aber der erste, der seine Morde in einer Weltstadt mit illustrierten *penny papers* beging, die sofort begriffen, wieviel Geld sich mit dem «Monster of the East End» machen ließ. Und: Er wurde nicht gefaßt. Die meisten Serienmörder erweisen sich nach ihrer Festnahme als unauffällige, oft durchaus bürgerliche Gestalten. Den Ripper umgibt dagegen bis heute die Aura des Dämonischen, die ihm die Groschenblätter andichteten. Den Namen, der schließlich an ihm hängen blieb (von *rip*, aufschlitzen), hatte er sich selbst verliehen: Einen der beiden wahrscheinlich authentischen Briefe – unter hunderten, die damals der Polizei und der Presse zugingen – unterschrieb er mit «Jack the

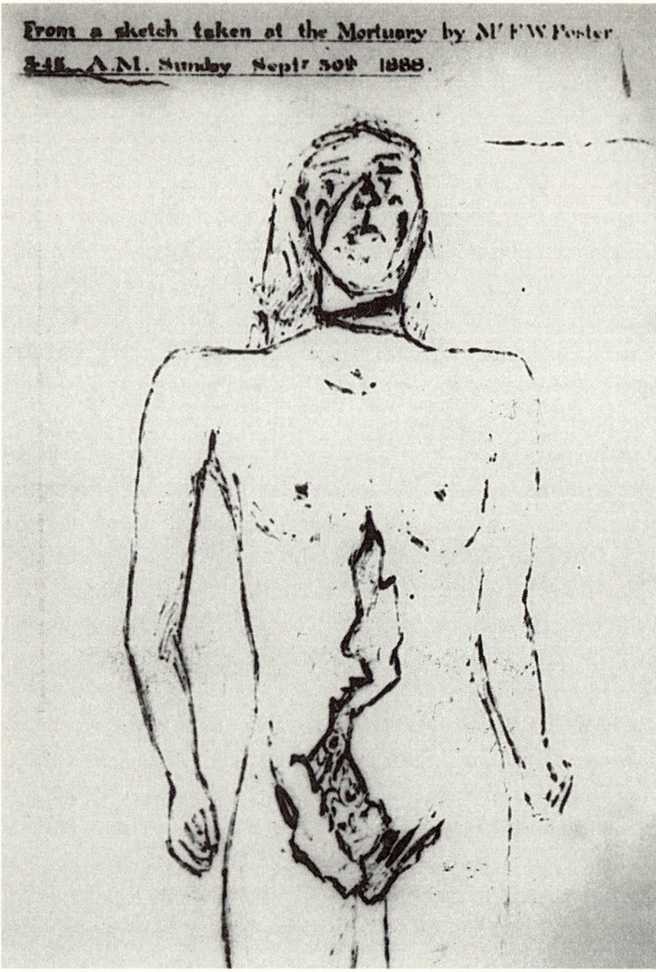

Abb. 20: Catherine Eddowes, das zweite Opfer Jack the Rippers

Ripper». In dem zweiten, nicht unterzeichneten schickte er dem Vorstand der Bürgerwehr von Whitechapel die Niere eines seiner Opfer.

Es gibt eine Unzahl von abenteuerlichen Theorien, die vorgeben, das Geheimnis zu lüften. Prinz Albert Victor, genannt Eddy, der älteste Sohn des Kronprinzen, ist ein gern zitierter Kandidat, ebenso die Premierminister Gladstone und Salisbury. Auch Lewis Carroll, der Verfasser von «Alice in Wonderland», wird allen Ernstes verdächtigt. Eine Spielart der Prinzentheorie ist die These, Jack the Ripper sei der gemeinsame Deckname für drei Täter gewesen – den Maler Walter Sickert, den Leibarzt der Königin, Sir William Gull, und den Kutscher John Netley. Die Frauen seien beseitigt worden, weil sie um ein Staatsgeheimnis gewußt und versucht hätten, den Hof damit zu erpressen – Eddys heimliche Ehe mit einem katholischen Kind des Volkes. Obwohl der Sohn des Malers später zugab, die Räuberpistole erfunden zu haben, wird sie noch heute gern geglaubt. Sogar Sherlock Holmes, der sich im Film «Murder by Decree» (1978) um die Aufklärung der Mordserie bemüht, fällt auf sie herein.

Originell, aber ebenso wenig überzeugend ist eine Verknüpfung der Ripper-Morde mit dem Liverpooler Baumwollhändler James Maybrick, den wir als Opfer eines Giftmords kennengelernt haben. Bevor ihn seine treulose Frau im Mai 1889 aus dem Wege räumte, soll er seine Wut über ihren Ehebruch an den Freudenmädchen des East End ausgelassen haben. Das behauptet ein 1991 veröffentlichtes, angeblich von Maybrick verfaßtes Tagebuch – ein würdiges Gegenstück zu den Hitler-Tagebüchern, mit denen acht Jahre zuvor skrupellose Blattmacher viel Geld verdient hatten.

Im ersten seiner beiden Briefe wehrte sich der Ripper gegen den Verdacht, «a Yid» zu sein. Aber justament dies ist eine der drei Varianten, die ein 1959 aufgetauchtes Memorandum für die wahrscheinlichste hält. Die Authentizität dieses Memorandums ist nicht umstritten. Verfaßt wurde es von Sir Melville Leslie Macnaghten, seit 1889 stellvertretender Chef, 1903 Chef des *Criminal Investigation Department* von Scotland Yard. Whitechapel mit seinen billigen Unterkünften war damals ein Hauptanziehungspunkt für die russischen und polnischen Juden, die vor den Pogromen in ihrer Heimat nach England flüchteten. Macnaghten nennt einen Aaron Kosminski, der von 1890 bis 1919, seinem Todesjahr, wegen Geisteskrankheit in verschiedenen Anstalten einsaß und vielleicht mit dem Schuhmacher Nathan Kaminsky identisch war. Sein zweiter Kandidat ist Michael Ostrog, ein mehrfach vorbestrafter, ebenfalls geisteskranker Gewohnheitsverbrecher. Doch den Vorzug gibt er dem Lehrer Montague John Druitt, dessen Mutter im Juli 1888 in eine Irrenanstalt eingewiesen worden war und der sich, selbst an seinem Verstand zweifelnd, am 31. Dezember 1888 in der Themse ertränkte.

Andere halten den Zeugen, der den Ripper mit einem seiner Opfer beobachtet haben wollte, selbst für den Täter. Der Arbeiter George Hutchinson wohnte in Gehweite zu allen fünf «kanonischen» Mordstellen. Er meldete sich erst, als er erfahren hatte, daß er in der Nähe des letzten Tatorts gesehen worden war und beschrieb den Täter in einer Weise, die eher den proletarischen Klischeevorstellungen vom *gentleman killer* entsprach als dem Augenschein. Aber auch diese These läßt sich selbstverständlich nicht beweisen.

Nicht nur die Amateurdetektive, sondern auch die Dichter ließ der geheimnisvolle Bauchaufschlitzer nicht los. Den größten Erfolg unter den Romanen hatte «The Lodger» (1913) von Marie Belloc Lowndes, die den Ripper aus der Perspektive seiner verschreckten Vermieter beschreibt. Das Buch wurde dreimal verfilmt, das erstemal als Stummfilm von Alfred Hitchcock. Da das Matinee-Idol Ivor Novello die Titelrolle spielte, wurde der Schluß geändert: Nicht der unheimliche Mieter hat die Morde begangen, sondern ein anderer. Auch Frank Wedekinds Drama «Die Büchse der Pandora» (1902), das mit der Ermordung des lustspendenden Wanderpokals Lulu und ihrer lesbischen Freundin, der Gräfin Geschwitz, durch den Ripper endet, verwandelte sich in einen skandalumwitterten Stummfilm. Die französische

Fassung wurde radikal umgeschrieben: Aus der Geschwitz wurde eine Jugendfreundin, und der Doppelmord fiel ganz unter den Schneidetisch. Schon um das Theaterstück hatte ein jahrelanger Zensurprozeß getobt, in dessen letzter, dritter Instanz der Dichter schließlich obsiegte. In Alban Bergs Oper «Lulu» ersteht der Bariton, nachdem ihn die Titelheldin als Chefredakteur Dr. Schön erschossen hat, als Ripper wieder auf – eine feinsinnige Pointe. Auch in Phyllis Tates, 1960 von der Royal Academy of Music uraufgeführter Oper «The Lodger» wird der Ripper von einem Bariton gesungen, der Stimmlage für treue Freunde, eifersüchtige Rivalen und hinterhältige Intriganten.

Der Mann mit der Axt und der Tierkreis-Mörder

Unter den amerikanischen Serienmördern, die nie gefaßt wurden, sind an erster Stelle der «New Orleans Axeman» und der 1968/69 in der Umgebung von San Francisco tätige «Zodiac» zu nennen. Der Axeman brach zwischen Mai 1918 und Oktober 1919 nachts in Häuser ein und erschlug die Schlafenden mit einem Beil. Wie nach den Ripper-Morden erhielten Polizei und Presse eine Fülle von Briefen, die meisten von Wichtigtuern und Spaßvögeln. Die *New Orleanians* reagierten auf die Mordserie mit einer Mischung von Panik und schwarzem Humor. Im Karneval wurden Axeman-Bälle veranstaltet, ein «Mysterious Axeman Rag» brachte es zum lokalen Hit. Im Dezember 1920 erschoß Signora Pepitone, die Witwe des letzten Axeman-Opfers, in Los Angeles den aus New Orleans stammenden, vielfach vorbestraften Joseph Mumfre. War er, wie sie behauptete, der Mörder ihres Mannes? Wir können es glauben oder auch nicht.

Der Zodiac (Tierkreis), wie er sich selbst nannte, hatte es dagegen hauptsächlich auf junge Liebespaare abgesehen. Auch er schrieb emsig Briefe, doch gelten sie im Gegensatz zu denen des Axeman als echt. Er unterzeichnete sie mit einem Kreuz in einem

Kreis, dem Logo des Ku Klux Klan. Bei einem seiner Überfälle, bei denen er fünf Menschen erschoß oder erstach und zwei weitere schwer verletzte, trug er auch die Kapuze der Klansmen. Die Briefe faszinieren Amateurdetektive bis heute, denn einige Passagen sind in einem geheimnisvollen Code abgefaßt. Während sich die Experten von FBI und CIA noch um die Entzifferung bemühten, gelang es einem Lehrer aus Salinas, den Code zu knacken. Die Botschaft, die der Tierkreis-Mörder verkündete, war nicht gemütlich: «Ich liebe es, Leute umzubringen, denn es macht so viel Spaß. Es macht mehr Spaß, als im Wald auf Jagd zu gehen, weil der Mensch von allen Tieren das gefährlichste ist. Töten ist für mich das aufregendste Erlebnis. Es ist sogar besser als Sex mit einem Mädchen. Aber das Beste ist, daß nach meiner Wiedergeburt im Paradies alle Opfer meine Sklaven sein werden.»

Einem anderen Brief, in dem er die Unfähigkeit der Polizei verhöhnte, fügte er blutige Fetzen vom Unterhemd seines letzten Opfers, eines Taxifahrers, bei. Schließlich verlangte er nach einer Talkshow im Fernsehen, in der er mit dem Staranwalt Melvin Belli diskutieren wollte. Belli ließ sich das nicht zweimal sagen, die Talkshow wurde anberaumt. Sogleich meldete sich telefonisch ein Mann, der sich als Zodiac vorstellte und um Verständnis dafür bat, daß er leider morden müsse, da dies das einzige Mittel sei, seine Kopfschmerzen loszuwerden. Zeugen, die die Stimme des Mörders vorher gehört hatten, stellten keinerlei Übereinstimmung fest. Schließlich wurde der Anrufer identifiziert: Er war Patient in einer Irrenanstalt. Erst zwei Monate später meldete sich der echte Zodiac. Sein Brief an Belli, dem wieder blutige Fetzen beilagen, klang nicht mehr nach Triumph und Hohn. Er endete mit den Worten: «Bitte helfen Sie mir. Ich kann mich nicht länger beherrschen.»

Die Sucht nach Publizität wurde vielen Mördern zum Verhängnis. Der Zodiac hatte Glück, weil die Polizei in dem Rummel den Faden verlor und schließlich zwischen *fact* und *fiction* nicht mehr zu unterscheiden wußte – was in Amerika nicht eben selten vorkommt. Aber was ihr im Reich der *facts* mißlang, glückte ihr im Reich der *fiction*. In Don Siegels Film «Dirty Harry» (1971) jagt der Polizist Harry Calahan (Clint Eastwood) den Serienmörder, der sich «Scorpio» nennt, mit allen Mitteln, auch illegalen. Der Film ist zugleich eine Abrechnung mit den nachsichtigen sechziger Jahren und den Blumenkindern, die in Kalifornien den Ton angaben. Der Mörder ist ein weibischer Hippie mit einem Friedenssymbol auf der Gürtelschnalle. Aber Harry weiß, daß diese Typen ausgemerzt werden müssen, bevor sie eine liberale Justiz wieder auf die Menschheit losläßt, und erschießt ihn. Am Ende des Films muß er sich freilich eingestehen, daß für seine alttestamentarischen Ermittlungsmethoden in der Welt von heute kein Platz ist, und wirft sein Polizeiabzeichen ins Wasser.

Ein Nachthemd, das nicht an den Tatort gehörte

Der Einbruch von *facts* in das Reich der *fiction* war in Hollywood, der Hauptstadt dieses Reiches, nicht willkommen. Noch bevor die Polizei im Bungalow von William Desmond Taylor auftauchte, hatten dort schon andere gewirkt und den Tatort mit professionellem Knowhow präpariert. Taylor, einer der bekanntesten Regisseure in der Frühzeit des Films, war am 1. Februar 1922 erschossen worden – offenbar von einer Person, die er kannte und selbst eingelassen hatte. Die Klatschpresse vermutete ein Eifersuchtsdrama und zeigte mit dem Finger auf zwei Jungschauspielerinnen, Mabel Normand und Mary Miles Minter, die um die Gunst des Toten gebuhlt hätten. Als Beweis zitierte sie Liebesbriefe und ein Nachthemd mit den Initialen «MMM», die die Polizei im Schlafzimmer des Toten sichergestellt hatte. Zu einer Verhaftung kam es nicht, doch die Karriere der beiden Damen war beendet.

Viele Jahre später erinnerte sich der Regisseur King Vidor, der nach einem Sujet suchte, an den alten Skandal. Er studierte die Akten, interviewte überlebende Zeugen und kam zu einem Schluß, den schon andere vor ihm gezogen hatten: Taylors Mörderin war Charlotte Shelby, die labile und gewalttätige Mutter von «MMM», die ihre Tochter ganz für sich behalten wollte. Dabei hätte sie von Taylor gar nichts zu befürchten brauchen, denn der war homosexuell. Um dieses geschäftsschädigende Faktum zu bemänteln, hatten die rasch herbeigeeilten guten Geister falsche Fährten gelegt. Vidor verzichtete schließlich darauf, das heiße Eisen anzufassen. Erst nach seinem Tode stieß sein Biograph Sidney Kirkpatrick auf das ungenutzte Material und publizierte es unter dem Titel «A Cast of Killers» (1986). Seine These blieb nicht unwidersprochen. Der bekannte Verleger Robert Giroux setzte sich selbst an die Schreibmaschine und trat ihr in «A Deed of Death» (1990) entgegen. Wenn wir Giroux glauben wollen, wurde Taylor im Auftrag von Drogenhändlern umgebracht, die an seinen Versuchen, sie aus Hollywood zu vertreiben, Anstoß nahmen.

Vidor war überzeugt davon, daß Charlotte Shelby die Staatsanwaltschaft bestochen hatte und deshalb nicht einmal richtig verhört, geschweige denn angeklagt wurde. Lizzie Borden und Marguerite Steinheil wurden angeklagt, aber freigesprochen, obgleich sie mit hoher Wahrscheinlichkeit schuldig waren. Miss Bordens Schutzschild, an dem alle Beweise abprallten, war ihre christliche Ehrbarkeit – eine Eigenschaft, die Madame Steinheil gänzlich abging, was ihr die Geschworenen jedoch nicht verübelten. Im ersteren Falle urteilte ein amerikanisches Gericht, im letzteren ein französisches.

Eine Betschwester kann keine Mörderin sein

Am 4. August 1892 wurde das Dienstmädchen des Bankiers Borden in Fall River (Massachusetts) durch einen schrillen Schrei aus dem Mittagsschlaf gerissen: «Bridget! Komm rasch runter! Jemand hat Vater umgebracht!» Es war Lizzie, die 32jährige, unverheiratete Tochter aus erster Ehe, die den Schrei ausgestoßen hatte. Der alte Borden lag mit zerspaltenem Schädel auf dem Sofa. Der Mörder hatte mehrfach zugeschlagen und das Gesicht seines Opfers förmlich in Fetzen gerissen. Der Hausarzt, der zugleich mit der Polizei eintraf, schätzte, daß die Tat höchstens eine halbe Stunde zurücklag. Auf die Frage, wo Mrs. Borden sei, antwortete Lizzie, die eine außerordentliche Ruhe an den Tag legte, ihre Stiefmutter sei am Vormittag ausgegangen, um einen Krankenbesuch zu machen. «Aber vielleicht ist sie auch tot», setzte sie geheimnisvoll hinzu. «Mir ist so, als hätte ich sie ins Haus kommen hören. Vater muß einen Feind haben, denn wir waren alle krank. Ich glaube, die Milch war vergiftet.» Bridget wurde nach oben geschickt und fand dort Mrs. Borden, erschlagen und ebenso grausig zugerichtet, im Gästezimmer. Nach Auffassung des Arztes war sie seit anderthalb Stunden tot, vielleicht länger.

Die Polizei folgte zunächst der von Lizzie gewiesenen Fährte und forschte nach möglichen Feinden der Familie. Aber sehr bald stellten sich Zweifel ein: Wie sollte ein Fremder ins Haus gekommen sein? Da die Eheleute nicht gleichzeitig erschlagen worden waren, hätte er sich nach dem ersten Teil seines Geschäfts mindestens eine Stunde lang verstecken müssen, um den abwesenden Hausherrn zu erwarten. Niemand hatte einen Fremden aus dem Haus kommen sehen – schon gar nicht mit blutbesudelten Kleidern. Niemand wußte auch etwas von einem Krankenbesuch, den Mrs. Borden gemacht haben sollte. Hingegen meldete sich ein Drogist, bei dem Lizzie am 2. August – dem Tag, an dem den Eltern nach dem Essen so übel wurde – ein blausäurehaltiges Pulver zur Vertilgung von Motten gekauft hatte. Daß sich Lizzie mit ihrer Stiefmutter schlecht vertrug, war kein Geheimnis. Daß sie und ihre ältere Schwester Emma – die den Mordtag bei auswärtigen Freunden verbrachte – vom Vater kurzgehalten wurden, aber eine Menge zu erben hatten, war ebenfalls bekannt.

Am 11. August, eine Woche nach dem Doppelmord, wurde Lizzie Borden verhaftet. Sie hatte die Woche nicht ungenutzt verstreichen lassen: Man hatte sie dabei beobachtet, wie sie ein Kleid verbrannte – weil es durch Farbflecke verdorben war, erklärte sie kühl. Im Keller des Hauses fand sich ein kleines Beil, sauber wie ein frischgewaschener Kinderpopo. Der Prozeß begann am 1. Juni 1893 in New Bedford und dauerte zwei Wochen. Die Geschworenen brauchten nicht einmal eine Stunde, bevor ihr Vormann das «Nicht schuldig» aussprach. Wie war es möglich, daß sie sich über die erdrückenden Beweise hinwegsetzten? Miss Borden war Lehrerin an der Sonntagsschule, Mitglied des christlichen Mäßigkeitsvereins und unterstützte Wohltätigkeitsbasare durch eigenhändig bemalte Teller. Zu den Verhandlungen ließ sie sich von mehreren Pfarrern begleiten, die sie wie ein lebendes Leumundszeugnis einrahmten. Wenn der himmlische Richter sein Urteil gesprochen hatte, mag sich die Jury gesagt haben, hatte der irdische nicht daran herumzumäkeln.

Die Amerikaner haben Lizzie Borden, die ihren Prozeß um ein halbes Jahrhundert überlebte, nicht vergessen. In regelmäßigen Abständen erscheinen neue Bücher über den dubiosen Freispruch. Marie Belloc Lowndes, die den Ripper zum «Lodger» verarbeitete, machte auch aus der Doppelmörderin eine Romanfigur: In «Lizzie Borden: A Study in Conjecture» (1939) ist es die Liebe zu einem von ihren Eltern verschmähten Mann, die sie zur Tat treibt. Von Zeit zu Zeit versucht ein Originalgenie, Lizzie zu entlasten und die Tat ihrer Schwester Emma oder gar dem Hausmädchen Bridget in die Schuhe zu schieben. Doch die Amerikaner lassen sich nicht täuschen. Jedes Kind kennt den Knittelvers:

Lizzie Borden took an axe
and gave her mother forty whacks.
When she saw what she had done,
she gave her father forty-one.

Die Pompadour der Republik

Der Maler Adolphe Steinheil wurde nicht erschlagen, sondern in seiner Pariser Villa geknebelt und mit einem Strick erdrosselt. Auch seine Schwiegermutter, Madame Japy, war geknebelt worden und erstickt. Todesursache war aber nicht, wie der Polizeiarzt später feststellte, der nur lose um ihren Hals gelegte Strick, sondern ihre Zahnprothese, die sie verschluckt hatte. Rémy, der Diener, fand die beiden Leichen, als er am frühen Morgen des 31. Mai 1908 – Pfingstsonntag – aus seiner Dachkammer herunterstieg. Marguerite, die Ehefrau des Malers, war ans Bett gefesselt und hatte gleichfalls einen Knebel im Mund. Aber sie lebte. Als man sie befreit hatte, berichtete sie, drei vermummte Männer und eine rothaarige Frau seien um Mitternacht ins Haus gedrungen und hätten ihren Schmuck geraubt. Ihre glückliche Rettung schrieb sie dem Umstand zu, daß sie ihr Schlafzimmer der Mutter abgetreten und selbst im Kinderzimmer übernachtet habe: Die Einbrecher hätten sie offenbar für ihre Tochter gehalten und verschont.

Steinheil war ein Neffe des berühmten Meissonier, hatte jedoch Mühe, Marguerites aufwendigen Lebensstil durch seine Kunst zu bestreiten. Kurz entschlossen nahm sie den Broterwerb selbst in die Hand. Ein knappes Jahrzehnt vorher hatte sie im Mittelpunkt eines pikanten Skandals gestanden: Felix Faure, der Staatspräsident, war unter höchst verfänglichen Umständen in ihren Armen gestorben. 1905 mietete sie unter falschem Namen im nahen Meudon ein Landhaus und empfing dort zahlungskräftige Herren, die sich ein Schäferstündchen mit der «Pompadour der Republik» einiges kosten ließen. Nach der Rückkehr von ihren Ausflügen erzählte sie, «Tante Lili» habe wieder einen

Scheck geschickt, was ihr Mann nur allzu gern glaubte. Eines Tages tauchte ein Monsieur de Borderel auf, ein wohlhabender Witwer mit Schloß und Gütern in den Ardennen. Als Meg, wie sie von ihren Freunden genannt wurde, durchblicken ließ, sie sei einer ehelichen Verbindung nicht abgeneigt, gab er zurück, er könne seinen Kindern keine geschiedene Stiefmutter zumuten. Verstand sie dies als Wink, sich ihres Gatten auf andere Weise zu entledigen?

Untersuchungsrichter Leydet, der selbst von den Reizen der schönen Meg gekostet hatte, sah keinen Anlaß, an ihrer Darstellung zu zweifeln. Anders Presse und öffentliche Meinung. Nachdem auch ein Sachverständiger die Ansicht vertreten hatte, die Fesselung von Madame Steinheil könne unmöglich echt gewesen sein, wurde sie festgenommen und nach fast einjähriger Untersuchungshaft vor Gericht gestellt. Ihr Verhalten nach der Tat war schwerlich geeignet, ihre Glaubwürdigkeit zu erhöhen. Zunächst beschuldigte sie den Diener, mußte aber einräumen, daß sie das belastende Indiz, eine Perle, selbst in Rémys Brieftasche geschmuggelt hatte. Der Juwelier der Angeklagten sagte aus, sie habe den angeblich gestohlenen Schmuck nach der Mordnacht zu ihm gebracht und ihn gebeten, ihn so umzuformen, daß man ihn nicht wiedererkennen könne. Außerdem kam heraus, daß die Hausfrau die beiden Opfer, bevor sie sich zur Ruhe legten, mit reichlichen Mengen von Grog traktiert hatte. Dennoch wurde sie am 14. November 1909 freigesprochen. Die Pariser Gesellschaft war allerdings nicht bereit, ihr zu verzeihen. Auch die Tochter weigerte sich, ihre Mutter wiederzusehen. Meg ging nach England und heiratete dort einen Großgrundbesitzer. 1954 ist sie, 86jährig, als Lady Brook-Abinger auf ihrem Landsitz gestorben.

Wieder stellt sich die Frage: Wie konnte es geschehen, daß sich die Geschworenen über die erdrückenden Schuldbeweise einfach hinwegsetzten? Der Grund dürfte ein doppelter gewesen sein – das Geschlecht der Angeklagten und ihre gesellschaftliche Stellung. Giftmorde werden Frauen ohne weiteres zugetraut. Bei

Abb. 21: Marguerite Steinheil auf dem Weg zur Verhandlung

Gewaltverbrechen, die in der Tat weitaus häufiger von Männern begangen werden, tun sich viele schwer, an die Schuld der Verbrecherin zu glauben. Marguerite Steinheil verstand es virtuos, diesen Zweifel auszunützen und das arme, konfuse Hascherl zu spielen. Ihre Weinkrämpfe und Nervenkrisen, die die Verhandlung zuverlässig immer dann unterbrachen, wenn sie nicht weiter wußte, verfehlten ihren Eindruck nicht. Zum zweiten konnte sich die Mehrheit der Geschworenen offenbar nicht vorstellen, daß die Dame eines Hauses, in dem Zola und Clemenceau verkehrten, daß eine geborene Japy, deren Name die meisten Schreibmaschinen des Landes zierte, zu einer solchen Tat fähig sein könnte. Und dann waren da noch die geheimnisvollen Papiere, die der sterbende Staatspräsident seiner Geliebten anvertraut haben sollte. Bis heute sind manche nicht davon abzubringen, daß der Doppelmord in der Villa Steinheil einen politischen Hintergrund hatte.

«If it doesn't fit, you must acquit»

Um die Begleichung politischer Rechnungen ging es tatsächlich in einem Strafprozeß, der nicht nur die Amerikaner monatelang vor den Bildschirm bannte. Die ganze, von CNN auf dem laufenden gehaltene Welt verfolgte ihn mit angehaltenem Atem. Wäre O.J. Simpson ein Weißer gewesen, dann hätte ihn die – überwiegend schwarze – Jury in Los Angeles wohl verurteilt. So aber solidarisierte sie sich mit ihm, ignorierte die Indizien und sprach ihn frei. Drei Jahre zuvor hatte eine «lilienweiße» Jury in einem Vorort von Los Angeles vier Polizisten freigesprochen, die dabei gefilmt worden waren, wie sie einen schwarzen Motorradfahrer brutal zusammenschlugen. Die Folge waren Straßenschlachten und Plünderungen – und ein unüberwindliches Mißtrauen der Schwarzen gegen das LAPD, in dessen Hand die Ermittlungen gegen Simpson lagen.

Der populäre Football-Star, von seinen Bewunderern liebevoll «Juice» genannt, wurde beschuldigt, am Abend des 12. Juni 1994 seine geschiedene Frau Nicole und deren Freund, den Kellner Ronald Goldman, erstochen zu haben. Das Messer, das ihre

Abb. 22: «Meine Handschuhe sind das nicht!» O. J. Simpson

Hälse durchschnitt, wurde nicht gefunden, und Simpson leugnete die Tat. Seine erste Reaktion auf die Erhebung der Anklage hatte allerdings wie ein Geständnis ausgesehen: Er fuhr, von sämtlichen Fernsehanstalten des Landes aus Hubschraubern beobachtet, ziellos in der Gegend herum und drohte, sich das Leben zu nehmen. Auch sonst fehlte es nicht an belastenden Umständen. Sein Jugendfreund Robert Kardashian, der verdächtigt wurde, die Tatwaffe aus dem Haus geschafft zu haben, nahm, ohne jemals das Wort zu ergreifen, auf der Bank der Verteidiger Platz, womit er nach kalifornischem Prozeßrecht nicht mehr als Zeuge vernommen werden konnte. Simpsons Gewalttätigkeit und rasende Eifersucht waren kein Geheimnis: Einige Monate vor ihrem Tod hatte Nicole sogar die Polizei gerufen, um sich vor den Drohungen ihres geschiedenen Mannes zu schützen.

Die Trumpfkarte der Anklage war die DNA-Analyse: Neben dem Blut der Opfer waren auch Blutspuren gefunden worden, die von Simpson stammten. Und in Simpsons Schlafzimmer hatte die Polizei eine blutige Socke sichergestellt, die zweifellos seiner Frau gehörte. Die Geschworenen ließen sich davon nicht beeindrucken. Nachdem es dem (schwarzen) Verteidiger, Johnnie Cochran, gelungen war, den (weißen) Leiter der Ermittlungen, Mark Fuhrman, als Rassisten anzuschwärzen, hielten sie alles belastende Material für eine Mogelpackung der Polizei: Fuhrman hatte unter Eid bestritten, das Wort «Nigger» in den Mund genommen zu haben, wurde jedoch anhand eines Tonbands widerlegt. Theatralischer Höhepunkt des Prozesses war der Versuch des Angeklagten, einen blutigen Handschuh anzuziehen, der am Tatort gefunden worden war: Er war ihm zu klein. Vor der Anprobe hatte Cochran den Geschworenen eingeschärft: «Wenn er nicht paßt, müssen Sie ihn freisprechen!» Die Möglichkeit, daß der Handschuh durch das Eintrocknen des Blutes geschrumpft war, wurde nicht in Betracht gezogen.

Simpson wurde seines Freispruchs nicht froh. Ein Zivilgericht verurteilte ihn zu 33,5 Millionen Dollar Schadenersatz an die Familien der Opfer, was ihn ruinierte. «Hertz Rent-A-Car» und andere Unternehmen, für deren Produkte er geworben hatte, wollten nichts mehr von ihm wissen. Die exklusiven Clubs, die den gutaussehenden Athleten gern aufgenommen hatten, schlossen ihn aus. Die überwältigende Mehrheit der Amerikaner ist davon überzeugt, daß der Freispruch vom 3. Oktober 1995 ein monumentales Fehlurteil war.

Simpson, der attraktive, erfolgreiche Millionär, ist eine Ausnahme. Im Regelfall gehen die Fehlgriffe der amerikanischen Strafjustiz zu Lasten der Schwarzen. Mehr als 150 zum Tode oder zu lebenslangem Gefängnis Verurteilte mußten auf freien Fuß gesetzt werden, nachdem DNA-Tests ihre Unschuld erwiesen hatten. Die meisten waren schwarz. Randall Dale Adams aus Dallas verdankte seine Freilassung nicht einem DNA-Test, sondern dem Regisseur Errol Morris und dessen Dokumentarfilm «The Thin Blue Line» (1988). Morris konnte nachweisen, daß Adams, der nur wegen eines Formfehlers nicht hingerichtet worden war, seit zwölf Jahren unschuldig im Gefängnis saß. Den Polizistenmord, der ihm vorgeworfen wurde, hatte nicht er, sondern der (weiße) Kronzeuge der Anklage begangen.

Für den Juden Leo Frank kamen die Filmemacher zu spät. Sie konnten ihn nur posthum rehabilitieren – wie Voltaire den Protestanten Jean Calas, nachdem ihn seine katholischen Landsleute gerädert hatten. Frank, der Direktor einer Bleistiftfabrik in Atlanta, wurde beschuldigt, eine Angestellte der Fabrik, die minderjährige Mary Phagan, am 27. April 1913 vergewaltigt und umgebracht zu haben. Auch in diesem Fall war der (schwarze) Kronzeuge, der Hausmeister Jim Conley, wahrscheinlich der Täter. Doch die Jury fand den angeklagten, aus New York zugereisten Juden weniger glaubhaft als den einheimischen Schwarzen und verurteilte ihn zum Tode. Als der Gouverneur die Strafe in lebenslanges Zuchthaus umwandelte, stürmte ein Mob das Gefängnis und lynchte den Gefangenen. Die beiden Filme, die sich von der Tragödie inspirieren ließen, Fritz Langs «Fury» (1936) und Mervyn LeRoys «They Won't Forget» (1937), blenden den antisemitischen Hintergrund aus. Dagegen rückt David Mamets Roman «The Old Religion» (1997) gerade diesen Aspekt, das Verhältnis zwischen dem Judentum und dem Fundamentalismus des alten Südens, in den Mittelpunkt.

23 Jahre Einsamkeit

Natürlich hat nicht jede Entgleisung der Strafjustiz mit rassistischen oder religiösen Vorurteilen zu tun. Irren ist menschlich – diese Lebenserfahrung bleibt auch Richtern und Geschworenen nicht erspart. Wir schließen dieses Kapitel mit zwei Fällen, einem französischen und einem englischen, die, obwohl sie mehr als ein halbes Jahrhundert zurückliegen, immer noch nicht zur Ruhe gekommen sind.

Guillaume Seznec war Eigentümer eines Sägewerks im bretonischen Morlaix. Nebenher betrieb er dunkle Geschäfte. Einer seiner Kompagnons war Pierre Quémeneur, ein Industrieller, der auch in der Lokalpolitik eine Rolle spielte. Quémeneur benutzte Seznec als Strohmann für den Schwarzhandel mit Fahrzeugen, die die Amerikaner während des Ersten Weltkriegs in Frankreich zurückgelassen hatten. Am 23. Mai 1923 machten sich die beiden Männer in Seznecs Wagen auf den Weg nach Paris, um dort einen Händler namens Charlie zu treffen. Zwei Tage später kehrte Seznec allein zurück. Als sich Quémeneurs Schwester nach seinem Reisegefährten erkundigte, antwortete er, ihr Bruder habe, da der Cadillac immer wieder zusammengebrochen sei, in Houdan oder Dreux – genau könne er sich nicht erinnern – den Zug genommen. Danach habe er ihn nicht mehr gesehen.

Am 10. Juni wurde der Verschwundene als vermißt gemeldet. Am 13. Juni erhielt die Schwester ein Telegramm: «Bin in Le Havre. Alles in Ordnung. Quémeneur.» Als die Polizei nachforschte, stellte sich die Unterschrift als gefälscht heraus. In einem Schließfach in Le Havre fand sie Quémeneurs Koffer und darin einen Kaufvertrag, der Quémeneurs Haus mit Meerblick für einen lächerlichen Preis Seznec überließ. Seznec wurde festgenommen und des Mordes beschuldigt. Die Untersuchungen lagen in der Hand des jungen, ehrgeizigen Kommissars der Sûreté, Pierre Bonny. Dreimal ließ er das Sägewerk und Seznecs Haus durchsuchen, um die Schreibmaschine zu finden, auf der der Vertrag geschrieben worden war – dreimal vergeblich. Beim vierten Mal wurde die Polizei fündig. Und gleich danach stöberte sie auch den Händler auf, der die Maschine an Seznec verkauft hatte. Glück, Lohn der Hartnäckigkeit oder ein Spiel mit gezinkten Karten? Einige Zeitungen äußerten den Verdacht, der tüchtige Kommissar habe dem Fund der Maschine nachgeholfen, indem er den echten Vertrag durch einen selbstgetippten ersetzte.

Vor dem Gericht in Quimper meldete sich ein Entlastungszeuge: Der Busfahrer François Le Her gab an, Quémeneur drei Tage nach seinem Verschwinden in Paris getroffen zu haben. Der Staatsanwalt stellte ihn als unglaubwürdigen Spinner hin. Nach dem Prozeß machte ein pensionierter Richter, der sich als Amateurdetektiv betätigte, fünf Seeleute ausfindig, deren Boot am Abend des 27. Mai vor Quémeneurs Anwesen ankerte. Gegen Mitternacht, wußten sie zu berichten, hätten sie zwei Schüsse gehört. Ihre Aussage ging in den Polizeiakten verloren. Am 3. November 1924 wurde Seznec zu lebenslanger Zwangsarbeit verurteilt. Zwei Jahre lang wartete die Justiz mit dem Abtransport nach Cayenne – ein Zeichen dafür, daß sie ihrer Sache selbst nicht ganz sicher war. 1947 wurde Seznec begnadigt und kehrte in seine Heimat zurück. Dort begrüßte ihn sein Entlastungszeuge als Schwiegersohn: Le Her hatte Seznecs Tochter geheiratet. Die Ehe ging nicht gut. Jeanne wurde oft verprügelt. Im Oktober 1948, nach einem besonders heftigen Streit, erschoß sie ihren Mann. Zum zweiten Mal wohnte Seznec im Justizpalast von Quimper einem Mordprozeß bei, diesmal als Vater der Angeklagten. Doch dieses Verfahren endete mit einem Freispruch, der vom Publikum stürmisch bejubelt wurde.

Über den «bretonischen Dreyfus» erscheinen immer noch neue Bücher, die seine Unschuld nachzuweisen suchen. 1954, nach dem Tode ihres Vaters, übernahm Jeanne die Ehrenpflicht, ihn posthum rehabilitieren zu lassen. Inzwischen ist es der Enkel, der der Justiz mit seinen Petitionen in den Ohren liegt. Doch die befürchtet, eine Revision des Verfahrens würde alte Wunden aufreißen und an ein Kapitel der französischen Polizeigeschichte erinnern, das man lieber vergessen will. Denn der tüchtige Kommissar Bonny machte später noch eine anrüchige Karriere. Unter den deutschen Besatzern gehörte er zu den Leuten, die der Ge-

Abb. 23: John Christie, der Mörder vom Rillington Place

stapo die schmutzigsten Arbeiten abnahmen. Bevor er im Dezember 1944 füsiliert wurde, soll er angedeutet haben, im Falle Seznec sei nicht alles mit rechten Dingen zugegangen.

Zwei Mörder unter dem gleichen Dach?

Daß im Falle Timothy Evans nicht alles mit rechten Dingen zuging, hat die britische Justiz dagegen eingeräumt. Der 25jährige Lastwagenfahrer betrat am 30. November 1949 das Polizeirevier im walisischen Merthyr Tydfil und überraschte den diensttuenden Beamten mit dem Geständnis: «Ich habe meine Frau umgebracht.» Da Evans Analphabet war und einen geistig zurückgebliebenen Eindruck machte, wollte ihm die Polizei zunächst nicht glauben. Aber sie ging dem Hinweis dann doch pflichtgemäß nach und fand tatsächlich in der Waschküche seines Londoner Hauses nicht nur die Leiche von Beryl Evans, sondern auch die seiner kleinen Tochter Geraldine. Als Motiv für den Doppelmord gab Evans an, er habe die Schuldenmacherei seiner Frau nicht länger ertragen können. Aber dann widerrief er plötzlich sein Geständnis und behauptete, die schwangere Beryl sei bei einer mißglückten Abtreibung gestorben. Die Abtreibung habe der unter ihm wohnende Reginald John Christie vorgenommen. Christie wurde als Zeuge vorgeladen und bestritt indigniert, etwas mit dem Tod von Mrs. Evans zu tun zu haben. Da sie erdrosselt worden war, bestand kein Grund, an seiner Aussage zu zweifeln. Aus prozeßökonomischen Gründen war Evans nur wegen des Mordes an seinem Kind angeklagt worden. Und nur wegen dieses Mordes wurde er zum Tode verurteilt und am 9. März 1950 im Hof des Gefängnisses von Pentonville gehängt.

Drei Jahre später, im März 1953, zog Christie aus der Parterrewohnung aus. Als der neue Mieter, ein Jamaikaner, einen Nagel einschlagen wollte, bemerkte er, daß die Tapete nicht eine Wand verkleidete, sondern einen Schrank. Als er die Tapete abriß und den Schrank öffnete, kollerte ihm eine tote Frau entgegen. Die herbeigerufene Polizei fand im Schrank zwei weitere Frauenleichen. Eine vierte wurde unter dem Fußboden entdeckt. Als man den Garten umgrub, kamen zwei weibliche Skelette zutage. Ein Schenkelknochen stützte den Gartenzaun. Christie, der inzwischen die Titelseiten aller Groschenblätter schmückte, wurde am 31. März am Themseufer erkannt und verhaftet. Er schien beinahe erleichtert und gab die Morde sofort zu. Drei der Toten waren Prostituierte, die vierte eine Arbeitskollegin, die fünfte eine österreichische Emigrantin, die sechste seine eigene Frau.

Das Motiv für die Ermordung seiner Frau blieb unklar. Die übrigen hatte er in seine Wohnung gelockt, mit Gas betäubt, erwürgt und sich dann an den Leichen vergangen. Christie gab auch zu, Beryl Evans erwürgt zu haben. Den Mord an der kleinen Geraldine bestritt er dagegen. Am 15. Juli 1953 wurde er im gleichen Gefängnishof gehängt, in dem Evans hingerichtet worden war.

Ist es denkbar, daß in der Acht-Millionen-Stadt London zwei Frauenmörder unter dem gleichen Dach wohnten? Der Vorsitzende des Gerichts, John Scott Henderson, hielt dies tatsächlich für möglich. In einem Gutachten, das er dem Innenminister zwei Tage vor Christies Hinrichtung vorlegte, kam er zu dem Schluß: «Nach Prüfung des gesamten Beweismaterials, das sich auf den Tod von Frau Evans und Geraldine Evans bezieht, kann meiner Überzeugung nach kein Zweifel darüber bestehen, daß Evans für beide Verbrechen verantwortlich war. Christies Aussage, er habe den Tod von Frau Evans verschuldet, ist nicht nur unzuverlässig, sondern unwahr.» Nicht jeder teilte Hendersons Überzeugung. In «10 Rillington Place» (1961) verdächtigte Ludovic Kennedy die Polizei, dem schwachsinnigen Evans zwei Morde eingeredet zu haben, die er nicht begangen hatte. Die Zweifel wurden schließlich so laut, daß es die Regierung für geraten hielt, ein zweites Gutachten einzuholen. Und diesmal kam der Richter, Sir Daniel Brabin, zu einem ganz anderen Ergebnis. Was er der Regierung im Oktober 1966 unterbreitete, war verblüffend genug, um die alte Mordgeschichte wieder in die Schlagzeilen zu bringen. Evans, stellte Brabin fest, hatte das Verbrechen, für das er hingerichtet worden war, den Mord an seinem Töchterchen, höchstwahrscheinlich nicht begangen. Der Mord an seiner Frau, dessen man ihn nicht angeklagt hatte, ging dagegen auf sein Konto.

Innenminister Roy Jenkins zog aus dem Gutachten die einzig mögliche Konsequenz: Evans wurde posthum freigesprochen. Damit war der Fall aber keineswegs erledigt. In «The Two Killers of Rillington Place» (1994) dreht John Eddowes das Rad der Geschichte wieder zurück: Er verteidigt die Polizei und schreibt beide Morde Evans zu. Natürlich hat sich auch das Kino die rätselhafte Duplizität nicht entgehen lassen. Richard Fleischers Film «10 Rillington Place» (1970) ist eine getreue Verfilmung von Kennedys Buch. Alfred Hitchcocks «Frenzy» (1972) geht mit dem Thema freier um, hält aber den zweiten Mann, den Freund des Täters, gleichfalls für unschuldig. Die Zweifel an der Schuld von Evans rief auch den Gesetzgeber auf den Plan: Der *Homicide Act* von 1957 schränkte die Todesstrafe stark ein. Von 1964 an wurden in Großbritannien keine Todesurteile mehr vollstreckt. 1969 wurde die Todesstrafe ganz abgeschafft.

Ist Jacques Lantier Jack the Ripper?

Gemordet wird nicht nur in Kriminalromanen

Den Autoren von Kriminalromanen braucht man nicht unter die Nase zu reiben, daß ihre Bücher der Trivialliteratur näher stehen als der Weltliteratur. Sie wissen es. Der Großverdiener George Simenon nannte seine Fließbandprodukte bescheiden «Semiliteratur». Dorothy Sayers schickte Lord Peter Wimsey nach vierzehn Jahren in den Ruhestand, um sich ganz der Übersetzung der «Göttlichen Komödie» und anderen gehobenen Beschäftigungen zu widmen. Andererseits fehlt es auch in anspruchsvollen Romanen und Novellen nicht an Mördern. Selbst die größten Schriftsteller waren von den Außenseitern der Gesellschaft fasziniert. Den Leser zu einer Schnitzeljagd einzuladen mit der Entlarvung des Schuldigen als krönendem Höhepunkt, lag ihnen allerdings fern. Die Mörder, die in ihren Büchern auftreten, sind mehr als nur der Vorwand für ein paar Stunden angenehmer Spannung. Im Gegensatz zu den Mördern in Kriminalromanen haben sie oft Vorbilder in der Realität.

Die Geschichte vom Räuber und Mörder Friedrich Schwan hatte Schiller von seinem Lehrer Abel gehört, dessen Vater den «Sonnenwirt» verhaftet hatte. In seiner Erzählung «Der Verbrecher aus verlorener Ehre» (1792) änderte er nicht nur die Namen der Beteiligten, sondern machte aus dem schwäbischen Lokalfall ein Musterbeispiel für das Abgleiten eines jungen Mannes in die Kriminalität. Nicht die Sensationslust und die Freude des Publikums an Banditenstreichen wollte er befriedigen: «Das bloß Abscheuliche hat nichts Unterrichtendes.» Der Leser wurde eingeladen, das Verbrechen psychologisch und soziologisch zu verstehen – aus der «unveränderlichen Struktur der menschlichen Seele und den veränderlichen Bedingungen, welche sie von außen bestimmten».

Mit dieser Sehweise war Schiller seiner Zeit weit voraus. Walter Scott und den übrigen Großmeistern des historischen Romans waren Psychologie und Soziologie grundeinerlei. Auch mit der Geschichte, die doch eigentlich ihr Tummelplatz war, nahmen sie es nicht genau. Sie holten sich aus Archiven und Chroniken, was ihnen in den Kram paßte, ergänzten die Funde durch Schößlinge ihrer üppig wuchernden Phantasie und arrangierten die Mixtur als bunten Bilderbogen – viel bunter als alles, was die gelehrten Faktenhuber zu bieten hatten. In «Kenilworth» (1821) geht es um einen historischen Todesfall. Im September 1560 fiel Amy Robsart, die junge Frau von Lord Robert Dudley, eine Treppe hinunter und brach sich das Genick. So die offizielle Lesart. Nach der inoffiziellen half ihr Gatte dem Treppensturz nach. Denn Dudley, später Earl of Leicester, war bei der «jungfräulichen Königin» sehr gut angeschrieben und machte sich Hoffnungen auf ihre Hand. Scott spricht Dudley frei: Der Täter ist bei ihm ein Intrigant namens Varney.

Schwarze Gedanken unter schwarzen Soutanen

In seinem Meisterwerk «Rot und Schwarz» (1830) hat Stendhal gleich zwei Kriminalfälle verarbeitet – nicht aus grauer Vorzeit, sondern aus der kaum vergangenen Gegenwart. 1828 wurde in seiner Heimatstadt Grenoble der junge Hauslehrer Antoine Berthet guillotiniert, weil er versucht hatte, seine frühere Arbeitgeberin und Geliebte, Madame Michoud de la Tour, während des Gottesdienstes zu erschießen. Sie überlebte den Anschlag. Vorher hatte er ihr Drohbriefe geschrieben und sie beschuldigt, seine Entlassung betrieben zu haben. Auch seine nächste Stelle hatte er aus ähnlichen Gründen verloren – wegen eines Verhältnisses mit der Tochter des Hauses. Der spektakuläre Tatort, eine Kirche, sollte seinem Racheakt ein möglichst großes Echo sichern. Wie groß das Echo sein würde, konnte er nicht ahnen: Von Julien Sorel begangen, wurde seine Tat unsterblich. Seinen Charakter verdankt Julien freilich nur zur Hälfte dem zynischen Karrieristen, der das Schwarz der Soutane wählte, da es nach dem Sturz Napoleons eine raschere Beförderung verhieß als das Rot der Uniform. Bei der anderen, romantischen Hälfte stand der Tischler Adrien Lafargue Pate, dem ein Jahr später in Pau der Prozeß gemacht wurde. Lafargue hatte seine treulose Geliebte erschossen und danach die Waffe gegen sich selbst gerichtet. Seine Verteidigung war so mannhaft und ergreifend gewesen, daß ihm die Geschworenen mildernde Umstände zubilligten und ihn nur zu fünf Jahren Gefängnis verurteilten.

Prosper Mérimée, der Schöpfer des eifersüchtigen Don José und seiner treulosen Geliebten Carmen, fand den Realismus seines Freundes Stendhal zu kraß: «In Juliens Charakter gibt es abscheuliche Züge, deren Wahrheit jeder fühlt, aber vor denen einem graut. Es ist nicht die Aufgabe der Kunst, diese Seite der menschlichen Natur zu zeigen. Denken Sie an Swifts Porträt von Delia und den scheußlichen Vers, mit dem es endet: *But Delia pisses and Delia shits*. Ja, sicher, aber warum muß man das sagen?»

Was hätte Mérimée erst zur Novelle «Eine Lady Macbeth aus Mzensk» (1865) gesagt? In dieser Novelle erzählt Nikolai Leskow die Geschichte der Katerina Ismailowa, der jungen Frau eines reichen, dreißig Jahre älteren Kaufmanns, die in den Armen ihres Knechts Sergej zum ersten Mal sexuelle Erfüllung findet. Um ihr Liebesglück zu verteidigen, schreckt sie vor nichts zurück: Sie vergiftet den Schwiegervater, der ihren Geliebten verprügelt hat, hilft Sergej dabei, ihren von einer Reise zurückkehrenden Mann aus dem Weg zu räumen, und erstickt den minderjährigen Neffen ihres Mannes, mit dem sie sonst das Erbe teilen müßte. Das Paar wird vor Gericht gestellt und zu lebenslanger Zwangsarbeit verurteilt. Erst in dem Zug, der sie nach

Sibirien bringt, sehen sie sich wieder. Sergej hat inzwischen anderweitig Anschluß gefunden und zeigt Katerina die kalte Schulter. Rasend vor Eifersucht, wirft sie sich bei einer Flußüberfahrt auf ihre Rivalin und reißt sie mit in die Fluten.

Leskow schildert den Fall mit der kühlen Präzision des Gerichtsschreibers, der er selbst gewesen war – was ihn bei den russischen Intellektuellen, die das Leben in der Provinz verherrlichten und die Rettung Rußlands vom Bauerntum erwarteten, nicht beliebter machte. Die Vorbehalte, die Leskow entgegenschlugen, waren freilich zahm, verglichen mit dem Wutausbruch Stalins, der Dimitri Schostakowitschs gleichnamige Oper Anfang 1936 im Bolschoi-Theater sah. Zwei Tage danach erschien in der «Prawda» ein vernichtender Angriff auf die «zappelnde, kreischende, neurotische Musik», mit der es der Komponist offensichtlich darauf angelegt habe, «dem perversen Geschmack der Bourgeoisie zu schmeicheln». Worauf die Oper für 26 Jahre von der Bildfläche verschwand.

Irdische und göttliche Gerechtigkeit

Leskows Landsmann Fjodor Dostojewski, der wegen seiner politischen Ansichten vier Jahre in Sibirien verbrachte, hat immer wieder Morde in den Mittelpunkt seiner Romane gerückt. Der Student Raskolnikow in «Schuld und Sühne» (1866), der eine Pfandleiherin und deren Schwester erschlägt, ist ein Geistesbruder des französischen Doppelmörders Lacenaire, mit dem sich Dostojewski mehrfach beschäftigte. Auch Lacenaire hatte der bürgerlichen Moral den Kampf angekündigt. «Sieh doch selbst», sagt Raskolonikow vor der Tat zu einem Offizier, mit dem er Billard spielt. «Auf der einen Seite hast du eine dumme, sinnlose, gleichgültige, böse, kranke Alte, die niemandem Nutzen bringt, sondern im Gegenteil allen schadet, die selbst nicht weiß, wozu sie eigentlich lebt, und die morgen sowieso sterben wird. Auf der anderen Seite junge, frische Kräfte, die zugrunde gehen, weil sie mittellos sind, und das zu Tausenden und überall! Hundert, tausend gute Werke, die man mit dem Geld der Alten auf den Weg bringen oder zu Ende führen könnte! Und sie vermacht das Geld dem Kloster! Schlag sie tot, nimm ihr Geld und mache es der Allgemeinheit zugänglich – meinst du nicht, daß dieses einzige, winzige Verbrechen durch Tausende von guten Werken aufgewogen wird?»

So spannend Dostojewski das Verbrechen schildert, die Flucht des Täters und sein Ringen mit dem Untersuchungsrichter Porfiri – die Auflösung des kriminalistischen Knotens ist für ihn nebensächlich. Hauptsache ist das religiöse Erweckungserlebnis, das den reuigen Täter erwartet: Sein Geständnis – oder besser gesagt: seine Beichte – ist der erste Schritt zur Vergebung. Raskolnikow beschreitet den gleichen Weg wie sein Autor, der sich vom Sozialisten zum frommen Christen wandelte.

Dostojewskis Roman «Die Dämonen» (1871/72) war ursprünglich als Pamphlet gegen die russischen Anarchisten, die Nihilisten, geplant. Ihre Bibel war der «Katechismus eines Revolutionärs», in dem sich Sätze fanden wie: «Wir widmen uns ausschließlich der Zerstörung der herrschenden Gesellschaftsordnung. Um den Aufbau einer neuen kümmern wir uns nicht. Das ist Sache derer, die nach uns kommen.» Der Verfasser, Sergej Netschajew, kam nicht mehr dazu, sein Programm in die Tat umzusetzen. Nachdem er im November 1869 einen abtrünnigen Gefolgsmann, den Studenten Iwanow, erschossen hatte, wurde er zu lebenslangem Kerker verurteilt. Im Roman erschießt der Anarchist Pjotr Werchowenski den Studenten Schatow, der sich von dem konspirativen Geheimbund trennen will. Die Schuld schiebt er einem anderen Mitglied des Bundes in die Schuhe, dem Ingenieur Kirillow, der sich das Leben nimmt, um durch die Überwindung der Todesfurcht Gott gleich zu werden. Auch Pjotrs Freund und Gesinnungsgenosse Nikolai Stawrogin, der mehrere Menschen auf dem Gewissen hat, endet durch Selbstmord. Pjotr selbst verläßt dagegen unbehelligt die Provinz und entschwindet unserem Blick. Dostojewski schildert die asozialen Verbrecher mit einer gehörigen Portion Sarkasmus und unterläßt es auch nicht, den «großen Schriftsteller» Karmasinow, der sich bei ihnen anbiedert, kräftig durch den Kakao zu ziehen – ein nur notdürftig verschleierter Seitenhieb auf den Kollegen Turgenjew.

Dostojewskis letzter Roman «Die Brüder Karamasow» (1879/80) wurde möglicherweise von der Ermordung seines eigenen Vaters inspiriert. Das behaupten jedenfalls einige Biographen. Nach anderen starb der Vater in einem apoplektischen Wutanfall über sein faules Personal. Unter Dostojewskis Büchern kommt dieses einem Kriminalroman am nächsten: Der Mord am alten Karamasow wird schrittweise aufgeklärt. Doch in einem entscheidenden Punkt geht Dostojewski eigene Wege: Nicht der Mörder Smerdjakow, der epileptische Diener und außereheliche Sohn des Ermordeten, wird verurteilt, sondern der älteste Sohn Dimitri, der tatsächlich eine moralische Schuld am Tod seines Vaters trägt – ebenso wie seine Brüder, der intellektuelle Iwan und der fromme Aljoscha. Wie in «Schuld und Sühne» kommt es Dostojewski nicht auf die irdische, sondern auf die göttliche Gerechtigkeit an – letztere nicht zu verwechseln mit dem Machtanspruch der Amtskirche, wie die von Iwan gedichtete «Legende vom Großinquisitor» schneidend klarmacht. Zu seinem Erstaunen entdeckt Dimitri, daß ihn der Irrtum der menschlichen Justiz mit Gott versöhnt hat. Aljoscha wird ihn nach Sibirien begleiten.

Als Bestie geboren

Die irdische Gerechtigkeit, die Dostojewski so kalt ließ, war für seinen Zeitgenossen Émile Zola ein hohes Ziel, für das er sogar – wie sein mannhaftes Eintreten für den unschuldig verurteilten Hauptmann Dreyfus bewies – Strafverfolgung und Exil in Kauf nahm. In seinen Romanen hielt er es allerdings anders. Obwohl er emsig Milieustudien betrieb und als der Naturalist schlechthin gilt, enden seine Mörder keineswegs da, wo sie in der «Natur» zu enden pflegten, nämlich im Zuchthaus oder unter der Guillotine: Thérèse Raquin und Laurent, ihr Geliebter, der ihren Mann während einer Bootsfahrt ertränkt, bleiben von der Justiz unbehelligt, zerfleischen sich aber in Gewissensbissen und begehen schließlich gemeinsam Selbstmord. Für den Mord an seiner Geliebten Séverine wird nicht der Lokführer Jacques Lantier, die «menschliche Bestie», verurteilt, sondern ein harmloser Verehrer. Lantier wird während eines Kampfes mit dem Heizer von seiner Lokomotive zermalmt.

«Thérèse Raquin» (1867), Zolas erster großer Erfolg, könnte ein *fait divers* aus den Pariser Gazetten gewesen sein, war es aber nicht. Anstoß war ein anderer, heute vergessener Roman – «La Vénus de Gordes» von Adolphe Belot und Ernest Daudet. In diesem Roman landet ein ehebrecherisches Mörderpaar vor dem Schwurgericht. Zola verlegt das Gericht in die Psyche seiner Hauptfiguren – fesselnd, aber nicht besonders originell: Gewissensbisse machten schon Macbeth und seiner Lady zu schaffen. Auch «Die Bestie im Menschen» (1890) nährt den Verdacht, daß es ein reales Vorbild gab. Während der Roman entstand, hielt ein psychopathischer Frauenmörder ganz Europa in Atem – Jack the Ripper. Zola hat dazu gesagt: «Jacques Lantier ist nicht Jack the Ripper. Aber daß seine Gewalttätigkeit den Parisern Alpträume bereitet, das wollte ich schon.»

Die Theorie, die Zola mit seinem 20bändigen Romanzyklus «Les Rougon-Macquart» anschaulich machen wollte, war die der Erblichkeit der Anlagen. Jacques Lantier ist der geborene Verbrecher, wie ihn Cesare Lombroso, der Begründer der Kriminologie, beschrieben hat. Lombrosos empirisch nicht nachweisbare Theorie ist längst überholt und abgetan. Deswegen auch «Die Bestie im Menschen», den 17. Band des Zyklus, als überholt abzutun, wäre jedoch vorschnell. Psychopathen wie Lantier, die ihre Hemmungen gegenüber Frauen erst verlieren, wenn sexueller Rausch und Tod zusammenfallen, hat es in der Kriminalgeschichte reichlich gegeben. Lantier ist der klassische Fall des Serienmörders. Nur Gründe der schriftstellerischen Ökonomie haben Zola daran gehindert, ihn mehr als einen vollendeten und einen versuchten Mord begehen zu lassen.

Zola stand auf der wissenschaftlichen Höhe seiner Zeit. Der Schotte Robert Louis Stevenson wärmte dagegen mit seiner Erzählung «The Strange Case of Dr. Jekyll and Mr. Hyde» (1886) den Schauerroman der Frühromantik wieder auf, wie es wenig später der Ire Bram Stoker mit seiner Vampirgeschichte «Dracula» (1897) tat. Tatsächlich stammt der Stoff aus dem 18. Jahrhundert und wurde dem kleinen Robert von seinem Kindermädchen als Bettgeschichte erzählt. «Deacon» Brodie endete 1788 in Edinburgh wegen seines Doppellebens am Galgen: Tagsüber der hochangesehene Dekan der Schreinerzunft, räumte er nachts mit einer Bande die Häuser seiner Kundschaft aus. Stevenson hat den Stoff mit alchimistischen Zutaten aus Mary Shelleys «Frankenstein» (1818) versetzt, der Geschichte des Homunkulus, der mordet, weil er nicht lieben darf, und fertig war der menschenfreundliche Dr. Jekyll, der sich mit Hilfe eines magischen Gebräus in den Verbrecher und Mörder Edward Hyde verwandelt – eine Variation des alten Themas von den zwei Seelen, die «ach! in meiner Brust» wohnen. Goethe, der Mann, der seinem Dr. Faust diesen Stoßseufzer in den Mund legte, sagte von sich selbst: «Es gibt kein Verbrechen, als dessen Urheber ich mich nicht denken könnte.»

Die Gesetze der Gesellschaft sind ebenso zwingend wie die Naturgesetze

Das naturalistische Evangelium, das Zola verkündete, fiel vor allem jenseits des Atlantiks auf fruchtbaren Boden. Aus gutem Grund hat man Frank Norris den «amerikanischen Zola» genannt. Auch sein Romanheld «McTeague» (1899) ist eine menschliche Bestie, die zum Mörder wird – allerdings nicht aus sexueller Gier, sondern aus Gier nach Geld. Nicht zufällig nannte Erich von Stroheim seine von ursprünglich sieben auf zweieinhalb Stunden zusammengeschnittene Filmfassung «Greed». Das Unglück des Zahnarztes McTeague beginnt, als seine Frau Trina in der Lotterie 5000 Dollar gewinnt. Während sich Trina nur noch um ihren Schatz kümmert, muß der undiplomierte Autodidakt seine Praxis aufgeben. Sein neidischer Freund Marcus, Trinas ehemaliger Verlobter, hat ihn bei den Behörden angezeigt. Unfähig, auf einen anderen Beruf umzusatteln, verwandelt sich der Kraftmensch McTeague in eine bierselige Elendsgestalt. Schließlich erschlägt er Trina, raubt ihr Geld und flieht nach Nevada. Im Death Valley spürt ihn Marcus auf, unterliegt aber im Zweikampf. Doch gelingt es dem Sterbenden, seinen Rivalen mit einer Handschelle an sich zu ketten. Langsam verdurstend, sieht McTeague seinem sicheren Ende entgegen.

Das klingt arg nach Kolportage, hat aber einen realen Hintergrund: 1893 ermordete in San Francisco ein Arbeitsloser namens Patrick Collins seine Frau mit mehr als dreißig Messerstichen, weil sie sich weigerte, ihm Geld fürs Wirtshaus zu geben. Schon vorher hatte er sie mit dem Rasiermesser attackiert, was den «San Francisco Examiner» zu dem Kommentar veranlaßte, eine solche Brutalität könne nicht allein aus den sozialen Verhältnissen erklärt werden, sondern nur als Tat eines Mannes, «der als Tier auf die Welt kam». Das war auch die Meinung des Autors, der sich ausdrücklich zu Lombrosos Determinismus bekannte.

Noch näher an der Wirklichkeit blieb Theodore Dreiser mit seinem Roman «An American Tragedy»(1925). Vorbild seines Protagonisten Clyde Griffiths war der 23jährige Chester Gillette, der seine schwangere Geliebte Grace Brown am 11. Juli 1906 während einer Bootsfahrt mit dem Tennisschläger außer Gefecht setzte und dann ertränkte. Zur Tat motiviert hatten ihn seine gesellschaftlichen Ambitionen, die die Heirat mit einer

Fabrikarbeiterin weit hinter sich ließen. Seine Verteidigung, Grace habe Selbstmord begangen, fand bei den Geschworenen keinen Glauben. Im März 1908 endete er auf dem elektrischen Stuhl.

Dreiser besichtigte nicht nur den Tatort, den Big Moose Lake im Staate New York, und das Zuchthaus Sing Sing, sondern übernahm auch seitenlange Auszüge aus den Prozeßakten. Ihm kam es darauf an zu zeigen, daß in der Gesellschaft Gesetze herrschen, die ebenso zwingend sind wie die Naturgesetze. Selbst eine so außergewöhnlich scheinende Handlung wie ein Mord ist, wenn man die Motive nur genau genug unter die Lupe nimmt, nicht grundsätzlich verschieden von einer chemischen Reaktion. «Die Tragödie in Dreisers Roman», schreibt der kluge Kritiker David Denby, «hat nichts mit dem Fall eines großen Mannes zu tun: Clyde ist ein moralischer Schwächling von Anfang an. Das Buch ist eine Tragödie, weil sich Dreisers Figuren, angetrieben vom Instinkt, aber auch von einem winzigen Impuls der Auflehnung, nach ein bißchen Freiheit sehnen, nach einer kleinen Aussicht auf Glück, und selbst dieses bescheidene Ziel verfehlen.»

Dichtung und Wahrheit

Gegenüber seiner Vorlage gestattete sich Dreiser immerhin einige dichterische Freiheiten. Truman Capote wollte dagegen nichts anderes, als die Verhältnisse so schildern, wie sie wirklich waren. Seinen Bericht «In Cold Blood» (1965) verstand er jedoch nicht als Sachbuch, sondern als erstes Beispiel einer neuen literarischen Gattung – der *nonfiction novel*, «einer erzählerischen Form, die sich aller Techniken des Romans bedient und sich zugleich streng an die Fakten hält». Der Fall, an dem er das neue Pferd zuritt, war banal genug: Im November 1959 wurde die vierköpfige Familie Clutter auf ihrer Farm in Kansas ermordet. Ende Dezember faßte die Polizei die Täter – Perry Smith und Richard

Hickock, zwei ehemalige Häftlinge. Sie hatten geglaubt, auf der Farm ein Vermögen zu finden, erbeuteten aber nur 40 Dollar. Beide wurden zum Tode verurteilt und im April 1964 hingerichtet. Capote trieb ausgiebige Lokalstudien, interviewte Freunde und Nachbarn der Opfer und erhielt auch die Erlaubnis, die Täter im Gefängnis zu besuchen. Er wurde schließlich ihr engster Vertrauter. Später warf man ihm vor, das Vertrauen mißbraucht zu haben: Anstatt gemeinsam mit ihnen auf die Hinrichtung zu warten, um sein Buch endlich vermarkten zu können, hätte er lieber versuchen sollen, die Hinrichtung abzuwenden. Capote verteidigte sich mit dem Argument, ein solcher Versuch wäre aussichtslos gewesen.

In «The Executioner's Song» (1979) ist Norman Mailer Capotes Beispiel gefolgt. Im Nachwort schrieb er: «Die Geschichte ist so lebensnah erzählt wie nur möglich. Damit ist nicht gesagt, daß sie der Wahrheit näher kommt als die Erinnerungen der Zeugen.» Auch in diesem Buch, das viele für Mailers bestes halten, ging es um einen banalen Fall: Gary Gilmore starb im Januar 1977 vor einem Erschießungskommando in Utah, weil er einen Tankstellenwärter und den Manager eines Motels ermordet hatte. Ungewöhnlich waren nur zwei Umstände: Es war, nachdem der Supreme Court die Verhängung der Todesstrafe vorübergehend ausgesetzt hatte, die erste Hinrichtung in den USA nach zehn Jahren. Und: Gilmore hatte es abgelehnt, ein Rechtsmittel einzulegen. Seine letzten Worte waren angeblich: «Let's do it.»

Während der Recherchen für sein Buch erhielt Mailer Post von einem anderen Häftling aus Utah. Jack Abbott, der sein ganzes erwachsenes Leben hinter Gittern zugebracht hatte, bot sich als Sachverständiger an. Als Gegenleistung bat er um Hilfe beim Verlegen seiner Autobiographie. Mailer war beeindruckt. Er sorgte dafür, daß «In the Belly of the Beast» gedruckt und der Autor vorzeitig entlassen wurde. Drei Monate lang war Abbott der Liebling der New Yorker Literaturszene – bis Juli 1981, als er einen Kellner im Streit erstach. Für Mailer war es eine ungemütliche Erinnerung an eine Tat, die ihn selbst um ein Haar ins Gefängnis gebracht hätte: Nach einer ausgedehnten Geburtstagsfeier im November 1960 hatte er versucht, seine Frau Adele – die zweite von sechs – zu ermorden. Sein Messerstich durchbohrte ihren Herzbeutel, aber sie wurde gerettet. Nachdem ihm der Arzt einen «akuten Anfall von Verfolgungswahn» bescheinigt hatte, landete der Dichter in der psychiatrischen Abteilung des New Yorker Bellevue-Hospitals, wo sein Geisteszustand elf Tage lang beobachtet und schließlich für gesund befunden wurde. Da Adele ihm verzieh, kam er mit einer Bewährungsstrafe davon. Auch diese Tat blieb nicht ohne literarische Folgen: In seinem Roman «An American Dream» (1965) schildert Mailer einen Mann, der seine Frau aus dem Fenster wirft und durch diesen Mord seine innere Freiheit wiedererlangt. Adele geduldete sich bis 1997, bevor sie den Mordversuch unter dem Titel «The Last Party» für die Nachwelt festhielt.

Für den falschen Mord verurteilt

Nicht alle amerikanischen Dichter versuchten, die Wirklichkeit zu kopieren. William Faulkner siedelte zehn seiner Romane in Yoknapatawpha County an, einem Regierungsbezirk, der mehr mit dem Mythos des alten Südens zu tun hat als mit dem Staat Mississippi, in dem er angeblich liegt. Der Rassismus und die Gewalttätigkeit, die in diesem Mikrokosmos herrschen, sind freilich real genug: Faulkners eigener Urgroßvater war von einem Mitbewerber um ein öffentliches Amt aus nächster Nähe erschossen worden. In «Sanctuary» (1931) vergewaltigt der Verbrecher Popeye die kokette Temple Drake, eine Studentin aus guter Familie, und erschießt zwei Männer, die ihm dabei in die Quere kommen. Da ihn Temple vor Gericht deckt, wird nicht er, sondern ein anderer verurteilt und vom Mob gelyncht. Doch auch Popeye entgeht seinem Schicksal nicht: Er wird wegen eines Mordes gehängt, den er nicht begangen hat. In «Light in August» (1932) schneidet der Mischling Joe Christmas seiner weißen Wohltäterin und Geliebten Joanna Burden die Kehle durch. Die Nationalgarde jagt ihn, findet ihn und schießt ihn nieder. Der Hauptmann der Garde züchtigt ihn an jenem Glied, mit dem er schwerer gesündigt hat als durch Mord: Er kastriert den Sterbenden. Nicht nur der Name des Mörders, sondern auch seine unklare Herkunft, sein Tod an einem Freitag und sein Gefährte, der ihn verrät, legen den Schluß nahe, daß Faulkner nichts Geringeres vorschwebte als eine Passionsgeschichte im *Bible Belt*.

Auch Frank Chambers, der Vagabund und Mörder in James M. Cains Erstling «The Postman Always Rings Twice» (1934), wird wegen eines Mordes hingerichtet, den er nicht begangen hat. Auf Seite 5 lernt er Cora kennen, die junge Frau eines ältlichen Gastwirts, auf Seite 15 treiben sie es miteinander, auf Seite 23 beschließen sie, den störenden Ehemann aus dem Weg zu räumen. Der erste Anschlag mißlingt, der zweite – ein fingierter Autounfall – führt zum gewünschten Erfolg. Sie werden angeklagt, aber mit der Hilfe eines geschickten Verteidigers freigesprochen. Doch glücklich werden sie ebensowenig wie Thérèse Raquin und ihr Komplize Laurent. Ihr Schuldgefühl und ihre unterschiedlichen Temperamente machen ihnen das Zusammenleben zur Hölle. Außerdem müssen sie sich gegen einen Erpresser wehren. Erst als Cora ein Kind erwartet, entdecken sie ein tieferes Gefühl füreinander. Doch nun schlägt das Schicksal zu: Bei der Fahrt zur Klinik verunglückt das Auto, Cora kommt ums Leben, und Frank wird als ihr Mörder zum Tode verurteilt.

Eine Moral zu verkünden, lag Cain fern. Anders Jakob Wassermann, als er einen mehr als zwei Jahrzehnte zurückliegenden Sensationsprozeß in seinen effektvollsten Roman, «Der Fall Maurizius» (1928), verwandelte. Am 6. November 1906 war die Witwe des Medizinalrats Molitor in Baden-Baden erschossen worden. Von ihrer jüngeren, unverheirateten Tochter Olga begleitet, war sie auf dem Weg zur Hauptpost gewesen, wo sie ein

Telegramm abholen wollte. Als Täter wurde ihr nach Amerika ausgewanderter Schwiegersohn Karl Hau, Ehemann ihrer älteren Tochter Lina, angeklagt. Hau räumte ein, zur Tatzeit in Baden-Baden gewesen zu sein. Er gab auch zu, einen falschen Bart getragen und seine Schwiegermutter durch einen fingierten Anruf zur Post gelockt zu haben. Den Mord selbst stritt er ab. Als Erklärung für sein sonderbares Verhalten gab er an, er habe seine Schwägerin Olga, die seine Geliebte sei, vor der Abreise noch einmal sehen wollen. (Nach dieser Aussage ertränkte sich Lina Hau im Pfäffiker See.) Der Staatsanwalt behauptete das Gegenteil: Hau sei hoch verschuldet. Die Beseitigung der Schwiegermutter habe seine Frau zur reichen Erbin machen sollen. Am 23. Juli 1907 verurteilte das Karlsruher Schwurgericht Hau zum Tode. Der Großherzog wandelte die Strafe in lebenslanges Zuchthaus um. 1924 wurde Hau begnadigt. Kurz nach seiner Freilassung nahm er sich in Rom das Leben. Seine Schuld leugnete er bis zuletzt.

In seinem Roman vertritt Wassermann eine Ansicht, die auch in Baden-Baden weit verbreitet war: Nicht Hau («Maurizius») sei der Mörder gewesen, sondern seine schöne Schwägerin Olga («Anna Jahn»). Aber darauf kam es ihm nur in zweiter Linie an. Was ihm am Herzen lag, war die Frage, welche Aussichten die Gerechtigkeit hat, sich vor Gericht durchzusetzen. Dabei kommt die Justiz schlecht weg. Der «blutige Andergast», wie er den Staatsanwalt nennt, hat mit seinen brillanten Plädoyers Karriere gemacht. Ob die von ihm ans Messer gelieferten Angeklagten wirklich schuldig sind, kümmert ihn nicht. Erst als sein Sohn Etzel vom Vater des einsitzenden Maurizius auf dem Schulweg angesprochen, das Elternhaus verläßt, um der Wahrheit auf den Grund zu kommen, vertieft er sich in die alten Akten, wird von Zweifeln gepackt, besucht Maurizius im Zuchthaus und setzt sich schließlich für dessen Begnadigung ein. Als Etzel mit der triumphierenden Nachricht zurückkehrt, er habe den Zeugen gefunden, der damals einen Meineid schwor, ist es zu spät. Der Vater lehnt eine Wiederaufnahme des Verfahrens ab – wie es die französische Justiz getan hatte, nachdem Dreyfus begnadigt worden war. Zwischen Vater und Sohn kommt es zum endgültigen Bruch.

Wie Cain im «Postman» wählt auch Albert Camus in seinem Roman «Der Fremde» (1942) die Perspektive des zum Tode Verurteilten, der auf seine Hinrichtung wartet. Er hat sich dabei ausdrücklich auf sein amerikanisches Vorbild berufen. Meursault, den Erzähler, der einen Araber erschießt, von dem er sich bedroht fühlt, hat er mit den Charakterzügen eines Widerstandskämpfers und Redakteurs seiner Zeitung «Combat» ausgestattet. Zugleich ist Meursault aber auch ein Jedermann, der alles Persönliche hinter sich läßt. Wie Umfragen zeigen, ist der Roman das Lieblingsbuch der Franzosen, woraus man wohl schließen darf, daß sie sich im Helden wiedererkennen. Will man ihnen nicht ordinären Rassismus unterstellen, dann muß man annehmen, daß ihnen das Leben ebenso unbegreiflich und absurd erscheint wie Meursault, der vor Gericht keine bessere Begründung für seine Tat findet als die Sonne, die ihn geblendet habe: «Dieses glühende Schwert wühlte in meinen Wimpern und bohrte sich in meine schmerzenden Augen. Da geriet alles ins Wanken. Vom Meer kam ein starker, glühender Hauch. Mir war, als öffnete sich der Himmel in seiner ganzen Weite, um Feuer regnen zu lassen.» Seine Verurteilung nimmt Meursault mit derselben «zärtlichen Gleichgültigkeit» hin, die er schon vorher beim Tode seiner Mutter empfunden hatte. Von den Tröstungen eines Priesters will er, stoischer Existentialist bis zuletzt, nichts wissen.

Gerechtigkeit ist langweilig

Graham Greene gilt dagegen aus gutem Grund als katholischer Schriftsteller. Wie fromm er persönlich war, steht auf einem anderen Blatt. «Brighton Rock» (1938), sein erster Roman mit christlichem Unterton, schildert die traurige Blitzkarriere des

17jährigen Bandenführers und Mörders Pinkie Brown. Pinkie fühlt sich zum Priester berufen, zieht es dann aber vor, ein Bösewicht zu werden. Um zu verhindern, daß die 16jährige Rose gezwungen wird, gegen ihn auszusagen, heiratet er sie und erfährt, bevor er selbst umkommt, in der Liebe die «erschreckende Seltsamkeit der Gnade Gottes». Greene hat Mörder auch in späteren Büchern mit Sympathie beschrieben – in «The Third Man» (1949) den gewissenlosen Penicillin-Schieber Harry Lime, in «The Quiet American» (1955) den englischen Journalisten Thomas Fowler, der den naiven Geheimdienstler Pyle in eine Falle der vietnamesischen Kommunisten lockt, weil er seinen Bettschatz nicht an den Amerikaner verlieren will. Lime wird schließlich nach aufregender Jagd durch die Wiener Kloaken gestellt und erschossen. Fowler wird zwar von der französischen Polizei verdächtigt, aber beweisen kann sie ihm nichts. Nach dem Leitmotiv seiner Romane gefragt, antwortete Greene mit einem Zitat aus «Bishop Blougram's Apology» von Robert Browning:

> Wir interessieren uns für die gefährliche Seite der Dinge,
> den ehrlichen Dieb, den zärtlichen Mörder,
> den abergläubischen Atheisten ...

Für Romane, in denen die Aufklärung des Mordes keine oder nur eine nebensächliche Rolle spielt, hat sich in der angelsächsischen Literaturwissenschaft der – nicht ins Deutsche übersetzbare, da schon vergebene – Begriff *crime novel* eingebürgert. Es ist kein Zufall, daß diese Gattung erheblichen Zulauf erhielt, als sich das goldene Zeitalter der *detective novel* seinem Ende zuneigte. Es war zugleich das Ende der heilen Welt von Landhäusern mit Butlern und Gärtnern, von Luxusdampfern und vermögenden Aristokraten, die die Aufklärung von Verbrechen wie einen eleganten Sport betrieben. An die Ordnung, die Lord Peter Wimsey und Hercule Poirot wieder herstellten, glaubten Dashiell Hammett und Raymond Chandler nicht mehr. Graham

Greene sympathisierte mit dem Kommunismus. Patricia Highsmith berief sich zwar gern auf Dostojewski. Doch ihr Weltbild stand dem der Nihilisten näher.

In «Strangers on a Train» (1950), ihrem ersten Roman, der einen Verleger fand, hielt sie sich noch einigermaßen an den Moralkodex des klassischen Kriminalromans: Bruno und Guy lernen sich auf einer Bahnreise kennen. Beide haben einen Verwandten, den sie loswerden wollen – Bruno seinen Vater, Guy seine Frau. Bruno schlägt vor, daß jeder den Mord des anderen begeht – da der Täter kein Motiv hat und der Verdächtige ein Alibi, das perfekte Verbrechen. Und so geschieht es. «Mörder durch ein Gericht zu bestrafen», verkündet die Autorin, «macht sie nicht besser. Jeder ist sein eigenes Gericht und straft sich selbst genug.» Am Ende begeht Bruno Selbstmord, und Guy stellt sich der Polizei. Alfred Hitchcock, der den Roman sofort verfilmte, waren zwei Mörder freilich zuviel. Bei ihm weigert sich Guy, Brunos Beispiel zu folgen, und am Schluß gibt es, wie es Hollywoods Spielregeln erforderten, ein Happy End.

Fünf Jahre später betritt «The Talented Mr. Ripley» die Szene. Der hübsche Tunichtgut soll den Sohn eines reichen Mannes suchen, der sich in Italien herumtreibt. Er findet ihn, bringt ihn um und schlüpft selbst in die Rolle seines Opfers. Tom Ripley überlebt in den angenehmsten Umständen nicht nur diesen Roman, sondern vier weitere. In einer französischen Villa mit dem anzüglichen Namen «Belle Ombre» genießt der Kunstfreund und Hobbymaler die Früchte seiner Verbrechen. «Ich finde die Leidenschaft des Publikums für die Gerechtigkeit langweilig und künstlich», schrieb Patricia Highsmith. «Weder das Leben noch die Natur kümmert sich darum.» Bei einer anderen Gelegenheit erklärte sie kühl: «Kunst ist nicht immer gesund.» Und: «Mord ist eine Art von Liebe, von Besitzergreifung.» In ihren Romanen und Kurzgeschichten wimmelt es von solchen Liebesakten und reuelosen Mördern, um die sich die Justiz keinen Deut kümmert. Dieser Zynismus ist nicht jedermanns Sache.

Viele amerikanische Verleger fühlten sich von der amoralischen Kälte abgestoßen und lehnten ihrer Manuskripte ab. In Europa dagegen, wo sie den größten Teil ihres Lebens zubrachte, gilt Patricia Highsmith gerade bei Lesern, die für Kriminalromane wenig übrig haben, als die kundigste Führerin durch die Abgründe der menschlichen Seele.

Nicht minder umstritten ist Joyce Carol Oates, die eigenwilligste unter den lebenden *crime novelists*. Die Romanwelt dieser ungemein produktiven Amerikanerin, die an der Universität von Princeton «kreatives Schreiben» lehrt, ist ein Pandämonium von Mord, Blutschande, Notzucht, Folter und Kannibalismus. Manche dieser Verbrechen werden gesühnt, die meisten nicht. Das ist nicht der Punkt, auf den es der Autorin ankommt. Ihr erster großen Erfolg, «Them» (1969), der ihr den National Book Award einbrachte, beginnt damit, daß Lorettas Bruder ihren Geliebten umbringt und sie den Polizisten heiratet, der den Mord auf- und gleich wieder zudeckt. Später kommt auch der Polizist ums Leben. «Wonderland» (1971) ist die Geschichte von Jesse Hart, dessen Vater seine ganze Familie erschießt und danach sich selbst. In der Ermordung des Präsidenten Kennedy wiederholt sich die private Tragödie auf nationaler Ebene. Bei «Zombie» (1995) stand der homosexuelle Massenmörder Jeffrey Dahmer Pate, der seine Opfer schlachtete und aufaß. Quentin P. beschreibt in seinem mit kruden Zeichnungen illustrierten Tagebuch, wie er an seinen Opfern Gehirnoperationen vornimmt, um sie zu Sexsklaven abzurichten, und wie diese Operationen regelmäßig mißlingen. Truman Capote, der sich mit Mördern auskannte, war von den Alpträumen seiner Kollegin nicht erbaut: «Für mich», sagte er, «ist sie die ekelhafteste Kreatur Amerikas. Sie ist eine Witzfigur, ein Monstrum, das man öffentlich köpfen sollte.»

Ihr habt den Pfeil geschärft, ich hab ihn abgedrückt

Mord im Theater – mit und ohne Musik

Der Roman ist eine späte Frucht der Literaturgeschichte. Anders das Drama. Dramen gehören zu den ältesten Zeugnissen der Antike. Morde spielen in ihnen von Anfang an eine wichtige Rolle. Von Ödipus, dem Vatermörder, haben wir schon gehört, ebenso von Medea, der Urmutter der Giftmischerinnen. Die blutigste Familiengeschichte ist die der fluchbeladenen Atriden. Atreus schlachtet die Kinder des Thyest, kocht sie und setzt sie ihrem nichtsahnenden Vater vor. Im Gegenzug wird er von seinem Neffen Ägisth umgebracht. Später ermordet Ägisth auch Agamemnon, den Sohn und Nachfolger des Atreus auf dem Thron von Mykene. Seine Mittäterin ist Klytämnestra, die Gattin des Opfers, mit der ihn eine zarte Leidenschaft verbindet. Die Rache kommt spät, aber sie kommt. Angespornt von seiner Schwester Elektra, erschlägt Orest, Agamemnons und Klytämnestras Sohn, das Mörderpaar mit dem Beil.

Die Dichter haben den Muttermörder mit Samthandschuhen angefaßt. Äsychylus zitiert ihn – im dritten Teil der «Orestie» – vor den Areopag in Athen, wo Athene selbst den Vorsitz führt. Der Prozeß endet mit Stimmengleichheit. Athene entscheidet: Sie spricht Orest frei. In der «Elektra» des Sophokles stellt sich die Schuldfrage gar nicht: Da Apollo die Blutrache befohlen hat, gibt es für die Menschen keinen Anlaß, über den Vollstrecker des göttlichen Willens zu Gericht zu sitzen. Auf Orest und Elektra wartet eine glückliche Zukunft. Anders Euripides, der Jüngste des dramatischen Trios, der das Thema dreimal behandelt hat. Euripides lehnt die Blutrache ab. In seiner «Elektra» steigert er die Rachsucht der Titelfigur ins Unmenschliche. Die Dioskuren verurteilen die Geschwister zur Trennung und ewigen Verbannung. Im «Orestes» werden sie zunächst von der Volksversammlung zum Tode verurteilt. Doch als Orest wahnsinnig wird und der böse Geist der Atriden wieder über ihn kommt, greift Apoll ein und spricht ihm die väterliche Herrschaft zu. In «Iphigenie bei den Taurern» bietet Euripides eine dritte Lösung an: Zur Entsühnung bringt Orest ein Kultbild der Artemis von Tauris nach Delphi. Bei dieser Gelegenheit befreit er seine Schwester Iphigenie, die der Göttin künftig als Priesterin dienen wird.

Auch die späteren Bearbeiter des Stoffs waren bemüht, Orest zu entlasten. Voltaires «Oreste» tötet seine Mutter ohne Absicht: Sie will den Schlag gegen Ägisth aufhalten und wird dabei selbst getroffen. In «Elektra», dem Gemeinschaftswerk von Hugo von Hofmannsthal und Richard Strauss, stirbt die Titelheldin nach vollbrachter Tat in einem ekstatischen Freudentanz. Über das weitere Schicksal Orests sagt die Oper nichts. Doch lassen die edlen Klänge, die Strauss ihm in den Mund legt, darauf schließen, daß es mit ihm ein gutes Ende nehmen wird. So singt kein Bösewicht. In Jean-Paul Sartres «Die Fliegen» (1943), uraufgeführt im besetzten Paris, ist Orest ein freier Mensch, der sich von seinem Gewissen – eben den Fliegen – nicht davon abhalten läßt, das von ihm für richtig Erkannte zu tun und den Usurpator, der das Volk in Unfreiheit hält, zu beseitigen. Nach dem Krieg behauptete Sartre, er habe mit seinem Drama zum Widerstand gegen das Vichy-Regime aufrufen wollen. Doch hatte er seine Botschaft so gut verschlüsselt, daß sie weder von der deutschen Zensur noch vom Publikum bemerkt wurde.

Mit Orests Schwester verfuhren die Dichter weniger rücksichtsvoll. In seiner Trilogie «Mourning Becomes Electra» (1931) verlegt Eugene O'Neill das antike Drama in die Zeit des amerikanischen Bürgerkriegs und verwandelt es gleichzeitig in eine Tragödie inzestuöser Sehnsüchte. Christine (Klytämnestra) betrügt ihren Mann, den Brigadegeneral Ezra Mannon (Agamemnon), mit Adam (Ägisth), einem illegitimen Sproß der Familie, dem auch ihre Tochter Lavinia (Elektra) nachstellt. Als Lavinia der Mutter droht, sie bei dem aus dem Krieg heimkehrenden Vater zu denunzieren, wird er von Christine vergiftet. Lavinia stachelt nun ihren Bruder Orin (Orest) auf, das ehebrecherische Paar zu trennen. Orin, der seine Mutter leidenschaftlicher liebt, als es ein Sohn tun sollte, erschießt Adam, worauf Christine Selbstmord begeht. Auch Orin tötet sich selbst, nachdem Lavinia sein Ansinnen, mit ihm zusammenzuleben, zurückgewiesen hat. Lavinia bleibt vereinsamt zurück.

Der Diplomat Jean Giraudoux zeichnet «Électre» (1937) dagegen als Gerechtigkeitsfanatikerin ohne Sinn für Realpolitik. Obwohl die Stadt von den Korinthern belagert wird, verfolgt sie unbeirrt ihren Racheplan. Ägisth und Klytemnästra werden ermordet, Orest flieht, die Stadt wird zerstört. Ein Appell zum Appeasement gegenüber Nazi-Deutschland und ein Vorgeschmack der Münchner Konferenz?

Shakespeare wußte, was seine Auftraggeber von ihm erwarteten

Auch in William Shakespeares Dramen wird fleißig gemordet. Wenige sind im strengen Sinne historisch, einige frei erfunden, die meisten eine Mischung aus Dichtung und Wahrheit. Aus zwei Königen, einem schottischen und einem englischen, deren Thronbesteigung zu Zweifeln Anlaß gab, machte er klassische Theaterbösewichte. Der historische «Macbeth» (1606) ermordete seinen Vorgänger Duncan nicht im Bett, sondern tötete ihn in offener Feldschlacht. Da es keine klare Regel für das Erbrecht gab und seine Gattin Gruoch – so hieß die richtige Lady Macbeth mit Vornamen – eine Enkelin des Königs Kenneth III. war, bedurfte er keiner wahrsagenden Hexen, um nach der Krone zu greifen. Schottische Chroniken stellen seiner Regentschaft (von 1040 bis 1057) ein gutes Zeugnis aus. Er fiel in der Schlacht gegen

Malcolm, Duncans Sohn, allerdings nicht an dem Ort, den Shakespeare angibt. Über das Ende von Gruoch und ihre Schlafstörungen sagen die Chroniken nichts.

Mit dem historischen «Richard III.» (1593) ist Shakespeare nicht nur frei, sondern ausgesprochen tendenziös umgegangen. Richard war der letzte König aus dem Hause Plantagenet, das von Shakespeares Arbeitgebern, den Tudors, verdrängt wurde. Die Tudors setzten alle Hebel in Bewegung, um ihre Vorgänger schlecht zu machen. Shakespeare wußte also genau, was die neuen Machthaber von ihm erwarteten. Er verwandelte einen Mann mit angenehmen, etwas sorgenvollen Zügen, als den ihn zeitgenössische Bildnisse zeigen, in einen verwachsenen Krüppel. Zwar trifft es zu, daß eine ungewöhnlich hohe Zahl von Verwandten, die Richards Thronfolge im Weg standen, eines gewaltsamen Todes starben. Die beiden Söhne seines Vorgängers Eduard IV. verschwanden 1483 spurlos im Tower. Fünf Jahre zuvor war sein älterer Bruder, der Herzog von Clarence, unter mysteriösen Umständen in einem Weinfaß ertrunken. Doch in beiden Fällen ist Richards Schuld keineswegs erwiesen. Clarence hatte viele Feinde. Nachdem seine Frau Isabel von einer Magd vergiftet worden war, erwog er, eine burgundische Prinzessin zu heiraten, was den ganzen Hof alarmierte, da eine solche Verbindung neue Erbstreitigkeiten mit Frankreich heraufzubeschwören drohte. Die verschwundenen Prinzen,deren Knochen erst zweihundert Jahre später gesucht und unter einer Treppe gefunden wurden, standen nicht nur zwischen Richard und dem Thron. Auch die Tudors hatten Anlaß, ihre Konkurrenten aus dem Weg zu räumen. In Josephine Teys Detektivroman «The Daughter of Time» (1951) geht Inspektor Grant, den ein Betriebsunfall ans Bett fesselt, Shakespeares Beschuldigungen nach und kommt zum Ergebnis, daß sie keinerlei Aussicht hätten, vor einem Schwurgericht zu bestehen.

In «Julius Caesar» (1599) hält sich Shakespeare eng an die historischen Quellen, vor allem Plutarch. Die Nachwelt hat die

Ermordung des großen Feldherrn und Staatsmanns unterschiedlich beurteilt. Es hat nicht an Stimmen gefehlt, die das Attentat als klassischen Tyrannenmord rühmten. Bei den Gegnern der absoluten Monarchie im 18. und 19. Jahrhundert erfreute sich Brutus, das Schwergewicht unter den Verschworenen, hohen Ansehens. Auch die Kommunisten weinten dem Ermordeten keine Träne nach. In seinem Romanfragment «Die Geschäfte des Herrn Julius Caesar» (1957) beschreibt ihn Bertolt Brecht als demagogischen Hasardeur und skrupellosen Schuldenmacher. Doch die Gegenstimmen überwiegen. Dante verbannte die Attentäter in die Hölle. Shakespeare schildert Brutus als untadeligen Charakter, aber das Glanzstück seiner Tragödie ist doch die Leichenrede Mark Antons, mit der er das Volk gegen Brutus und die übrigen «ehrenwerten» Verschwörer aufwiegelt. Goethe, der die Autorität stets höher schätzte als den «zweideutigen Gewinn» der Demokratie, nannte den Mord «die abgeschmackteste Tat, die jemals begangen wurde». Auf den Vorschlag Napoleons, den von engstirnigen Fanatikern beseitigten «Inbegriff aller menschlichen Größe» zum Gegenstand eines Theaterstücks zu machen, ließ er sich allerdings nicht ein.

Brudermord mit Bilsenkraut

«Hamlet» (1601), Shakespeares interessantester Titelheld, ist dagegen eine Sagengestalt. Shakespeares Quelle, die «Gesta Danorum» des Saxo Grammaticus, gilt nur dort als zuverlässig, wo der Autor über Ereignisse berichtet, die sich zu seinen Lebzeiten zugetragen haben. Die Geschichte von Amlethus, seinem toten Vater Horvendillus, seiner Mutter Gerutha (Gertrud) und seinem mörderischen Schwiegervater Fengo (Claudius) gehört nicht dazu. Dennoch fehlt es nicht an Bezügen zur Realität. Manches spricht dafür, daß Shakespeare den Stoff nicht in seiner schwer zugänglichen Urfassung kennenlernte, sondern in einer

Bearbeitung für das Londoner Theater von Thomas Kyd. Dieses – verlorengegangene – Stück wurde 1589 gespielt, zwölf Jahre vor der Uraufführung des «Hamlet» und zwei Jahre nach der Hinrichtung der Maria Stuart. Marias Schicksal wurde sofort von der katholischen Propaganda ausgeschlachtet und war ein bevorzugtes Thema der meist von Jesuiten verfaßten Märtyrerdramen. Was lag näher, als im protestantischen London die weniger gottesfürchtigen Seiten der schönen Schottin auszubreiten? Dreimal war sie verheiratet gewesen. Ihr zweiter Mann, Lord Darnley, hatte ihren florentinischen Sekretär David Rizzio aus Eifersucht ermorden lassen und war ein Jahr später selbst ermordet worden, worauf die Witwe dem Mörder, dem Earl of Bothwell, die Hand zum Ehebunde reichte.

«Hamlet» ist nicht nur Shakespeares wortreichstes Stück, sondern auch eines seiner blutrünstigsten. Wenn der Schlußvorhang fällt, sind nicht weniger als neun Personen auf unnatürliche Weise ums Leben gekommen. Den ersten, Hamlets Vater, lernen wir als Gespenst kennen – was den mit Suizidgedanken spielenden Sohn nicht daran hindert, über das «Reich, aus des Bezirk kein Wandrer wiederkehrt» zu räsonieren. Der immerhin ungewöhnliche Brudermord durch Einträufeln von Bilsenkraut (*hebenon* oder *henbane)* ins Ohr eines Schlafenden hat die Nachwelt weit weniger interessiert als das Zaudern des Sohnes, den Tod seines Vaters zu rächen. Er entschließt sich erst dazu, nachdem der Mörder dreimal versucht hat, ihn aus dem Weg zu räumen. Hamlet wurde zum Inbegriff des Bedenkenträgers, der sich, «von des Gedankens Blässe angekränkelt», zur Tat nicht durchringen kann. Sigmund Freud hielt ihn für ein Opfer des Ödipus-Komplexes. «Er kann alles», schreibt er in der «Traumdeutung», «nur nicht die Rache an dem Mann vollziehen, der seinen Vater beseitigt und bei seiner Mutter dessen Stelle eingenommen hat, an dem Mann, der ihm die Realisierung seiner verdrängten Kinderwünsche zeigt. Der Abscheu, der ihn zur Rache drängen sollte, ersetzt sich so bei ihm durch Selbstvorwürfe, durch Gewissensskrupel, die ihm vorhalten, daß er selbst nicht besser sei als der von ihm zu strafende Sünder.» Der italienische Kriminologe Enrico Ferri, ein Gefolgsmann von Lombroso, hielt Hamlet dagegen für den klassischen Fall des *dégénéré supérieur*. Seine Geisteskrankheit sei nicht gespielt, sondern echt: Nur ein Verrückter könne glauben, sein Vater sei ihm als Geist erschienen.

Auch die Franzosen konnten mit dem Dänenprinzen wenig anfangen. Voltaire nannte das Drama «ein grobes, barbarisches Stück, das in Frankreich und Italien nicht von dem niedrigsten Pöbel geduldet würde». Die französischen Bühnenbearbeitungen präsentierten Hamlet als Mann zwischen zwei Frauen; er selbst überlebte am Ende, wie er es auch in der Oper von Ambroise Thomas tut. Erst 1886 durfte Hamlet in einem Pariser Theater sterben. Englische Autoren behandeln ihn dagegen wie einen guten alten Bekannten, der zu vielerlei Zwecken mobilisiert werden kann. Im Kriminalroman «Hamlet, Revenge!» (1937) von Michael Innes – ein Pseudonym, hinter dem sich der Oxford-Professor John Innes Mackintosh Stewart verbarg – kommt der Lord Chancellor, der höchste englische Richter, auf die gleiche Weise um wie Polonius, den er in einer Amateuraufführung spielt. Tom Stoppards Komödie «Rosencrantz and Guildenstern Are Dead» (1966) erzählt die Geschichte aus der Perspektive zweier Randfiguren, die von den lebensgefährlichen Vorgängen um sie herum nichts begreifen und beinahe erleichtert in den Tod gehen.

«Othello» (1604) ist gleichfalls eine erdichtete Figur. Shakespeare fand den Stoff in einer italienischen Novellensammlung, Cinthios «Hecatommithi» (1565). Dort versucht ein Fähnrich, Disdemona (mit i), die Frau seines schwarzen Hauptmanns, zu verführen. Als ihm dies mißlingt, beschuldigt er sie des Fehltritts, den er gern mit ihr begangen hätte. Der Hauptmann glaubt ihm und erschlägt seine Frau mit einem sandgefüllten Strumpf. Danach bringen beide, um den Mord zu kaschieren, die Decke des Schlafzimmers zum Einsturz. Doch Disdemonas Verwandte entdecken die Wahrheit und töten den Hauptmann. Der Fähnrich stirbt unter entsetzlichen Foltern. Shakespeare gab dem Mohren einen Namen und machte aus ihm einen tragischen Helden. Aus dem Fähnrich wurde Jago, der sich nicht aus verschmähter Liebe rächt, sondern weil er sich bei einer Beförderung übergangen fühlt. Das von Shakespeare gekappte erotische Motiv kam bei Laurence Olivier wieder zu Ehren: Sein Jago war auf Desdemona eifersüchtig, weil er Othello liebte.

Mord im Dom

Den berühmtesten Kriminalfall des englischen Mittelalters, die Ermordung des Erzbischofs von Canterbury, Thomas Becket, hat Shakespeare dagegen ignoriert. Hintergrund des Verbrechens, das ganz Europa entsetzte, war der Streit zwischen Kirche und Staat, wie er auch auf dem Festland tobte. Heinrich II., der erste Plantagenet auf dem englischen Thron, hoffte ihn zu beenden, indem er seinen Kanzler und väterlichen Freund Thomas Becket 1161 zum Primas wählen ließ. Mit beiden Ämtern in einer Hand, glaubte er, werde sich der Streit von selbst erledigen. Darin hatte er sich getäuscht. Der frisch Konsekrierte ließ sich von allen weltlichen Ämtern entbinden und verteidigte energisch die Privilegien der Kirche. Die Entfremdung zwischen den beiden Freunden wurde schließlich so groß, daß sich Becket, als Gerüchte von seiner bevorstehenden Einkerkerung, ja sogar seiner Entmannung die Runde machten, nach Frankreich absetzte und unter den Schutz des französischen Königs stellte. Sechs Jahre dauerte sein Exil.

Im Juli 1170 trafen König und Primas bei Orléans zusammen und schlossen überraschend Frieden. Am 1. Dezember betrat Becket, von einer jubelnden Menge begrüßt, wieder englischen Boden. Kaum in Canterbury zurück, exkommunizierte Becket die Bischöfe von London und Salisbury, die sich in seiner Abwesenheit der Staatsmacht gebeugt hatten. Den Erzbischof von York, der sich seine Rechte angemaßt und den Thronfolger gekrönt hatte, enthob er des Amtes. Die Bischöfe beschwerten sich beim König, der in der Normandie Weihnachten feierte. Sie beschrieben die Volksmassen, die den Heimkehrer gefeiert hatten, und prophezeiten, er werde erst Ruhe geben, wenn die Krönung des Thronfolgers annulliert sei. Heinrich bekam einen seiner gefürchteten Wutanfälle. «Was für elende Feiglinge und Verräter habe ich in meinem Haushalt großgezogen», schrie er, «daß sie ihren Herrn von einem kleinen Angestellten so beleidigen lassen?»

Vier Barone glaubten verstanden zu haben, was der König meinte. Reginald FitzUrse, Hugh de Moreville, Richard Brito und William de Tracy brachen in aller Stille nach Canterbury auf. Am 28. Dezember drangen sie in Beckets Schlafzimmer ein, beschuldigten ihn, den Frieden gebrochen zu haben, und forderten ihn auf, das Land zu verlassen. Da er sich kühl weigerte, kündigten sie an, sie würden bewaffnet wiederkommen. Die verängstigten Mönche zerrten ihren widerstrebenden Abt in die Kathedrale, wo er sein Schicksal vor einem Pfeiler im linken Seitenschiff erwartete. Das Gerangel vor seinem Tod läßt den Schluß zu, daß ihn die Mörder nicht erschlagen, sondern entführen wollten.

König Heinrich begriff, daß ihn nur eine große Geste vor dem Verdacht der Mittäterschaft befreien konnte. Barfuß und im Büßergewand pilgerte er nach Canterbury, weinte und betete am Grab des Märtyrers und ließ sich von jedem der achtzig Mönche mit Ruten geißeln. Der König war nicht der einzige, der nach Canterbury pilgerte. Schon wenige Tage nach dem Attentat versicherten Kranke, durch ein Gebet an der Mordstelle geheilt worden zu sein. Canterbury stieg – neben Rom und Santiago de Compostela – zum meistbesuchten Wallfahrtsort der Christenheit auf. Besonders begehrt war das wohltätige «Sankt-Thomas-

Wasser», das die geschäftstüchtigen Mönche massenhaft vertrieben. Daß die Mörder ihres Wunderheiligen nicht vor Gericht gestellt wurden, sondern unbehelligt weiter am Hof lebten, ging im allgemeinen Glaubensrausch unter.

Als Shakespeare die englische Geschichte rückwärts aufrollte, machte er um Becket einen großen Bogen. Sich mit einem katholischen Heiligen zu beschäftigen, war im Zeitalter der protestantischen Elisabeth nicht ratsam. Elisabeths Vater Heinrich VIII. hatte die Wallfahrten nach Canterbury verboten und die Gebeine des Märtyrers an unbekanntem Ort verscharren lassen. Erst im 20. Jahrhundert wurde aus dem Erzbischof ein populärer Theaterheld. Der von mittelalterlichen Mysterienspielen inspirierte T. S. Eliot rückte die Frage, ob Becket das Martyrium bewußt anstrebte, in den Mittelpunkt seines – natürlich in Canterbury uraufgeführten – Dramas «Murder in the Cathedral» (1935). Jean Anouilhs «Becket oder die Ehre Gottes» (1959) hat dagegen einen homoerotischen Grundton: Der lebenslustige, ganz unkirchliche Höfling verrät den König an einen höheren Herrn, als ihm sein Busenfreund das geistliche Amt aufdrängt. In der Verfilmung des Anouilh-Stücks schlafen Becket (Richard Burton) und Heinrich II. (Peter O'Toole) sogar im gleichen Bett – was bei prüden Kritikern Anstoß erregte.

Dank vom Haus Östreich

Die Ermordung Wallensteins folgte einem ganz ähnlichen Muster. In diesem Fall war es Kaiser Ferdinand II., der den Geist, den er gerufen, wieder loswerden wollte. 1625, als es im Dreißigjährigen Krieg schlecht um die katholische Sache stand, hatte er den größten Grundherrn Böhmens zum «Capo über alles kaiserliches Volke» bestellt. 1630, nachdem der Mohr seine Schuldigkeit getan und den Dänenkönig verjagt hatte, mußte er wieder gehen. Aber schon zwei Jahre später rief ihn der Kaiser in einem flehentlichen Handschreiben zurück: Ein noch gefährlicherer Gegner, der Schwedenkönig Gustav Adolf, drang siegreich in Deutschland vor. Zwar fiel er in der Schlacht von Lützen, doch behaupteten die Schweden das Feld. Wallenstein hatte es nicht eilig, sie anzugreifen. Als ihn im Dezember 1633 der Befehl erreichte, die Schweden aus der Oberpfalz zu vertreiben, weigerte er sich – womit er den militärischen Sachverstand auf seiner Seite hatte, den Wiener Hof jedoch schwer verstimmte. Anonyme Flugschriften beschuldigten ihn, mit den Schweden in geheimer Verbindung zu stehen. Was an diesem Vorwurf war, ist bis heute umstritten. Schlüssige Beweise für einen Verrat haben sich nicht gefunden. Tatsache ist allerdings, daß er den Missionseifer des Kaisers nicht teilte, sondern einen Verständigungsfrieden vorzog. Während seines erzwungenen Ruhestandes hatte er sogar mit Gustav Adolf Briefe gewechselt, in denen von einer gemeinsamen Kriegsführung die Rede war. Doch waren die Verhandlungen im Sande verlaufen.

Am Wiener Hof wurde beschlossen, den General-Oberst-Feldhauptmann zum zweitenmal abzusetzen. Um einer Meuterei des Heeres vorzubeugen, sollten jedoch zunächst die wichtigsten Befehlshaber gewonnen werden. Natürlich bekam Wallenstein Wind von der Sache. Am 12. Januar 1634 versammelte er seine Kommandeure in Pilsen um sich und verpflichtete sie zur unbedingten Ergebenheit gegenüber seiner Person. Am Hof wurde der «Pilsner Revers» als Vorspiel zur Vereinigung des Hochverräters mit dem Feind gedeutet oder gar zum Marsch auf Wien. Am 24. Januar erließ der Kaiser ein vorerst geheimes Patent, in dem Wallenstein seines Kommandos enthoben wurde. Er und die Rädelsführer Ilow und Trčka (Illo und Terzky bei Schiller) waren «wenn irgend möglich gefangenzunehmen und nach Wien zu bringen oder als überführte Schuldige zu töten».

Ein Versuch, Wallenstein am 13. Februar in Pilsen gefangenzunehmen, mißlang, da er die Garnison gewechselt und verläßliche Truppen in die Stadt gelegt hatte. Nach der Veröffentlichung des

Absetzungspatents entschloß er sich zur Flucht zum Gegner, nach Sachsen. Unterwegs traf man auf das Dragonerregiment des Obersten Butler. Der Ire hatte den Pilsner Revers unterschrieben; vertrauensselig befahl ihm Wallenstein, sich dem Zug anzuschließen. Butler wußte von der Absetzung, wagte jedoch nicht, dem Feldherrn den Gehorsam zu verweigern. Auch in Eger, wo man am 25. Februar Station machte, sprach man englisch. An der Spitze des Regiments, das die Grenzfeste bewachte, standen zwei Schotten, Gordon und Leslie. Beim gemeinsamen Abendessen kamen sich die Herren rasch näher. Der ängstliche Gordon, der Wallenstein sein Haus am Markt überlassen hatte, riet zur Flucht. Butler zögerte. Es war Leslie, der als erster den Vorschlag machte, den Geächteten umzubringen. Doch zunächst galt es die «Adhaerenten» zu beseitigen. Ilow, Trčka, dessen Schwager Kinsky und ein Rittmeister Niemann, Trčkas Ordonnanz, wurden zu einem Bankett auf die Burg eingeladen und dort niedergemacht. Die Liquidierung des Feldherrn übernahm der zum Butlerschen Regiment gehörige Hauptmann Deveroux. Er drang in Wallenstein Schlafzimmer und erstach ihn «mit der Partisan zwischen beeden Prüsten», wie Gordon in seinem amtlichen Rapport berichtete.

Der Kaiser hatte seinen allzu selbständigen Generalissimus beseitigt. Aber glücklich wurde er ebensowenig wie Heinrich II. nach dem Tode Beckets. Ein Todesurteil ohne Anhörung des Beschuldigten – das erregte selbst damals Verdacht. Dutzende von Flugschriften ergriffen für den Ermordeten Partei und klagten den Wiener Hof des groben Undanks an. Sehr rasch bemächtigten sich auch die Theater des «von der Parteien Gunst und Haß verzerrten» Feldherrn. Schon wenige Jahre nach seinem Tod spielten Wanderbühnen «Die weltbekannte Historie von dem tyrannischen General Wallenstein», der nicht für seinen politischen Ehrgeiz büßt, sondern weil er seinen Sohn und dessen Geliebte umbringen ließ. Auch ein anderes, von Wanderbühnen gespieltes Spektakel mit dem Titel «Das große Ungeheuer der

Welt oder Leben und Tod des ehemals gewesenen kaiserlichen Generals Wallenstein, Herzogs von Friedland, mit Hanswurst» läßt keinerlei Zweifel daran, daß das Ungeheuer seine Strafe verdient hat.

Schillers «dramatisches Gedicht in einem Vorspiel und zwei Teilen», 1798 und 1799 in Weimar uraufgeführt, ist von anderem Kaliber. Sein Wallenstein ist ein unentschlossener Taktierer, der sich schließlich in seinem eigenen, allzu fein gesponnenen Netz verfängt. Anders als Schillers Zeitgenosse Dumouriez, der Sieger von Valmy, der die Revolutionsarmee verließ und zu den Alliierten überging, ist er mehr als ein bloßer Opportunist. Er ist ein Mann mit politischen Visionen, allerdings auch stark von den Einflüsterungen seines Astrologen abhängig – was der historische Wallenstein nicht war. Der Bösewicht des Dramas ist Buttler (mit zwei t), der von Wallenstein in seiner Eitelkeit gekränkt wurde und ihn seitdem haßt. Mit vorauseilendem Gehorsam macht er sich zum Büttel des kaiserlichen Todesurteils. Als ihm Octavio Piccolomini, Wallensteins Gegenspieler, vorwirft, zu rasch gehandelt und «dem Gnädigen nicht Zeit zur Gnade» gegeben zu haben, bleibt er gelassen:

Was scheltet ihr mich? Was ist mein Verbrechen?
Ich habe eine gute Tat getan,
ich hab' das Reich von einem furchtbarn Feinde
befreit und mache Anspruch auf Belohnung.
Der einz'ge Unterschied ist zwischen Eurem
Und meinem Tun: Ihr habt den Pfeil geschärft,
ich hab ihn abgedrückt.

Die Belohnung wurde Butler auch ungesäumt zuteil: Der Kaiser ernannte ihn zum Generalmajor, erhob ihn in den Grafenstand und überhäufte ihn mit Auszeichnungen. Doch konnte sich Butler seiner Standeserhöhung nicht lange freuen: Er fiel noch im gleichen Jahr.

Steinigung eines Babys im Kinderwagen

Anders als Wallenstein ist Wilhelm Tell, Titelheld von Schillers letztem vollendeten Drama (1804), keine geschichtliche, sondern eine Sagengestalt. Weder für den treffsicheren Heckenschützen noch für sein Opfer, den sadistischen Landvogt Geßler, gibt es einen zuverlässigen Beleg. Um dem Mißverständnis zu begegnen, er verherrliche den politischen Mord, läßt Schiller im fünften Akt eine historische Figur auftreten – den Schwabenherzog Johann Parricida, der 1308 seinen Onkel, den deutschen König Albrecht I., in einem Erbschaftsstreit ermordete. Tell hält dem als Mönch Verkleideten eine Standpauke, in der er sich unpassende Vergleiche verbittet:

Darfst du der Ehrsucht blut'ge Schuld vermengen
mit der gerechten Notwehr eines Vaters?
Hast du der Kinder liebes Haupt verteidigt?
Des Herdes Heiligtum beschützt? Das Schrecklichste,
das Letzte von den Deinen abgewehrt?
Zum Himmel heb' ich meine reinen Hände,
verfluche dich und deine Tat. Gerächt
hab' ich die heilige Natur, die Du
geschändet. Nichts teile ich mit dir. Gemordet
hast Du! Ich hab' mein Teuerstes verteidigt.

Der historische Parricida flüchtete nicht zu Wilhelm Tell in die Schweiz, sondern nach Pisa, wo er hoffte, vom Kaiser begnadigt zu werden. Statt dessen warf ihn der Kaiser ins Gefängnis, wo er 1313 starb.

Historisch oder nicht – die Schweizer erkoren «Wilhelm Tell» zum Nationaldrama. Auch im deutschen Nationaldrama «Faust» (1808) fehlt es nicht an Toten. Zunächst wird Gretchens Mutter ermordet, dann ihr Bruder, schließlich ihr Kind. Die Gretchen-Tragödie ist Goethes ureigenste Zutat zur Faust-Sage. (Der historische Faust war eher an Knaben interessiert.) Im Januar 1772 hatte er in seiner Vaterstadt der Enthauptung einer Kindsmörderin beigewohnt: Susanna Margaretha Brandt, Kellnerin im Gasthaus «Zum Einhorn», war von einem durchreisenden Goldschmiedegesellen geschwängert worden. Als das Kind zur Welt kam, erstach sie es mit einer Schere, die heute noch im Frankfurter Stadtarchiv aufbewahrt wird. Die Hinrichtung machte auf den angehenden Rechtsanwalt Goethe einen unauslöschlichen Eindruck. Er war nicht der erste, der die Verzweiflungstat einer verführten Unschuld auf die Bühne brachte. In Heinrich Leopold Wagners Trauerspiel «Die Kindermörderin» (1776) beseitigt Evchen Humbrecht die Leibesfrucht, die ihr ein gewissenloser Leutnant angehängt hat, und wird dafür zum Tode verurteilt. Parallel dazu liefen Bemühungen, die Todesstrafe für den Kindsmord abzuschaffen – was in Deutschland schon im 19. Jahrhundert gelang, in England und Frankreich erst im 20.

Das Thema reizte auch spätere Dramatiker. Nachdem Gerhart Hauptmann als Geschworener am Prozeß gegen eine des Kindsmords angeklagte Landarbeiterin teilgenommen hatte, schrieb er seine Tragödie «Rose Bernd» (1903). In Ödön von Horváths «Geschichten aus dem Wienerwald» (1931) ist es die Großmutter, die den kleinen Leopold der Zugluft aussetzt und dafür sorgt, daß der unwillkommene Nachwuchs verschwindet. «Saved» (1965), Edward Bonds zweites Stück, machte seinen Autor berühmt, wurde aber wegen einer Szene verboten, in der ein Baby im Kinderwagen zunächst geneckt, dann gequält und schließlich gesteinigt wird. Weit davon entfernt, sich zu verteidigen, provozierte Bond seine Ankläger mit der Bemerkung: «Die Steinigung eines Babys in einem Londoner Park ist ein typisch englisches Understatement. Verglichen mit den ‹strategischen Bombardements› deutscher Städte, ist dies eine Lappalie. Verglichen mit der kulturellen und emotionalen Verarmung unserer Kinder, sind die Folgen belanglos.»

In Georg Büchners «Woyzeck» (1836) wird nicht das uneheliche Kind ermordet, sondern die ungetreue Geliebte. Büchner stützte sich auf einen noch nicht lange zurückliegenden Fall: Am 2. Juni 1821 erstach der Perückenmacher Johann Christian Woyzeck aus Eifersucht seine Geliebte, Johanna Woost. Drei Jahre danach, am 27. August 1824, wurde er auf dem Leipziger Markt enthauptet. Die lange Dauer des Prozesses erklärt sich daraus, daß die Ärzte über die Zurechnungsfähigkeit des Angeklagten im Zweifel waren. Die Gutachten wurden veröffentlicht und fanden ihren Weg in die Bibliothek des Hofmedizinalrats Büchner in Darmstadt, wo sie der Sohn während der Semesterferien aufstöberte und zu einem Drama verarbeitete. Da das Drama unvollendet blieb, wurde es lange vernachlässigt und erst 1879 in die Gesamtausgabe aufgenommen – noch dazu unter einem falschen Namen («Wozzeck»): Den richtigen hatte der Herausgeber in der nahezu unleserlichen Handschrift nicht entziffern können. Alban Berg schrieb seine Oper, noch bevor die Philologen dem Mordfall auf die Spur gekommen waren und den Namen korrigiert hatten.

Schmutzige Hände

Politische Morde hatten mit Shakespeare und Schiller keineswegs ausgespielt, sondern blieben weiterhin ein bevorzugter Gegenstand der Dramatiker. Manche wählten historische Ereignisse als Vorlage, andere verließen sich lieber auf ihre Phantasie. «Die schmutzigen Hände» (1948), Sartres erfolgreichstes Stück, spielt in Illyrien, einem fiktiven osteuropäischen Land, und auch der Abweichler Hoederer, der von Hugo im Auftrag der Partei erschossen wird, ist eine erfundene Figur. Aber es fällt doch schwer, nicht an den Abweichler Leo Trotzki zu denken, der 1940 im Auftrag Stalins ermordet worden war. Als Hugo aus dem Gefängnis entlassen wird, ist die Partei auf Hoederers Linie der «schmutzigen Hände» – sprich: eines taktischen Bündnisses mit den Faschisten – eingeschwenkt. Am Ende ist es der Idealist

Hugo, den die Partei als Störenfried liquidiert. Sartre, der damals noch fest an die kommunistische Heilslehre glaubte, war über die Wirkung seines Stückes bestürzt. Er hatte offenbar nicht bedacht, daß sich jeder politisch wache Zuschauer an Stalins Abkommen mit Hitler erinnerte und an das blitzartige Einschwenken der französischen Kommunisten auf die neue Linie: Als die Wehrmacht in Frankreich einmarschierte, gehörten sie zu den eifrigsten Kollaborateuren. Nach dem Krieg wollte die Partei von dem Sündenfall nichts mehr wissen und erst recht nichts von einem Stück, das ihn mit Sympathie schilderte. Zerknirscht verbot Sartre schließlich weitere Aufführungen.

Wo seine Sympathien liegen, auf der Seite des Mörders oder des Ermordeten, sagt Peter Weiss nicht. Die geniale Idee seines Stückes «Die Verfolgung und Ermordung Jean-Paul Marats, dargestellt durch die Schauspielgruppe des Hospizes zu Charenton unter Anleitung des Herrn de Sade» (1964) ist, daß er das Für und Wider in einer Irrenanstalt diskutieren läßt. Marat, einer der blutdürstigsten Revolutionäre, war am 13. Juli 1793 von Charlotte Corday in der Badewanne erstochen worden. Royalisten und Liberale sahen in dem jungen Mädchen aus normannischem Kleinadel eine würdige Nachfahrin der Jeanne d'Arc, die ihr Leben zum Besten der Nation geopfert hatte. Umgekehrt waren die Jakobiner entschlossen, den Mord propagandistisch auszuschlachten. Einer von ihnen, der Maler Jacques-Louis David, war selbst ein enger Freund des Ermordeten gewesen. Sein berühmtes Bild des toten Marat, das heute in Brüssel hängt, wurde im Hof des Louvre ausgestellt und von einer langen Prozession der politischen Clubs, der Zünfte und Abordnungen sämtlicher Verfassungsorgane feierlich besichtigt, während eine Musikkapelle dazu aufspielte. Den Abschluß des Zuges bildeten weißgekleidete junge Mädchen und Einheiten der Armee zu Fuß und zu Pferde.

Die Pariser Bühnen ließen sich das dankbare Thema nicht entgehen. Im Théâtre de la Cité wurde den Zuschauern der «Tod des unglücklichen Marat und sein Aufstieg zu den elysischen Gefilden» geboten. Das Théâtre de l'Esplanade übertrumpfte die Konkurrenz, in dem es den Volkshelden in der Operette «Marat dans l'Olympe» sogar singen ließ. Für die französischen Intellektuellen, die vor Stalins Schauprozessen und Todeslagern fest die Augen schlossen, ist Jean-Paul Marat ein Volksheld geblieben. «Ein revolutionäres Regime», verkündete sein Namensvetter Sartre, «muß sich einer gewissen Zahl von Individuen entledigen, die es bedrohen, und dafür sehe ich keinen anderen Weg als den Tod. Aus einem Gefängnis kann man immer wieder herauskommen. Die Revolutionäre von 1793 haben wahrscheinlich nicht genug getötet.»

Natürlich ist die Verfolgung und Ermordung Andersdenkender nicht das Monopol revolutionärer Weltverbesserer. In seinem Drama «The Crucible» (1953), dessen deutscher Titel «Hexenjagd» die Sache noch besser trifft, erinnerte Arthur Miller seine Landsleute an die Hexenprozesse in Salem, Massachusetts, in denen neunzehn Unschuldige gefoltert und zum Tode verurteilt wurden. Millers Warnung kam nicht von ungefähr: Während er sein Stück schrieb, war in Amerika eine andere Hexenjagd im Gange – die des Senators McCarthy auf Kommunisten, Homosexuelle und andere «unamerikanische Umtriebe».

Den Sarg hat die Rächerin schon mitgebracht

In seiner schwarzen Komödie «Der Besuch der alten Dame» (1956) hat Friedrich Dürrenmatt gezeigt, wie man eine solche Hexenjagd organisiert. Die amerikanische Multimillionärin Claire Zachanassian, geborene Wäscher, kehrt in ihr schweizerisches Heimatdorf zurück, um sich an Alfred Ill, ihrem Jugendgeliebten, zu rächen: Er hatte seine Vaterschaft an ihrem Kind bestritten, so daß sie das Dorf in Schande verlassen mußte. Jetzt hat sie einen Sarg mitgebracht und stellt den Dörflern eine

Riesenspende in Aussicht, wenn man ihr den Verräter tot vor die Füße lege. Die Empörung über dieses Ansinnen ist groß, legt sich aber rasch. Der Bürgermeister findet eine elegante Lösung: Ill nimmt, von einer Delegation seiner Mitbürger begleitet, den Scheck selbst entgegen. Im Gedränge verlieren wir ihn für einige Sekunden aus den Augen. Als sich die Delegation zerstreut, liegt er tot am Boden. «Herzschlag», konstatiert der Arzt. Befriedigt fährt die alte Dame mit dem vollen Sarg ab, während ein Chor der Dorfbewohner die Segnungen des Wohlstands preist. Auch Dürrenmatts Landsmann Max Frisch hat die Verfolgung eines Außenseiters durch seine scheinheiligen Mitbürger auf die Bühne gebracht. In «Andorra» (1961) wird der unehelich geborene Andri, der fälschlich als Jude gilt, ausgenutzt und benachteiligt, schließlich von einem «Judenbeschauer» selektiert und hingerichtet.

Joe Orton, dem Enfant terrible des englischen Theaters, lag dagegen nichts ferner als ein erhobener moralischer Zeigefinger. Die Morde in seinen brillanten Farcen sollen uns zum Lachen bringen. Selbstverständlich bleiben sie ungesühnt. In seinem Erstling «Entertaining Mr. Sloane» (1964) bringt der hübsche Titelheld den Vater seiner Vermieter um, der in ihm den Mörder seines früheren Chefs erkannt hat. Anstatt ihn anzuzeigen, beschließen Sohn und Tochter, den appetitlichen jungen Mann als Sexspielzeug zu behalten. Auch in «Loot» (1965) bleibt der Krankenschwester Fay, die trotz ihres jugendlichen Alters schon sieben Ehemänner unter die Erde gebracht hat, die Bekanntschaft mit dem Gefängnis erspart. Polizeikommissar Truscott, der ihr auf die Schliche gekommen ist, lenkt den Verdacht auf den Gatten ihres letzten Opfers und steigt selbst als Partner in ihr lukratives Unternehmen ein. Ortons Leben endete weniger vergnüglich: Er wurde 1967 von seinem eifersüchtigen Freund Kenneth Halliwell mit einem Hammer erschlagen.

Natürlich sind nicht alle Bühnenpolizisten so korrupt wie Mr. Truscott. Bevor sich Film und Fernsehen des Genres bemächtigten, war das Theater der gegebene Ort für Leute, die Detektivgeschichten nicht lesen, sondern miterleben wollten. Viele dieser Geschichten machten auf der Bühne eine zweite Karriere. Das Bild, das wir heute von Sherlock Holmes haben, ist im wesentlichen eine Schöpfung des Dramatikers, Regisseurs und Schauspielers William Gillette, der ihn dreißig Jahre lang auf beiden Seiten des Atlantiks verkörperte. Gillette war es, der ihn mit Jägerkappe, karierter Pelerine und krummer Meerschaumpfeife ausstattete und seinen vielzitierten Kernspruch erfand: «Elementary, my dear Watson». Im Urtext kommt der Satz nicht vor.

Noch erfolgreicher war Agatha Christie mit ihrem Stück «The Mousetrap», das seit 1952 ununterbrochen im gleichen Londoner Theater läuft. Am Ende wird den Zuschauern eingeschärft, den Mörder nicht zu verraten – und daran haben sich auch alle brav gehalten. Bei weitem nicht so lange lief «The Accused» (2001). Dennoch war dieses Kriminalstück eines der ungewöhnlichsten, die das West-End-Publikum je zu sehen bekam. Am Schluß hatte es nämlich darüber abzustimmen, ob Dr. Patrick Sherwood seine Frau wirklich vergiftet hatte oder nicht. Der besondere Reiz der Abstimmung lag darin, daß Jeffrey Archer, der Autor, der auch den Angeklagten spielte, selbst Angeklagter in einem Strafprozeß war – nicht gerade wegen Mordes, sondern wegen Meineids: Er hatte ein Revolverblatt, das ihn dabei beobachtet haben wollte, wie er einer Prostituierten Schweigegeld zahlte, mit Erfolg verklagt und Schadenersatz in Höhe von 500 000 Pfund einkassiert. Vierzehn Jahre später gestand der Zeuge, der ihm das Alibi verschafft hatte, gelogen zu haben. An den meisten Abenden sprach das Publikum den Angeklagten frei. Der Autor kam nicht so glimpflich davon: Er wurde zu vier Jahren Gefängnis verurteilt.

Der Fürst des Terrors

Andere Instinkte befriedigte eine französische Gattung, über die die Literaturgeschichten meist schamhaft hinweggehen. Der Grand Guignol war ein Ableger des naturalistischen Theaters, der die von Émile Zola geschilderten menschlichen Bestien nicht der Phantasie des Lesers überließ, sondern in Aktion zeigte. Der fruchtbarste Autor, der dieses Feld bestellte, war der als «Fürst des Terrors» bewunderte André de Lorde. Zwischen 1901 und 1926 schrieb er mehr als hundert Stücke, die im *Théâtre du Rire et de l'Épouvante* (Theater des Lachens und Schreckens) ein begeistertes Publikum fanden. «Die letzte Folter» (1904) spielt in China während des Boxer-Aufstands. Ein französisches Konsulat wird seit Wochen belagert. Einige besonders Mutige versuchen auszubrechen. Vergebens: Ein Matrose kommt ohne Hände zurück, zeigt seine blutigen Armstümpfe und schildert die Qualen, unter denen die anderen sterben mußten. Der Konsul erschießt seine Tochter, um sie vor der Folter zu bewahren. In diesem Augenblick werden die Eingeschlossenen von den Alliierten befreit. Der Konsul verliert den Verstand. In «Zur Toten Ratte» (1907) macht der zaristische General Gregoroff in einem Pariser Bordell die Bekanntschaft von Lea und lädt sie zu einem Tête-à-Tête ein. Während des Liebesmahls spricht er reichlich dem Wein zu und versucht seine Tischgenossin mit der Schilderung der Foltern zu beeindrucken, unter denen er die Revolutionäre sterben ließ. Er ahnt nicht, daß Lea die Schwester eines seiner Opfer ist. Als er nicht mehr sicher auf den Beinen steht, enthüllt sie ihre Identität und erwürgt ihn. Der Grand Guignol überlebte den Zweiten Weltkrieg, doch das Publikum hatte die Freude an ausgestochenen Augen und abgeschnittenen Brustwarzen verloren. 1962 wurde das Theater geschlossen «Mit Buchenwald konnten wir nicht konkurrieren», sagte der letzte Direktor. «Vor dem Krieg wußte jeder, daß, was auf der Bühne passierte, un-

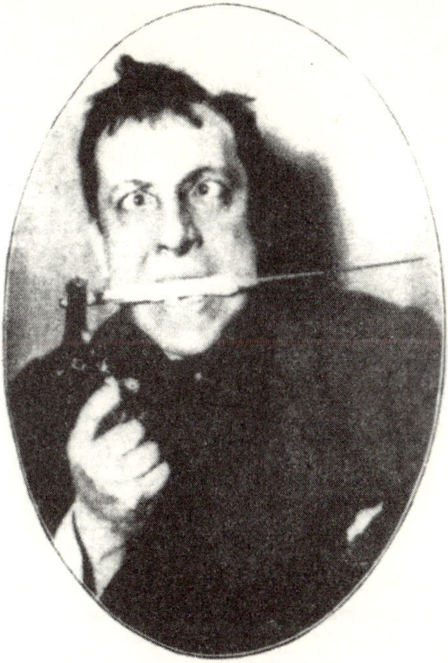

Abb. 24:
André de Lorde, der
«Fürst des Terrors»

möglich war. Heute wissen wir, daß diese Dinge – und schlimmere – durchaus möglich sind.»

Auch auf der Opernbühne fehlt es nicht an blutigen Exzessen. Die Oper ist der ideale Schauplatz für entfesselte Gefühle, die Lust wie die Mordlust. Zigeunerinnen werden von eifersüchtigen Liebhabern erstochen («Carmen»), mannstolle Prinzessinnen lassen Heilige köpfen, die ihren Verführungskünsten widerstehen («Salome»), Hofnarren dingen Berufskiller, um ihre Herren zu beseitigen, und finden bei der Abholung der Leiche ihre eigene Tochter sterbend im Sack («Rigoletto»). Verdis Oper, die mit dieser Szene endet, verdrängte ihre Quelle, Victor Hugos Versdrama «Der König amüsiert sich», vollständig aus dem Repertoire. Auch andere Stücke – «Elektra», «Othello», «Woyzeck» – wurden so erfolgreich veropert, daß sie häufiger mit Musik aufgeführt werden als ohne. Einige Grundregeln müssen die Librettisten allerdings beachten. Politische Morde haben auf der Opernbühne keine Chance. Händels «Giulio Cesare» behandelt daher nicht das Ende des römischen Diktators, sondern seine Liebesaffäre mit Kleopatra. Der schwedische König Gustav III. fiel 1792 einer Adelsverschwörung zum Opfer. In Verdis «Maskenball» verwandelt sich Graf Anckarström, der Anführer der Verschwörer, in Renato, den betrogenen Ehemann, der sich für die Verführung seiner Frau rächt. Im «Ring des Nibelungen» geht es ausnahmsweise nicht um Rach- oder Eifersucht, sondern um Geld und Macht: Riesen, Zwerge und schließlich der blonde Siegfried müssen für das wertvolle Geschmeide ihr Leben lassen. Die historische Salome wurde übrigens keineswegs, wie uns Oscar Wilde und Richard Strauss einreden wollen, von der Soldateska des Herodes niedergemacht, sondern starb als Mutter von drei Söhnen eines friedlichen Todes – ohne auch nur im entferntesten etwas von dem Ruf zu ahnen, den sie bei der Nachwelt hinterließ.

Nachts, wenn der Teufel kam

Mord in Film und Fernsehen

Der Film setzte fort, was das Theater begonnen hatte. Er erwies sich als ideales Medium für die Darstellung des Unheimlichen, des Zwielichtigen, des Grausigen. Die Regisseure fanden rasch heraus, daß Nacht und Nebel, schummrige Tatorte, die Büros von Scotland Yard und die Todeszellen von Sing Sing auf der Leinwand weit überzeugender wirkten als auf der Bühne. So kam, was kommen mußte: Der Kriminalfilm drängte das Kriminalstück an den Rand, bis er seinerseits von den Krimiserien des Fernsehens an den Rand gedrängt wurde.

Der Stummfilm erlaubte zunächst nur eine begrenzte Palette. Ausgedehnte Verhöre, wortreiche Plädoyers und das bewährte Geplänkel zwischen dem genialen Detektiv und seinem beschränkten Gehilfen waren ausgeschlossen. Statt zur realen Unterwelt des Verbrechens zog es den deutschen Film, der damals im Zenith seines Weltruhms stand, zu kriminellen Übermenschen, zu Magiern, Vampiren und Hypnotiseuren. Die Filmgeschichte hat diesen Alpträumen einige ihrer größten Meisterwerke zu danken – Robert Wienes «Kabinett des Dr. Caligari» (1920), Friedrich Wilhelm Murnaus «Nosferatu» (1921) und Fritz Langs «Dr. Mabuse, der Spieler» (1922). In seinem vielzitierten Essay «From Caligari to Hitler» (1947) hat der Soziologe Siegfried Kracauer diese Filme als Vorboten des braunen Terrors gedeutet. Er ist dem bekannten Trugschluß vom *post hoc* (danach) auf das *propter hoc* (deswegen) erlegen. In Wahrheit sind diese Filme trotz ihres expressionistischen Gewandes Nachzügler der Schauerromantik, deren finstere Helden – von Frankenstein bis Dracula – ganz Europa begeisterten. Florence Stoker, die Witwe des «Dracula»-Autors, strengte gegen Murnau denn auch einen Plagiatsprozeß an und erreichte, daß die meisten Kopien von «Nosferatu» vernichtet wurden.

Immerhin gab es auch Ansätze, Morde naturalistisch darzustellen. Erich von Stroheim rühmte sich, nicht eine einzige Einstellung von «Greed» (1923) im Studio gedreht zu haben. In seinem Eifer, Frank Norris' Roman «McTeague» möglichst naturgetreu zu verfilmen, vergaß er allerdings eine der Grundregeln der Zunft. Zähneknirschend mußte er hinnehmen, daß sein siebenstündiges Epos auf zweieinhalb Stunden zusammengeschnitten wurde. Auch Alfred Hitchcock mußte Zugeständnisse an den Publikumsgeschmack machen. In «The Lodger» (1926), seinem ersten Erfolg, war der geheimnisvolle Untermieter niemand anders als Jack the Ripper. So sah es das Drehbuch vor. Da jedoch der Mädchenschwarm Ivor Novello die Hauptrolle spielte, wurde der Schluß geändert: Der Untermieter verwandelte sich in den Bruder eines seiner Opfer, der den Ripper jagt.

Warte, warte nur ein Weilchen

Der Ton eröffnete dem Kriminalfilm neue, ungeahnte Möglichkeiten. Knarrende Türen, quietschende Reifen, Polizeisirenen, der tödliche Schuß und der Schrei des Opfers – das alles war jetzt zu hören. Die Musik, vorher als improvisiertes Geklimper nicht sonderlich ernst genommen, wurde nun auf einmal sehr wichtig. Die Komponisten hatten es nicht immer leicht, ihre Einfälle durchzusetzen. Als Miklós Rózsa das Mordkomplott in «Double Indemnity» (1944) mit dissonanten Tönen begleitete und an einer besonders dramatischen Stelle G und Gis zusammenprallen ließ, gab es einen Aufstand im Studio. Glücklicherweise stellte sich Billy Wilder, der Regisseur, hinter ihn – ein Durchbruch in der

Abb. 25: Anthony Perkins wartet auf Gäste (in «Psycho»)

Geschichte der Filmmusik. In «Spellbound» (1945) wollte Hitchcock die Obsessionen des Irrenhausdirektors Gregory Peck mit einem ungewöhnlichen Klang glaubhaft machen. Rózsa entdeckte das elektrische Theremin und entlockte ihm den gewünschten, eigentümlich jaulenden Effekt. (Der Erfinder des Instruments, Leon Theremin, machte sich später im Dienste des KGB als Konstrukteur ausgeklügelter Abhörgeräte nützlich.)

Den berühmten Mord unter der Dusche in «Psycho» (1960) hatte Hitchcock ursprünglich als stumme Szene geplant. Das Ergebnis befriedigte ihn so wenig, daß er schon drauf und dran war, den Film dem Fernsehen zu überlassen. Bernard Herrmann überredete ihn, es mit einer Tonkulisse zu versuchen – scharfen, nah am Mikrofon gespielten Violin-Glissandi, die wie kreischende Vögel klangen. Das Ergebnis war überwältigend – eine

Abb. 26: Peter Lorre (in «M») mit seinem nächsten Opfer

Szene des Grauens, die endlos scheint, obwohl sie nur 45 Sekunden dauert. Später überwarf sich Hitchcock mit seinem Leibkomponisten. Als sich Herrmann anschickte, den Mord an einem Stasi-Agenten in «Torn Curtain» (1966) mit zwölf Flöten, sechzehn Hörnern und neun Posaunen zu begleiten, machte ihm der Regisseur unmißverständlich klar, daß er diese Besetzung für einen schlechten Scherz hielt. Eine zehnjährige Zusammenarbeit war beendet.

Fritz Lang zeigt in «M» (1931), seinem ersten Tonfilm, nur einen einzigen Mord – und dies höchst diskret durch einen wegrollenden Ball und einen Luftballon, der in der Oberleitung zappelt. Um so erschreckender ist der Kindermörder selbst, der quallige, weinerliche Peter Lorre, der jedesmal, wenn «es» ihn packt, eine Grieg-Melodie pfeift, an der ihn ein blinder Bettler schließlich erkennt. (In Wahrheit pfiff Lang, da sein Hauptdarsteller nicht pfeifen konnte.) Jeder, der den Film damals sah, erinnerte

Abb. 27: Der Düsseldorfer Frauenmörder Peter Kürten

sich an zwei Serienmörder, die Deutschland in den zwanziger Jahren tief aufgewühlt hatten – Fritz Haarmann und Peter Kürten.

Der Film beginnt mit spielenden Kindern und, in leicht abgewandelter Form, einem wohlbekannten Abzählvers, der dem Zuschauer auf Anhieb klarmacht, wohin die Reise geht:

Warte, warte nur ein Weilchen,
bald kommt Haarmann auch zu dir
mit dem kleinen Hackebeilchen
und macht Pökelfleisch aus dir.

Haarmann erwürgte 1923/24 in Hannover mindestens 27 Jungen im Sexualrausch. Ihr Fleisch schnitt er in kleine Stücke oder verarbeitete es zu Würsten, die er mit ahnungslosen Bekannten vertilgte. Den Rest warf er in die Leine. Nachdem die ersten Schädel aufgetaucht waren, durchsuchte die Polizei den Fluß und fand mehr als fünfhundert Leichenteile. Kürten, der sein Unwesen 1929/30 in Düsseldorf trieb, hatte es dagegen auf Mädchen und junge Frauen abgesehen. Im Prozeß wurden ihm neun Morde und sieben Mordversuche nachgewiesen. Beide wurden zum Tode verurteilt und enthauptet. Wie Anthony Perkins, der von Schuldgefühlen geplagte Muttermörder in «Psycho», war auch Lorre so überzeugend, daß er sein ganzes Leben lang psychopathische Verbrecher spielen mußte.

Der Gangsterfilm

Das Genre, in dem der Tonfilm zum erstenmal so etwas wie eine Schule erkennen ließ, war das urbane Gegenstück zum Western – der Gangsterfilm. Daß sich das Publikum für die Unterwelt brennend interessierte, war nicht verwunderlich. Seit mehr als einem Jahrzehnt hatte sie die Zeitungen mit aufregenden Stories versorgt.

Für die Entwicklung des amerikanischen Gangstertums war 1919 ein Schicksalsjahr. Damals verabschiedete der Kongreß einen Verfassungszusatz, der die Herstellung, die Einfuhr und den Vertrieb alkoholischer Getränke untersagte. Die Prohibition bescherte den neapolitanischen und sizilianischen «Familien» endlich das, wovon jeder Geschäftsmann träumt – eine bombensichere Einnahmequelle. Sie waren freilich nicht die einzigen, die es zu dieser Quelle drängte. 1924 brach in Chicago, wo die Gangster am schamlosesten herrschten, zwischen Italienern und Iren ein Krieg aus, der fünf Jahre dauerte. Er endete erst am 14. Februar 1929 mit dem *St. Valentine's Day Massacre*, bei dem fünf von Al Capones *hitmen*, als Polizisten verkleidet, sieben Häuptlinge der Konkurrenz ausradierten. Damit war der irische Mob erledigt. Erledigt war aber auch Al Capone. Da man ihm die Beteiligung an der Massenexekution nicht nachweisen konnte, wurde er wegen Steuerhinterziehung zu elf Jahren Gefängnis verurteilte. Als er 1939 vorzeitig entlassen wurde, war er ein von der Syphilis zerfressenes Wrack.

Unter den gut fünfzig Gangsterfilmen, die Anfang der dreißiger Jahre in Amerika gedreht wurden, überragten drei die anderen um Haupteslänge: In «Little Caesar» (1931) spielte Edward G. Robinson den Kleinkriminellen Enrico Bandello, dessen Traum, ein großer Gangsterboß zu werden, sich für kurze Zeit erfüllt – bis sein Busenfreund Joe gegen ihn aussagt und Enrico nicht die Kraft aufbringt, ihn aus dem Weg zu räumen. In «The Public Enemy» (1931) wird Tom (James Cagney), der als Einbrecher angefangen hat, durch Alkoholschmuggel reich. Als er und sein Partner Tom einen Hehler, der sie hereingelegt hat, erschießen, beginnt ein Bandenkrieg, den keiner der beiden überlebt. Toms Mörder werfen seine Leiche, wie ein Paket verschnürt, vor die Haustür seiner Mutter. In «Scarface» (1932) zeichnet Howard Hawks mit Paul Muni in der Titelrolle die Laufbahn Al Capones nach.

Obgleich alle drei Filme mit dem Tod des Helden enden, kommen die Gangster nicht schlecht weg. Ihre Welt wird als Parallelgesellschaft porträtiert, die ihren eigenen Gesetzen und ihrer eigenen Moral gehorcht. Sie sind zwar skrupellos, aber nicht grundsätzlich anders als die tatkräftigen Selfmademen, deren Aufstieg Amerika bewunderte. Ihre Kleidung – dunkles Hemd, Krawatte und *fedora,* ein weicher Hut mit breiter Krempe – wirkte so überzeugend, daß die richtigen Gangster ihre Film-Doppelgänger als modisches Vorbild erkoren. Gipfel der Ironie: Der Bandenchef John Dillinger, steckbrieflich gesuchter «Staatsfeind Nummer eins», wurde von Polizisten erschossen, als er am 21. Juli 1934 nach dem Besuch eines Gangsterfilms das Kino verließ.

Die Anstandshüter protestieren

1934 war der Gangsterfilm nicht mehr, was er zu Beginn der dreißiger Jahre gewesen war. Die von der katholischen Kirche geförderte *Legion of Decency* setzte eine strengere Aufsicht durch: Das hemmungslose Schießen wurde eingeschränkt, die Schilderung der Unterwelt kritischer. Da die Prohibition 1933 aufgehoben worden war, hatte sich auch die kriminelle Wirklichkeit geändert: Die Gangster kehrten zu ihren angestammten Jagdgründen zurück, vor allem dem Speditionsgeschäft und den Gewerkschaften.

Ein Weg, den strengeren Auflagen zu genügen, führte über die Aufwertung der Polizei: In «G-Men» (1935) ist James Cagney genau so gewalttätig, wie er es als «Public Enemy» war – nur diesmal in der Uniform des FBI. Zur Steigerung der Authentizität stellte FBI-Chef J. Edgar Hoover sogar echte Polizisten zu den Dreharbeiten ab. Ein anderer Weg führte zurück zu den Romandetektiven. Sie erstanden der Reihe nach im Kino wieder auf – mit einem wichtigen Unterschied: Die goldene Regel, kein Indiz vor dem Leser geheimzuhalten und ihm eine faire Chance zu geben, dem Verbrecher selbst auf die Schliche zu kommen, ließ sich auf die Leinwand nur bedingt übertragen. Oft genug glich die Lösung des Rätsels dem weißen Kaninchen, das der Zauberkünstler aus dem Hut zieht.

Der bei weitem erfolgreichste Detektiv aus der Frühzeit des Tonfilms war ein Bonvivant, der an der Überführung der Mörder eigentlich gar kein Interesse hatte: Nick Charles (William Powell) widmete sich lieber der Flasche und seiner schwerreichen, nicht minder trinkfesten Frau Nora. «The Thin Man» (1934) war ein solcher Hit, daß ihm das Studio fünf weitere Kriminalfilme mit Nick und Nora folgen ließ, von denen freilich keiner an das Original heranreichte.

Der Gangsterfilm ist nie ausgestorben, sondern lebte in einer unendlichen Zahl von *B-movies* fort – billigen, schablonenhaften Zugaben, die das amerikanische Publikum neben dem Hauptfilm erwartete. Auch anspruchsvollere Regisseure wärmten ihn von Zeit zu Zeit wieder auf. William Friedkin schilderte in «The French Connection» (1971) den Kampf zwischen brutalen Dealern und einer ebenso brutalen Polizei. In seinem dreiteiligen

Riesenepos «The Godfather» (1972, 1974, 1990) entrollte Francis Ford Coppola das Drama einer Mafia-Dynastie, als ob es um Aufstieg und Niedergang der Krupp oder Rockefeller ginge. Noch lieber zogen die Regisseure den Gangsterfilm durch den Kakao. In «Some Like It Hot» (1959) machte Billy Wilder zwei Musiker zu unfreiwilligen Zeugen des *St. Valentine's Day Massacre* - mit zwerchfellerschütternden Folgen. In «Prizzis Honor» (1985), seinem vorletzten Film, belustigte sich John Huston über den Ehrenkodex von Berufskillern – streng nach der Devise: Ermorden tun wir uns nur gegenseitig.

Der *film noir*

Hustons erster Film, «The Maltese Falcon» (1941), war ein klassisches Beispiel für die neue Richtung, die Hollywood in den vierziger Jahren einschlug – den *film noir*. Die Depression, der Krieg, der Zustrom europäischer Flüchtlinge hatten das Klima verändert. Die Regisseure aus Berlin und Wien brachten nicht nur die düstere Ästhetik des deutschen Expressionismus ins sonnige Kalifornien mit, sondern teilten auch die illusionslose Weltsicht amerikanischer Autoren wie Dashiell Hammett und Raymond Chandler, die sich weigerten, ihre Kriminalromane als schlichten Kampf zwischen Gut und Böse anzulegen. Das Verbrechen war überall – gerade da, wo man es am allerwenigsten vermutete, die Stützen der Gesellschaft eingeschlossen. Der einzige Mord, der in Hammetts Roman und Hustons Film begangen wird, geht auf das Konto der Frau, die Detektiv Sam Spade (Humphrey Bogart) liebt – was ihn nicht hindert, sie an die Polizei weiterzureichen.

Es kommt nicht von ungefähr, daß die Frauen in vielen dieser Filme keine unschuldigen Opfer sind, sondern es faustdick hinter den Ohren haben. Der *film noir* legte es darauf an, die sexuellen Stereotypen gegen den Strich zu bürsten. In Billy Wilders

«Double Indemnity» (1943) bemerkt der Versicherungsagent, der den Mann seiner Geliebten umgebracht hat, zu spät, daß die Frau, mit der er einen sorgenfreien Lebensabend zu verbringen hoffte, ihm an krimineller Energie weit überlegen ist. Auch Otto Premingers «Laura» (1944) ist nicht das, was der Zuschauer vermutet, nämlich tot, sondern die Hauptverdächtige. Der Kommissar, der den Mord aufklären soll, zeigt einen deutlichen Hang zur Nekrophilie.

Wie die Leichen in «The Big Sleep» zu Tode gekommen waren, durchschaute nicht einmal Regisseur Howard Hawks, der Chandlers Roman 1946 verfilmte. Klar ist nur so viel: Die drogensüchtige Carmen hatte ihre Hand im Spiel, und ihre Schwester Vivian sucht sie zu decken. Am Ende wird Carmen in eine Anstalt eingewiesen, und Philip Marlowe, der hartgesottene Schnüffler, darf Vivian in die Arme schließen – wie es auch ihre Darsteller, Humphrey Bogart und Lauren Bacall, privatim taten. Die Serienmorde in Frank Capras Gruselkomödie «Arsenic and Old Lace» (1944) werden gleichfalls von Frauen begangen – wobei sich freilich herausstellt, daß ihr verschollener, sich plötzlich zurückmeldender Neffe eine ebenso stattliche Strecke vorweisen kann.

Alfred Hitchcock, Sadist und Frauenhasser

Der brillanteste Verfertiger von Kriminalfilmen war Alfred Hitchcock, der gerade noch rechtzeitig vor dem Krieg seine britische Heimat verließ und zu den Emigranten in Hollywood stieß. In seinen besten Filmen – «The 39 Steps» (1935), «Rear Window» (1954), «North by Northwest» (1959) – mixte er einen Cocktail von Spannung und Humor, der den Zuschauern von heute nicht weniger zu Kopf steigt als den Besuchern der Premiere. Daß Hollywood diesem Giganten des Regiehandwerks nur einen einzigen Oscar verlieh, hatte mit dem niedrigen Anse-

Abb. 28: Was ist in der Milch, die Cary Grant seiner Frau bringt?

hen des Thrillers zu tun. Der Oscar, dessen «Hitch» für würdig erachtet wurde, war der berüchtigte *Lifetime Achievement Award*, der als Vorbote des nahen Ablebens gilt. Die Dankrede, mit der der Geehrte den Preis entgegennahm, war die kürzeste in der Geschichte Hollywoods. Er sagte «Thank you» und verließ das Theater. Ein halbes Jahr später war er tot.

Es waren französische Kritiker wie Claude Chabrol und François Truffaut, die Hitchcock in den «Cahiers du Cinéma» auf den Schild hoben und als das ausriefen, was sie selbst zu werden hofften – als *auteur.* Truffauts Gespräche mit Hitchcock ließen zum ersten Mal etwas von der intellektuellen Spannweite und vom Perfektionismus ahnen, mit dem der dicke, drollige Mann, den jeder von den stummen Kurzauftritten in seinen Filmen zu kennen glaubte, seinem Geschäft nachging. Sie ließen auch etwas von seinen abgründigen Seiten ahnen – etwa dem Sadismus, gegen den sich die unnahbare Blondine oft wehren muß, bevor sie der knusprige, von der Polizei und den Verbrechern gejagte Amateurdetektiv zum Standesamt führt. Über Hitchcocks Misogynie gibt es eine ganze Literatur. Claude Chabrol will dagegen als innersten Antrieb seinen Katholizismus ausgemacht haben.

Seltener ist die Rede von den realen Mördern, die nicht wenigen seiner Filme als Modell dienten. Charles Oakley, der gute Onkel in «Shadow of a Doubt» (1943), der sich schließlich als «Mörder der lustigen Witwen» entpuppt, trägt Züge des 1928 in Winnipeg gehängten Serienmörders Earle Nelson. «Rope» (1948) variiert den Fall der homosexuellen Nietzsche-Jünger Nathan Leopold und Richard Loeb, die 1924 einen vierzehnjährigen Jungen erschlugen, um sich zu beweisen, daß sie die Fesseln der christlich-jüdischen Sklavenmoral abgestreift hatten. Norman Bates, der geisteskranke Killer in «Psycho», ist aus demselben Holz geschnitzt wie der Grabräuber und Frauenmörder Edward Gein, der sein Haus und bei festlichen Gelegenheiten auch sich selbst mit Leichenteilen schmückte. Gein wurde 1958 in eine psychiatrische Anstalt eingewiesen, in der er 1984 starb. «Frenzy» (1972) kann als Kommentar zu den Frauenmorden in 10 Rillington Place verstanden werden, für die zunächst Timothy Evans, dann John Christie hingerichtet wurde. Evans wurde posthum rehabilitiert. Auch bei Hitchcock gibt es nur einen Mörder.

Hitchcock war natürlich nicht der einzige englische Regisseur, der sich auf die Zubereitung von Kriminalfilmen verstand. 1949 kamen gleich zwei Meisterwerke in die Kinos – Carol Reeds «The Third Man» und Robert Hamers «Kind Hearts and Coronets». Reed, seinem Drehbuchautor Graham Greene und einer makellosen Riege von Schauspielern gelang ein unvergeßliches Bild des zerstörten, in Besatzungszonen aufgeteilten Nachkriegs-Wien. In dieser Welt der Schieber, Gauner und Mörder lernt ein naiver Amerikaner, daß Gut und Böse näher beieinander liegen als in den Wildwest-Romanen, die er schreibt. Zum Welterfolg des Films trug nicht zuletzt die Musik von Anton Karas bei, unter dessen Händen der gemütliche Wimmerschinken der Wiener Bierkeller, die Zither, bedrohlicher klang als das Jaulen des Theremins.

«Kind Hearts and Coronets», in Deutschland unter dem Titel «Adel verpflichtet» gezeigt, nahm die englische Klassengesellschaft auf die Schippe: Um an den Herzogstitel zu kommen, auf den er Anspruch zu haben glaubt, ermordet der strebsame Sprößling einer Mesalliance die acht d'Ascoynes, die seiner Erbfolge im Wege stehen. Alle acht, die formidale Lady Agatha eingeschlossen, wurden von Alec Guiness gespielt. Was der Regisseur, der auch das Drehbuch schrieb, von der Klassengesellschaft hielt, läßt sich daran ablesen, daß der einzige kultivierte Mensch in diesem Film der Massenmörder ist. Seine hochadligen Opfer sind samt und sonders Banausen.

Kann denn Liebe Sünde sein?

In den amerikanischen und englischen Kriminalfilmen sind Geld- und Machtgier die Hauptantriebe zum Mord. In den französischen ist es die Liebe. Amédée Lange, der Titelheld in Jean Renoirs «Das Verbrechen des Monsieur Lange» (1935), erschießt seinen Rivalen und flieht mit seiner Geliebten Valentine zur belgischen Grenze. Dort wird er erkannt, aber nicht angezeigt, nachdem Valentine seine Geschichte erzählt hat: Sein Opfer ist ein kapitalistischer Ausbeuter und damit, beschließen die Gäste des Hotels, ihrer Solidarität nicht wert. Das Liebespaar ist gerettet. Anders der Deserteur Jean (Jean Gabin) in Marcel Carnés «Hafen im Nebel» (1938). Er hat in Le Havre auf einem Schiff angeheuert, das ihn ins sichere Ausland bringen soll. In einer Kneipe lernt er Nelly (Michèle Morgan) kennen und verbringt eine Liebesnacht mit ihr. Ihren Vormund, der gleichfalls hinter ihr her ist, erschlägt er mit einem Ziegelstein. Kurz darauf wird er selbst von einem eifersüchtigen Nebenbuhler erschossen. Während er in Nellys Armen stirbt, ertönt in der Ferne die Sirene seines auslaufenden Schiffs. Renoir verfilmte auch «Die Bestie im Menschen» (1938), Carné «Thérèse Raquin» (1953) – zwei Zola-Romane, in denen es um Lust und Mord geht.

Die zornigen jungen Männer der *nouvelle vague* wollten mit dem betulichen Kino ihrer Väter nichts mehr zu tun haben. Aber in der Assoziierung von Eros und Thanatos, von Liebe und Tod, blieben sie der Tradition des Landes treu. In seinem Erstling «Fahrstuhl zum Schafott» (1957) schildert Louis Malle einen perfekten Mord, der dann doch schiefgeht: Julien beseitigt den reichen, weitaus älteren Mann seiner Geliebten, muß dann aber, da der Strom im Bürohaus abgestellt wird, das ganze Wochenende im Aufzug verbringen, was seinen sorgfältig ausgeklügelten Plan durcheinanderbringt. Jean-Luc Godards «Außer Atem» (1959) ist eine Variation des klassischen amerikanischen Gangsterfilms – mit dem Unterschied, daß der Held (Jean-Paul Belmondo), nachdem er einen Polizisten erschossen hat, anstatt zu fliehen, in aller Ruhe mit einer amerikanischen Studentin (Jean Seberg) anbandelt, die ihn am Ende verrät. In Claude Chabrols «Die untreue Frau» (1968) erschießt der betrogene Ehemann den Bettgenossen seiner Frau und wird verhaftet. Doch seine Frau begreift, daß die Tat ein lange vermißtes Zeichen der Liebe war, und verzeiht ihm.

Der deutsche Film hat nie wieder ein Meisterwerk wie «M» zustandegebracht. Seine achtbarsten Leistungen knüpften an tatsächliche Fälle an. Erich Engels «Affaire Blum» (1948) hielt sich eng an einen Skandal, der 1926 ein übles Licht auf die Magdeburger Justiz geworfen hatte. Nach dem Verschwinden des Buchhalters Helling fiel der Verdacht auf seinen Arbeitgeber, den Industriellen Rudolf Haas. Kriminalpolizei und Untersuchungsrichter glaubten, Haas habe Helling beseitigen lassen, um eine Steuerhinterziehung zu vertuschen. Zwar gab es für den Verdacht nicht den geringsten Beweis, aber da Haas Jude war, wurde er verhaftet. Auch nachdem ein Berliner Kommissar den richtigen, einschlägig vorbestraften Täter gefaßt und die in seinem Keller vergrabene Leiche gefunden hatte, hielt der Untersuchungsrichter daran fest, Haas sei der Anstifter des Verbrechens gewesen, mußte ihn aber schließlich freilassen. Von der Haft und einer antisemitischen Pressekampagne schwer gezeichnet, begingen Haas und seine Frau Selbstmord.

Auch «Nachts, wenn der Teufel kam» (1957) machte aus dem Fall des schwachsinnigen Serienmörders Bruno Lüdke eine politische Anklage – was nicht verwundert, wenn man weiß, daß der Regisseur der aus Hollywood zurückgekehrte Emigrant Robert Siodmak war. Lüdke, ein tumber, scheinbar gutmütiger Mario Adorf, gesteht achtzig Morde, doch wird er ohne Prozeß liquidiert, da die NS-Justiz die peinliche Tatsache vertuschen will, daß ein Massenmörder in Deutschland jahrelang ungestört seinem Geschäft nachgehen konnte. Als der Film herauskam, meldeten sich Zeugen, die berichteten, Lüdkes Geständnisse seien von der Polizei erpreßt worden. Die Nachforschungen, die daraufhin einsetzten, entlasteten Lüdke zwar nicht vollständig, doch erschütterten sie seinen Ruf, der fleißigste Serienmörder der deutschen Kriminalgeschichte gewesen zu sein. So hatte der Film das paradoxe Ergebnis, daß er die Annahme, die ihm zugrunde lag, selbst entkräftete.

Nimm dich in acht vor blonden Frauen

Etwa zur gleichen Zeit wurde auch dem Begriffsstutzigsten klar, daß das Fernsehen auf dem besten Wege war, das Kino zu entthronen. Die ersten Krimiserien waren noch primitiv gewesen, in engen Studios live gedreht, mit schmalem Budget und simplen Stories. Mit «Dragnet» zeigte das Fernsehen zum erstenmal seine Zähne. Der unerschütterlich ruhige («Just the facts, Ma'am») Sergeant Joe Friday, dargestellt vom Autor und Produzenten, Jack Webb, war so populär, daß die Serie zehn Jahre lang (1952–59, 1967–70) vorhielt. Als Webb 1982 starb, flaggte das Los Angeles Police Department halbmast und zog die Nummer 714, die der fiktive Polizeimeister getragen hatte, aus dem Verkehr. Nicht minder populär war «Perry Mason», die Serie, die die Romane von Erle Stanley Gardner auf den Bildschirm verpflanzte. Neun Jahre lang (1957–66) befreite der findige Strafverteidiger (Raymond Burr) seine Mandanten aus den Fängen des Staatsanwalts, wobei ihm seine Sekretärin Della Street treu zur Seite stand. Della war brünett, warmherzig und ihrem Chef bedingungslos ergeben – streng dienstlich, versteht sich. Die verdächtigen *femmes fatales* waren dagegen alle blond.

«Dragnet» wurde zum Muster einer unübersehbaren Zahl von Fernsehserien, die die *B-movies* in kürzester Zeit aus dem Markt drängten. Wie ihre Vorgänger folgen sie festen Spielregeln: Der Held ist ein Einzelgänger, entweder Junggeselle oder, sofern verheiratet, mit unsichtbarem Privatleben. Sein Gehilfe verirrt sich, wie es schon Dr. Watson tat, auf falschen Fährten und zieht voreilige Schlüsse, bis der Meister das Knäuel entwirrt. Und: der Mörder darf auf keinen Fall von außen kommen, sondern muß in einer Beziehung zum Opfer stehen.

Diese Spielregeln wurden nun noch weiter schematisiert. Das typische Verhalten des Ermittler-Teams wird in der *bible*, dem Konzept der Serie, festgelegt – auch für Fortsetzungen, die noch gar nicht geschrieben sind. Von diesen Stammgästen abgesehen, darf die Zahl der Personen neun nicht überschreiten; im Durchschnitt sind es fünf. Eine Erkennungsmelodie führt die Folgen ein; oft klingen sie mit der gleichen Coda aus. «Dragnet» begann stets mit den Worten: «Dies ist die Stadt. Los Angeles, Kalifornien. Ich trage eine Dienstmarke.» Und schloß: «Die Geschichte, die Sie soeben gesehen haben, ist wahr. Nur die Namen wurden geändert, um Unschuldige zu schützen.»

Da das amerikanische Fernsehen Gebühren und Subventionen nicht kennt, wird jede Sendung alle neun bis dreizehn Minuten unterbrochen, um den Sponsoren Gelegenheit zu geben, ihre Produkte anzupreisen. Diese Unterbrechungen werden von den Autoren wie Aktschlüsse im Theater eingeplant – wenn möglich, an besonders spannenden Stellen, sogenannten *cliff-hangers*. Mit Rücksicht auf die Sponsoren wird darauf geachtet, daß die Sendungen für die ganze Familie geeignet sind – was nicht immer gelingt.

Die Strafverteidiger blieben dagegen in der Minderheit. Perry Mason hatte nur einen Nachfolger, der ihm das Wasser reichen konnte – Horace Rumpole, eine Schöpfung des britischen Anwalts und Schriftstellers John Mortimer. Wie sein amerikanischer Kollege bewahrte der zitierfreudige Zigarrenraucher, Held der Serie «Rumpole of the Bailey» (1978–92), zahllose Unschuldige vor dem Übereifer der Justiz – selbst dann, wenn sein geschworener Feind, Richter Bullingham, den Vorsitz führte.

Die Kripo als Ersatzfamilie

Sosehr das Publikum Mason und Rumpole bewunderte, noch lieber als den Freispruch von Unschuldigen hatte es die Überführung von Schuldigen. Das Polizeirevier blieb der bevorzugte Schauplatz der Krimiserien. Raymond Burr verließ Masons Anwaltskanzlei und verwandelte sich in Chefinspektor «Ironside» (1967–75), der, obgleich von einer Querschnittslähmung an den Rollstuhl gefesselt, mit ungebrochener Energie Verbrecher jagte. Auch Peter Falks Polizeileutnant «Columbo» (1971–77, 1989–93) war nicht das, was er schien: Unter der Maske des geistesabwesenden Trottels mit ungekämmtem Haar und zerknautschtem Regenmantel verbarg sich ein messerscharfer Verstand. Wenn sich der Verdächtige schon in Sicherheit wiegte, stellte ihm der Biedermann («Oh, and one more thing») unversehens ein Bein. Telly Savalas' glatzköpfiger, Lollis lutschender Leutnant «Kojak» (1973–78) war dagegen ein *tough cop* mit einem weichen Herzen.

Unter den neueren Serien ragten «Homicide, Life on the Street» (1993–99) und «NYPD Blue» (1993–2004) heraus. Sie bemühten sich nicht nur, der Wirklichkeit nahezukommen, sie zeigten auch freimütig die Schwächen des Polizeiapparats. Frank Pendleton und Tim Bayliss, das schwarz-weiße Tandem in «Homicide», konnten trotz ihrer brillanten Verhöre keineswegs jeden Mord aufklären. Andy Sipowicz, das stärkste Talent im 15. New Yorker Polizeirevier, wurde von Gangstern niedergeschossen und mußte danach mühsam wieder gehen lernen. Später kämpfte er mannhaft gegen seine rassistischen Vorurteile und seinen Hang zur Flasche. Wegen seiner offenherzigen Sprache geriet «NYPD Blue» oft mit Tugendwächtern in Konflikt: Es war die erste amerikanische Serie, in der das Wort «asshole» fiel.

Als noch langlebiger erwies sich die britische Serie «Prime Suspect»: Seit 1992 waltet Chefinspektorin Jane Tennison (Helen

Mirren) ihres Amtes, und nichts spricht für ihre baldige Pensionierung. In «Murder, She Wrote» (1984–96), einer anderen, überaus erfolgreichen Serie mit einem weiblichen Protagonisten, klärte Jessica Fletcher (Angela Lansbury), Autorin von Kriminalromanen und deshalb an Verbrechern leidenschaftlich interessiert, einen Mord nach dem andern auf.

Freitag ist Krimitag

Doch die Privatdetektive blieben wie die Strafverteidiger die Ausnahme. Auch das deutsche Fernsehen wählte als ruhenden Pol seiner Krimiserien das Polizeirevier. Das ZDF war dem Ersten Fernsehen um eine Nasenspitze voraus. Mit «Der Kommissar» (1969–76), «Derrick» (1974–98) und «Der Alte» (seit 1977) etablierte es den Freitag als Krimitag, an dem in seinen besten Zeiten ein Drittel des deutschen Volkes vor dem Bildschirm Platz nahm, um der Enttarnung eines Mörders beizuwohnen. Die ARD antwortete 1970 mit der Reihe «Tatort», doch fiel das Konzept wegen der föderalen Struktur des Senders notgedrungen anders aus. Jede Anstalt erfand ihren eigenen Kommissar, was Raum für viele Experimente ließ, aber die Identifikation erschwerte. Der Vorteil war, daß sich die Kommissare weniger schnell abnutzten: «Tatort» hat sich bis heute gehalten, doch mit den Einschaltquoten und den sensationellen Exporterfolgen der drei ZDF-Serien konnte die ARD nie konkurrieren.

Der Erfolg der ZDF-Serien stand in auffälligem Kontrast zu ihrer Qualität. Die Dialoge waren hölzern, die Fälle banal, ihre Aufklärung vollzog sich im Schneckentempo. Verglichen mit den Schießereien und Karambolagen der amerikanischen Serien, waren die deutschen entschieden aktionsarm. Vielleicht war es gerade die trockene, langatmige Erzählweise, die die Zuschauer zu den Ermittlern Vertrauen fassen ließ – zu dem väterlichen

Kommissar Keller (Erik Ode), der seine Mitarbeiter duzte, während sie ihn siezten, zu dem immer etwas unausgeschlafen wirkenden Oberinspektor Derrick (Horst Tappert) und seinem Gehilfen Harry oder zu dem kauzigen Kommissar Köster (Siegfried Lowitz), den nach hundert Folgen die verirrte Kugel eines Selbstmörders traf, wonach Kommissar Kress (Rolf Schimpf) die Dienstgeschäfte des «Alten» übernahm. Die 281 Folgen von «Derrick» wurden nicht nur von einer treuen Fan-Gemeinde begleitet, sie erzeugten auch eine Folklore eigener Art: «Harry, hol schon mal den Wagen», der meistzitierte Ausspruch des Oberinspektors, ist in keiner Sendung gefallen. Er stammt aus einer Parodie von Harald Schmidt.

Die Krimiserien mit ihrem festen Stamm alter Bekannter und den immer gleichen Schauplätzen bieten dem Zuschauer ein Zuhause, eine Ersatzfamilie, die er oft besser kennt als seine eigene. Er wird Zeuge von Liebesaffären, Intrigen und Verbrechen, die nahe scheinen und sich doch in sicherer Entfernung abspielen. Er wird mit Fragen konfrontiert, die ihm zu denken geben, ohne daß er verpflichtet wäre, etwas zu ihrer Beantwortung beizutragen. In der Realität würde ihn ein Mord zutiefst erschrecken. In der Krimiserie hat er die tröstliche Gewißheit, daß die in Unordnung geratene Welt innerhalb der nächsten Stunde ihr Gleichgewicht wiederfindet, daß der Mörder entlarvt wird und er selbst beruhigt ins Bett sinken kann.

Der Film wehrte sich gegen den übermächtigen Rivalen, indem er mit Morden aufwartete, die das Fernsehen links liegen ließ. Da die Serien für Serienmörder keine Verwendung hatten, bot ihnen das Kino eine Heimat. Der Begriff des Serienmörders ist noch nicht alt. Er wurde in den siebziger Jahren von den Kriminalpsychologen des FBI aus dem bis dahin üblichen Sammelbegriff des Massenmörders herausgeschält, um Profile von Tätern in eine Datenbank einzuspeisen, die an verschiedenen Orten und zu verschiedenen Zeiten Lustmorde begangen hatten. Die Bemühungen des FBI um systematische Erkenntnisse kamen nicht von ungefähr: Die Zahl der «Morde ohne erkennbares Motiv» war damals auffällig angestiegen.

Nach dem Orgasmus der Eispickel

Seit «M» hatte der Serienmörder im Kino seinen festen Platz. Aber so viele wie in den achtziger und neunziger Jahren gab es vorher nie. Der hübsche Ted Bundy, der 53 Frauen auf dem Gewissen hatte, der «Yorkshire Ripper» Peter Sutcliffe, der «Night Stalker» Richard Ramirez, Henry Lee Lucas, der sich rühmte, mehr als 100 Frauen ermordet und einige davon «wie Fisch filetiert» zu haben – sie alle verwandelten sich in Filmhelden. Den größten Erfolg hatte «The Silence of the Lambs» (1991). Er wurde mit fünf Oscars ausgezeichnet. Jonathan Demmes Film hat nicht nur einen Serienmörder aufzuweisen, sondern zwei – den geistesgestörten Psychiater Hannibal Lecter (Anthony Hopkins), der einsitzt, und «Buffalo Bill» (Ted Levine), den die Nachwuchspolizistin Jodie Foster mit der nicht ganz selbstlos gewährten Hilfe des ersteren schließlich zur Strecke bringt. «Buffalo Bill» hat sich wie Ed Gein, der schon «Psycho» inspirierte, aus der Haut eines seiner Opfer ein Kostüm geschneidert, das er zuweilen trägt. «Hannibal the Cannibal» begnügt sich nicht mit der Haut: «Ich hab seine Leber mit Bohnen gegessen», prahlt er in Erinnerung an ein schmackhaftes Mahl und schnalzt genießerisch mit der Zunge.

Sex war der zweite Magnet, der die amerikanischen Zuschauer ins Kino zurücklocken sollte. Der strenge *Production Code* der dreißiger Jahre wurde abgeschafft und durch ein differenziertes, den gelockerten Sitten angepaßtes Bewertungssystem ersetzt. Die Produzenten zögerten nicht, von der neuen Freiheit Gebrauch zu machen. In David Lynchs «Blue Velvet» (1986) findet der Student Jeffrey ein abgeschnittenes Ohr im Gras, das ihn nicht nur auf die Spur des dämonischen Drogenmörders Dennis

Hopper führt, sondern auch mit den Reizen des Sadomasochismus vertraut macht.

In «Basic Instinct» (1992) treten nicht weniger als vier *femmes fatales* auf, von denen jede im Verdacht steht, einen Mann ans Bett gefesselt und nach dem Orgasmus mit einem Eispickel erschlagen zu haben. Um die Ermittlungen voranzutreiben, läßt sich Polizist Michael Douglas von der Hauptverdächtigen Sharon Stone nackt ans Bett fesseln – und überlebt. Wie sich herausstellt, ist auch er kein unbeschriebenes Blatt. Für das haarsträubende, die Gesetze der Logik souverän mißachtende Drehbuch strich Joe Eszterhas drei Millionen Dollar ein, ein Rekord.

Noch surrealer ist die Welt in den Kriminalkomödien von Quentin Tarantino und den Brüdern Ethan und Joel Coen. Tarantinos «Pulp Fiction» (1994), in Cannes mit der Goldenen Palme ausgezeichnet, ist eine Parodie der alten Gangsterfilme und zugleich eine Hommage. Vincent und Jules, zwei Berufskiller, erörtern, während sie ihren Geschäften nachgehen, die relative Sauberkeit von Hunden und Schweinen und die moralischen Implikationen einer Fußmassage. Jules hält seinen Opfern, bevor er sie niederknallt, gern eine mit Bibelzitaten gewürzte Predigt. Vincent ziert sich, als ihm befohlen wird, Blutspritzer und Hirnreste in einem Auto zu beseitigen: «Ein Bitte wäre angenehm.»

Im Vorspann von «Fargo» (1996) kündigen die Coen-Brüder an, sich «aus Respekt vor den Toten» an die Wahrheit halten zu wollen. Der Zuschauer ahnt also schon, daß der clevere Plan des Autoverkäufers Jerry, seine Frau von zwei Gaunern entführen zu lassen, um seinen Schwiegervater zu erpressen, schiefgehen und blutig enden wird. Seine absurde Komik bezieht der Film aus dem Gegensatz zwischen der immer länger werdenden Kette von Morden und dem urigen Dialekt der Leute, die die Leichen finden. Die hochschwangere Dorfpolizistin Marge, die unverdrossen von einem Tatort zum anderen watschelt, ertappt einen der beiden Mörder schließlich bei dem Versuch, den Fuß des anderen im Shredder zu entsorgen. Nicht jeder fand den Film komisch – so zum Beispiel die Bewohner von North Dakota, wo er gedreht wurde. Sie fühlten sich auf den Arm genommen.

Schuld und Sühne

Wie Mörder bestraft wurden – oder auch nicht

Mord wird von allen Staaten am strengsten geahndet – von den meisten mit langjähriger Haft, von einigen mit dem Tod. Dies scheint die natürlichste Sache der Welt, ist es aber nicht. Altertum und Mittelalter überließen die Verfolgung von Mördern in der Regel der Familie des Ermordeten. Gehörte der Mörder den höheren Ständen an, so hatte er gute Aussichten, mit dem Exil oder einer Geldbuße davonzukommen. Um so unnachsichtiger zeigte sich die Justiz mit Verstößen gegen die Religion, die Sittlichkeit oder die Person des Herrschers.

Auch Kain, der erste Mörder, von dem die Bibel berichtet, wird nicht zum Tode verurteilt, sondern des Landes verwiesen und auf Wanderschaft geschickt – wie später Ahasver, der Ewige Jude, und Kapitän van der Decken, der Fliegende Holländer. Ein besonderes Zeichen, das Kainsmal, soll ihn sogar ausdrücklich davor schützen, getötet zu werden. Der Psychoanalytiker Theodor Reik deutete die Beschneidung als Kainsmal – eine originelle These, mit der er sich unter seinen jüdischen Glaubensgenossen allerdings nicht viele Freunde machte. Wie Kain endete, sagt die Bibel nicht, aber sie nennt einige seiner Abkömmlinge und ihre Verdienste um die Entwicklung der Zivilisation. Kain ist der Ahnherr der Städtebauer, der Landwirte, der Musiker und der «Meister in allerlei Erz und Eisenwerk».

Dieser glückliche Ausgang ermutigte im zweiten nachchristlichen Jahrhundert eine gnostische Sekte, dem Brudermörder eine geradezu heilsgeschichtliche Bedeutung zuzuschreiben. Für die Kainiten war er ein Geistesbruder des gefallenen Engels Luzifer

– lateinisch für «Lichtbringer» – und des Prometheus, der den Göttern das Feuer entriß und den Menschen schenkte.

In Byrons Versdrama «Kain» (1821) tritt Luzifer in höchsteigener Person auf. Er bestärkt den Titelhelden darin, Gott, dem «allmächtigen Tyrannen», nicht in blindem Gehorsam zu folgen, sondern seinen eigenen Verstand zu gebrauchen. Daß die Erkenntnis sündig sein soll, will Kain nicht in den Kopf. Seinen Bruder erschlägt er nicht aus Eifersucht, sondern weil ihn Abels orthodoxe Demut und sein barbarisches Blutopfer anwidern. Das war starker Tobak, selbst im aufgeklärten England. Byron und sein Verleger Murray sahen sich mit einer Anklage wegen Gotteslästerung bedroht. Byron zog sich aus der Affäre, indem er versicherte, die Ansichten seiner Protagonisten seien nicht notwendig die des Autors.

Blutrache, die Urform der ausgleichenden Gerechtigkeit

Von diesem Sonderfall abgesehen, steht das Alte Testament auf dem Standpunkt: «Wer Menschenblut vergießt, des Blut soll auch durch Menschen vergossen werden.» (1. Mose 9/6) Und: «Auge um Auge, Zahn um Zahn.» (2. Mose 21/24) Es ist das in allen Kulturen anzutreffende Prinzip der Blutrache, das uns hier wiederbegegnet. Wie anderswo oblag die Rache dem nächsten männlichen Verwandten. Auf welche Weise er sie vollzog, war ihm überlassen. Die übliche Todesstrafe für andere Kapitalverbrechen – darunter Ehebruch, homosexueller und vorehelicher Geschlechtsverkehr – war die Steinigung. Die Scharia, das islamische Recht, hat diese Strafe übernommen.

Zugleich finden wir im Pentateuch aber auch Versuche, endlose Blutfehden und Geschlechterkriege zu verhindern. Im Falle einer unbeabsichtigten Tötung durfte sich der Täter in eine von sechs «Freistädten» flüchten und dort das Ergebnis der Verhandlungen zwischen den beiden Familien abwarten. Zwar war die

Vereinbarung einer Geldbuße für Morde grundsätzlich verboten. Doch dürfte es, da die Mordabsicht durch zwei Zeugen nachgewiesen werden mußte, oft zu einem finanziellen Vergleich gekommen sein.

Auch in Athen war der Mord eine Familienangelegenheit. Die Verwandten des Ermordeten waren moralisch verpflichtet, den Täter zu verklagen. Für die vorsätzliche Tötung eines freien Bürgers war das höchste Gericht, der Areopag, zuständig. War das Opfer ein Sklave oder ein Metöke, ein Einwanderer ohne Bürgerrecht, kam der Fall vor ein niedrigeres Gericht, das Palladion. Während des Prozesses hatte der Beschuldigte die Möglichkeit, sich freiwillig ins Exil zu begeben. Der Prozeß war damit erledigt, eine Rückkehr nach Athen allerdings ausgeschlossen. Der Täter mußte also vermögend genug sein, um sich im Ausland eine neue Existenz aufzubauen.

Die übliche Form der Hinrichtung von gemeinen Verbrechern war der *apotympanismos*, eine Art der Kreuzigung, bei der der Verurteilte an das Holz nicht angenagelt, sondern nur angebunden und einem langsamen Verdurstungstod überlassen wurde. Wollten die Richter den zum Tode Verurteilten schonen, dann verordneten sie ihm den Schierlingsbecher – wie sie es mit Sokrates taten.

Römische Klassenjustiz

Im alten Rom finden wir die gleiche Klassenjustiz, aber mit einer reicheren Strafpalette. Die gewöhnliche Todesstrafe für *humiliores,* Sklaven und andere Angehörige der Unterschicht, war die Kreuzigung. In der Kaiserzeit, als Gladiatorenspiele und Tierhatzen dringend nach frischem Nachschub verlangten, drohte ihnen die Verurteilung *ad bestias*. Mark Aurel, der Philosoph auf dem Thron, kam auf den klugen Gedanken, die zum Tode Verurteilten an die *lanistae,* die Lieferanten von Gladiatoren, zu verkaufen. Konstantin, der erste christliche Kaiser, schaffte beide Strafen ab. An ihre Stelle trat die Zwangsarbeit im Bergwerk.

Die Angehörigen der Oberschicht, die *honestiores*, wurden dagegen mit dem Schwert hingerichtet – wenn es denn so weit kam. Sulpicius Quirinius, der Statthalter in Syrien, der die vom Evangelisten Lukas erwähnte Volkszählung veranstaltete, bezichtigte seine Frau Aemilia Lepida, ihm mit Gift nach dem Leben getrachtet zu haben. Sie wurde für schuldig befunden und verbannt. Als der Prätor Plautius Silvanus von seinem Schwiegervater beschuldigt wurde, seine Frau aus dem Fenster gestürzt zu haben, begab sich Kaiser Tiberius höchstpersönlich in das Schlafgemach der Ermordeten, fand dort Spuren eines Kampfes und gestattete dem Mörder, seinem Leben selbst ein Ende zu setzen.

Die einzige Bluttat, die in Rom von Staats wegen verfolgt wurde, war der Vatermord. Die Strafe dafür war die Säckung: Der Verurteilte wurde mit lebenden Tieren – einem Hund, einem Hahn und einer Schlange, manchmal auch einem Affen – in einen Sack eingenäht und in den Tiber geworfen. Den Todeskampf kann man sich ausmalen.

Auch die Germanen betrachteten die Verfolgung von Mördern grundsätzlich als Privatsache. Statt eine noch in den Kinderschuhen steckende Justiz anzurufen, erklärte die Sippe des Opfers der Sippe des Täters die Fehde. Von der gewöhnlichen Blutrache unterschied sich die Fehde durch die Beachtung gewisser Spielregeln. Wer es dramatisch liebte, schleuderte seinem Gegner einen Fehdehandschuh vor die Füße. Ruhigere Gemüter schickten ihm einen Fehdebrief. An gewissen Orten, etwa in Kirchen oder auf Friedhöfen, und zu den Zeiten des von der Obrigkeit verhängten Landfriedens war die Fehde verboten. Darüberhinaus versuchte die Kirche, die Kampfhandlungen auf drei Tage der Woche – von Montag bis Mittwoch – einzuschränken. Beendet wurde der Streit durch die sogenannte Urfehde, einen feierlichen Eid, in dem die Beteiligten auf künftige Racheakte verzichteten.

Eine Alternative zur Fehde war die Zahlung von Schadenersatz, von *Wergeld.* Die zu entrichtenden Sätze wurden in den germanischen Stammesrechten je nach dem Wert des Opfers genauestens festgelegt. Nach der rheinfränkischen *lex ribuaria,* die in der Gegend von Köln galt, waren für einen getöten Bischof 900 Schillinge zu zahlen, für einen Priester 600, für einen Franken 200, für einen Alemannen, Bayern, Friesen und Sachsen 160, für einen Römer und ein noch nicht getauftes Kind 100 Schillinge. Die Geldzahlungen konnten durch Sachleistungen ersetzt werden. Auch dazu äußerte sich der Gesetzgeber mit größter Präzision: Eine gesunde Stute war drei Schillinge wert, ein Helm in gutem Zustand sechs, ein Schwert mit Scheide sieben, eine gesunde Kuh und ein schon gemauserter Falke zwölf Schillinge.

Mörder endeten auf dem Rad, Totschläger auf dem Schafott

Im 12. und 13. Jahrhundert unternahmen die Kaiser mehrere Anläufe, das Strafmonopol an sich zu ziehen. Aber erst der Ewige Landfriede von 1495 beseitigte das Fehderecht der Feudalherren und bedrohte die Selbstjustiz mit der Reichsacht. Mit den Gerichten kamen die Versuche, die strafbaren Handlungen klarer zu definieren. Der Sachsenspiegel, eine um 1225 verfaßte Sammlung des in Sachsen geltenden Gewohnheitsrechts, sah als Mord nur die heimliche Tötung an. Die Carolina, die 1532 vom Reichstag verabschiedete Peinliche Gerichtsordnung Karls V., bedrohte den «fürsetzlichen, mutwilligen Mörder» mit dem Rade, den Totschläger, der seine Tat «auß gecheyt» (Jähzorn) begangen hatte, mit dem Schwert. Damit beschritt sie den Weg zu der Unterscheidung, die unser Strafgesetzbuch bis heute beherrscht – zwischen gewöhnlichem Totschlag (§ 212 StGB) und dem aus niedrigen Beweggründen, heimtückisch, grausam, mit gemeingefährlichen Mitteln, zur Vorbereitung oder Vertuschung einer Straftat begangenen Mord (§ 211 StGB).

Eine ähnliche Differenzierung setzte sich in anderen Ländern durch. Die französische Rechtssprache unterscheidet zwischen *assassinat* (Mord) und *meurtre* (Totschlag), die englische zwischen *murder* und *manslaughter.* Der neutrale Ausdruck für eine Tötung ist in beiden Sprachen *homicide.* In den USA, wo in jedem der 50 Einzelstaaten ein anderes Strafrecht gilt, sind die Verhältnisse unübersichtlicher. Der Ausdruck *first-degree murder* wurde zum erstenmal 1794 in Pennsylvania verwendet.

Der zum Rade Verurteilte wurde mit ausgestreckten Armen und Beinen am Boden festgebunden, worauf ihm der Henker sämtliche Glieder und die Wirbelsäule mit einem schweren Wagenrad zerstieß. Die Zahl der Stöße war im Urteil genau vorgeschrieben. Danach wurde er auf das Rad geflochten und den Raubvögeln überlassen. Häufig lebte er noch, wenn die Prozedur beendet war. Es galt daher als «Gnadenstoß», wenn ihn der Henker sofort tötete, indem er das Rad als erstes auf den Hals niedersausen ließ. Die vor allem in Deutschland verbreitete Strafe wurde auch von Frankreich übernommen – mit der Nuance, daß der Henker den Verbrecher dort mit einer Eisenstange erschlug, bevor er ihn aufs Rad flocht. Noch aus den letzten Jahren des 18. Jahrhunderts sind Fälle bezeugt, in denen Delinquenten auf diese barbarische Weise zu Tode kamen.

Außerhalb Deutschlands war die übliche Strafe für Mörder der Galgen. Adligen blieb er erspart. Sie wurden mit dem Schwert enthauptet. Der eitle Titelheld in Molières Komödie «Monsieur de Pourceaugnac», dem ein findiger Intrigant eingeredet hat, die Strafjustiz sei ihm auf den Fersen, flieht, «nicht weil ich Angst vor dem Tode hätte, sondern weil es für einen Edelmann äußerst ärgerlich wäre, gehängt zu werden. Es wäre eine Beleidigung für meine Standesehre.»

Gretchens Kopf wurde «durch einen Streich glücklich abgesetzt»

Auch Frauen wurden nur selten gehängt. Kindsmörderinnen wurden lebendig begraben, gepfählt oder ertränkt. Um 1580 bat der Nürnberger Scharfrichter Franz Schmidt den Stadtrat um die Erlaubnis, Frauen künftig enthaupten zu dürfen. Der Rat erteilte sie, warnte ihn aber, «daß die Weibspersonen aus Plödigkeit zur Erde sinken und den Nachrichter verkürzen würden, der sie alsdann auf der Erde zermetzeln müsse». Die Warnung war nicht unberechtigt. Dennoch setzte sich der Nürnberger Brauch im ganzen Reich durch. Auch das Ur-Gretchen Susanna Margaretha Brand, die Frankfurter Kellnerin, die ihr Kind mit einer Schere erstochen hatte, wurde mit dem Schwert hingerichtet. Im amtlichen Protokoll heißt es erfreut: «Unter beständigen Zurufen der Herren Geistlichen wurde ihr durch einen Streich der Kopf glücklich abgesetzt.»

England hat dem Galgen am längsten die Treue gehalten. Vom Mittelalter bis zu ihrer Abschaffung im Jahre 1969 wurde die Todesstrafe durch «hanging by the neck until dead» vollstreckt – ohne Ansehen der Person. Als letzte Frau wurde die Nachtklub-Hosteß Ruth Ellis, die ihren Geliebten erschossen hatte, 1955 gehängt. Der öffentliche Aufschrei nach der Hinrichtung war allerdings so durchdringend, daß Albert Pierrepoint, der Henker, der 450 Menschen vom Leben zum Tode befördert hatte, um seinen Abschied bat.

Heinrich VIII. hatte beim Parlament durchgesetzt, Giftmörder in siedendes Wasser zu werfen. Doch wurde diese Strafe von seinem Nachfolger wieder abgeschafft. Der Scheiterhaufen blieb Ketzern, Hexen und Brandstiftern vorbehalten. Auch Catherine Voisin, die Pariser Giftmischerin, die ihren Kundinnen bei der Beseitigung ihrer Männer zur Hand gegangen war, wurde als Hexe verbrannt. Die spanische Inquisition inszenierte den Flammentod als feierliches Nachspiel eines Gottesdienstes. Das letzte

Autodafé soll 1815 in Mexiko stattgefunden haben. Eine weitere spanische Besonderheit war die Garotte, die Würgschraube, die seit dem 17. Jahrhundert die Hinrichtung durch den Strang ersetzte.

Am lebhaftesten entfaltete sich die rächende Phantasie des Staates, wenn es um Anschläge auf das Leben des Herrschers ging. Barthélémy de Grandval, ein französischer Offizier, der 1692 – wahrscheinlich im Auftrag Ludwigs XIV. – ein Attentat auf Wilhelm III. von England verübt hatte, wurde nicht einfach gehängt. Während er am Galgen um Atem rang, wurde ihm die Brust aufgeschnitten, das Herz herausgerissen und ins Gesicht geworfen. Danach wurde es mit seinen übrigen Eingeweiden und seinen Geschlechtsteilen verbrannt.

Ein Augenzeuge beschrieb die Hinrichtung des Bedienten Robert François Damiens, der Ludwig XV. im Januar 1757 mit einem Messer leicht verletzt hatte: «Zunächst wurde ihm die Hand verbrannt und geschmolzenes Blei in seine Wunden gegossen, wobei er entsetzliche Schreie ausstieß. Dann begann man mit der Vierteilung, die besonders lange dauerte, weil Damiens ein sehr kräftiger Mann war. Die vier starken Pferde, die an Armen und Beinen zogen, mußten um zwei weitere verstärkt werden. Da die Vierteilung trotzdem nicht gelingen wollte, begab sich jemand ins Rathaus, um bei den Kommissaren die Erlaubnis zur Durchtrennung der Gelenke zu erwirken. Dies war zunächst abgelehnt worden, um die Leiden des Damiens nicht abzukürzen, wurde aber jetzt bewilligt. Nun gaben zunächst die beiden Schenkel nach, eine Schulter löste sich, und um viertel nach sechs hauchte der Delinquent sein Leben aus. Die Teile seines Körpers wurden auf einem Scheiterhaufen verbrannt. Die Dächer aller Häuser am Grève-Platz, ja sogar die Schornsteine, waren dicht mit Menschen besetzt. Ein Mann und eine Frau stürzten in die Tiefe und verletzten dabei noch andere. Unter den Zuschauern waren Frauen auffallend stark vertreten, auch adlige. Sie wichen keinen Augenblick von ihren Fenstern und ertrugen alle Schrecken dieser langen Hinrichtung offensichtlich besser als die Männer.»

Der Galgenstrick als Glücksbringer

Der Henker, der, solange die Verdächtigen «peinlich verhört» wurden, auch die Folterungen vornahm, hatte beim Volk einen zwiespältigen Ruf. Einerseits galt sein Gewerbe als ehrlos und er selbst als Außenseiter der Gesellschaft. Das Amt wurde meist vom Vater an den Sohn vererbt, was die große Zahl der Scharfrichtersippen erklärt. Andererseits war, da sie sich nebenher oft als Abdecker betätigten, ihr tierärztlicher Rat sehr gefragt. Das bekannteste, immer wieder aufgelegte Werk über Pferdekrankheiten im 18. Jahrhundert war «Nachrichters nützliches und aufrichtiges Roßarzneybüchlein» von Johannes Deigentesch, einem Henker, der einer in ganz Deutschland aktiven Sippe entstammte.

Abgesehen davon, umgab den Beruf des Henkers auch ein Nimbus, der mit seinen Fachkenntnissen nichts zu tun hatte. Das Blut des Hingerichteten galt als Wundermittel gegen die Fallsucht und andere Krankheiten. Nach der Enthauptung des Studenten Karl Sand, der am 23. März 1819 den Schrifteller August von Kotzebue erstochen hatte, stürzten sich die Zuschauer auf das Schafott und wischten das Blut mit Tüchern auf. Bei der Hinrichtung «mit trockener Hand» richtete sich die Nachfrage auf den Galgenstrick. Ihm wurden heilende Kräfte gegen Kopf- und Zahnschmerzen, Gicht und Rheuma zugeschrieben. Andere glaubten, daß er Diebe fernhielt und vor Blitzschlag schützte. Die Verschwörer, die den Zaren Alexander II. am 1. März 1881 in die Luft gesprengt hatten, wurden einen Monat später auf dem Petersburger Trabrennplatz vor 80 000 Zuschauern gehängt. Die Spitzen der Hofgesellschaft hatten sich das Recht ausbedungen, nach vollzogener Exekution vom Strick ein Stück abzuschneiden – nach russischem Aberglauben ein unfehlbarer Glücksbringer.

Abb. 29: Der französische Scharfrichter Louis Deibler (Karikatur in «Don Quichotte»)

Sand war mit dem Handbeil geköpft worden, der damals in Baden üblichen Hinrichtungsart. Das preußische Rheinland hatte nach dem Abzug der französischen Besatzer nicht nur die Schwurgerichte beibehalten, sondern auch eine andere Errungenschaft der französischen Revolution – das Fallbeil oder, wie es im Ursprungsland genannt wurde, die Guillotine.

Der Klavierbauer Tobias Schmidt konstruiert die Guillotine

Primitive Vorläufer dieses Hinrichtungsapparats hatte es bereits im Mittelalter gegeben. In England hießen sie *Scottish maiden*, in Frankreich *doloire*, in Deutschland *Diele*. Seinen Namen verdankte er dem Pariser Arzt Joseph Ignace Guillotin, der am 1. Dezember 1789 in der Nationalversammlung einen Gesetzesantrag einbrachte, nach dem die Todesstrafe künftig nur noch durch Enthaupten vollstreckt werden sollte, und zwar nicht mehr durch das unzuverlässige Schwert, sondern durch einen «einfachen Mechanismus». Im Feuer seiner humanitären Begeisterung ließ sich Guillotin zu dem Ausruf hinreißen: «Mit meiner Maschine, Messieurs, fällt Ihnen der Kopf im Handumdrehen ab, ohne daß Sie das Geringste merken!» Das Protokoll verzeichnet stürmische Heiterkeit. Der Antrag wurde abgelehnt.

Erst zwei Jahre später kam die Nationalversammlung, nachdem sie die Beibehaltung der Todesstrafe beschlossen hatte, auf Guillotins Vorschlag zurück. Für die praktische Umsetzung wandte man sich an Charles-Henri Sanson, den Scharfrichter, der wiederum einen deutschen Bekannten empfahl, mit dem er musizierte – den Klavierbauer Tobias Schmidt. Schmidts Modell wurde erstmals im April 1792 an einem Hammel ausprobiert. Ein paar Tage später wurde der Test an drei Leichen im Bicêtre-Krankenhaus wiederholt. Am 25. April 1792 hatte der Straßenräuber Jacques Pelletier, der die Kronjuwelen gestohlen hatte, die Ehre, auf dem Grève-Platz als erster Mensch mit der Guillotine geköpft zu werden.

Schmidt erhielt den Auftrag, nicht nur die Hauptstadt, sondern sämtliche Departements mit Guillotinen zu versorgen. Er wurde ein schwerreicher Mann dabei. Später verfiel er dem Trunk und starb im Delirium tremens. Die Hinrichtungen blieben weiterhin öffentliche, außerordentlich gut besuchte Veranstaltungen. Während der Schreckensherrschaft stand die Pariser Guillotine auf der heutigen Place de la Concorde, später in der Rue de la Roquette unweit des Friedhofs Père Lachaise. Die Stelle ist im Straßenpflaster immer noch gut zu erkennen: Fünf große Steine waren dazu ausersehen, den Aufprall des – immerhin 40 Kilo schweren – Fallbeils abzufangen. In Anspielung auf die *cinq pierres* hat der Pariser Volkswitz den fatalen Ort zur «Abbaye de Saint-Pierre» erhoben.

Abb. 30: Hinrichtung der Gattenmörderin Ruth Snyder auf dem elektrischen Stuhl

Was tötet schneller, Gleichstrom oder Wechselstrom?

Im Laufe des 19. Jahrhunderts wurde die Guillotine von den meisten deutschen Staaten übernommen. Das ostelbische Altpreußen hielt dagegen am Handbeil fest. Der nächste Modernitätsschub kam aus Amerika. 1888 ersetzte der *Electrical Execution Act* des Staates New York den bis dahin üblichen Galgen durch den elektrischen Stuhl. Auch hier war es ein Mediziner, der Zahnarzt Alfred Southwick, der am eifrigsten für die neue Methode warb: In seiner Heimatstadt Buffalo hatte er zufällig mitangesehen, wie ein Mann durch einen Stromschlag getötet wurde. Und auch hier stellte sich sofort die Frage nach der praktischen Umsetzung.

Thomas Alva Edison, der fleißige Erfinder, winkte ab, als sich die Justizbehörden an ihn wandten. Da er befürchtete, der letale Einsatz der Elektrizität könne sich auf die Vermarktung seiner Patente ungünstig auswirken, verwies er sie an seinen Konkurrenten, George Westinghouse: Der von Westinghouse produzierte Wechselstrom, behauptete er wider besseres Wissen, sei gefährlicher als der Gleichstrom, den sein eigenes E-Werk herstellte. Am 6. August 1890 wurde der Herumtreiber William Francis Kemmler, der seine Lebensgefährtin im Rausch erschlagen hatte, an einen schweren Eichenstuhl gefesselt und einem Stromschlag von 1000 Volt ausgesetzt. Southwick, der der Hinrichtung beiwohnte, konstatierte seinen Tod und rief entzückt: «Dies ist ein Triumph der Wissenschaft! Von heute an leben wir in einer höheren Zivilisation!»

Aber Kemmler war nicht tot. Ein Journalist bemerkte, daß er noch zuckte. Während der von Übelkeit gepackte Staatsanwalt aus dem Raum stürzte, wurde ein zweiter Stromstoß durch Kemmlers Körper gejagt – diesmal in doppelter Stärke. Die Gefäße unter seiner Haut platzten, Blut lief seine Arme herunter, der Körper begann zu schwellen und ging schließlich in Flammen auf. Die Hinrichtung hatte acht Minuten gedauert. Westinghouse kommentierte den grausigen Vorgang: «Mit einer Axt wäre es schneller gegangen.»

Trotz der mißratenen Premiere setzte sich der elektrische Stuhl in ganz Amerika durch. Inzwischen hat ihn freilich die Giftspritze überrundet: Sie kommt bei vier von fünf Hinrichtungen zum Einsatz. Der Staat Washington ist dem Galgen treu geblieben. In Utah werden Todesurteile von einem Erschießungskommando vollstreckt. Mississippi und North Carolina ziehen die Gaskammer vor. 12 der 50 Staaten haben die Todesstrafe abgeschafft.

Die Abschaffung der Todesstrafe ist – ebenso wie die Abschaffung der Folter – eine Frucht des 18. Jahrhunderts. Allerdings bedurfte es zwei weiterer Jahrhunderte, um sie zu ernten. Jesus hatte sich gegen das alttestamentarische Prinzip «Auge um Auge, Zahn um Zahn» und gegen die Steinigung von Ehebrecherinnen gewandt. Dies hinderte die Kirche nicht, an der Todesstrafe festzuhalten. Doch sollte sie nur als allerletztes Mittel eingesetzt werden, um die Gemeinschaft vor Schaden zu bewahren. Thomas von Aquin, die größte theologische Autorität des Mittelalters, verglich sie mit einer chirurgischen Operation: «Es ist Sache des Arztes, ein verfaultes Glied abzuschneiden, wenn ihm das Wohl des ganzen Körpers anvertraut ist.»

Als es unter den europäischen Intellektuellen nicht mehr zum guten Ton gehörte, sich auf die Autoritäten des Mittelalters zu berufen, beriefen sie sich auf die Gesetze der Natur. Die Koryphäen der Aufklärung verglichen den Verbrecher mit einem wilden Tier, das man zu seiner eigenen Sicherheit beseitigen dürfe: «Man muß die Verrückten in Ketten legen, die tollwütigen Hunde töten und die Schlangen zertreten» – so der Arzt und Vorleser Friedrichs des Großen, Julien Offroy de La Mettrie. Wer zu den wilden Tieren gehörte, war allerdings umstritten. Rousseau zog den Kreis besonders weit: Nach seinem «Gesellschaftsvertrag» (1762) hatte «jeder Übeltäter, der das Recht der Gesellschaft verletzt», das Leben verwirkt. Diese dehnbare Formel genügte den Jakobinern, um auf dem Höhepunkt des Terrors jeden politischen Gegner als «Feind des Volkes» zum Tode zu verurteilen.

Cesare Beccaria fordert die Abschaffung der Todesstrafe

Es war Empörung über Rousseaus leichtfertigen Freibrief, die den Mailänder Juristen Cesare Beccaria auf den Plan rief. In seiner Schrift «Über Verbrechen und Strafen» (1764) bezweifelte er den Sinn der Todesstrafe und rief zu ihrer Beseitigung auf. Statt dessen riet er den Staaten, auf die abschreckende Wirkung lebenslänglicher Zwangsarbeit zu vertrauen. Die Schrift erregte gewaltiges Aufsehen und wurde sofort in alle europäischen Sprachen übersetzt. Voltaire stimmte Beccarias Aufruf enthusiastisch zu. Kant verurteilte ihn als «Empfindelei einer affektierten Humanität».

Der erste Herrscher, der ihn in die Tat umsetzte, war Leopold, der jüngere Sohn der Kaiserin Maria Theresia: 1786 schaffte er in der Toskana die Todesstrafe ab. Ein Jahr später tat sein älterer Bruder, Kaiser Joseph II., das gleiche in den österreichischen Erblanden. Als Leopold seinem Bruder im Amt folgte, wurde seine Krönung mit Mozarts Oper «La clemenza di Tito» gefeiert, in der der römische Kaiser Titus darauf verzichtet, den Verschwörer Sextus hinrichten zu lassen. In Preußen, Rußland und anderen Staaten wurde die Todesstrafe zwar der Form nach beibehalten, aber in der Praxis kaum noch vollstreckt. 1788, ein Jahr vor der Revolution, gab es in Frankreich keine einzige Hinrichtung. Nur England, Neuerungen wie stets abgeneigt, blieb von dem Mentalitätswandel unberührt.

Nach dem Ausbruch der Revolution kehrten die erschrockenen Monarchen schleunigst zur Todesstrafe zurück. Aber ganz spurlos ging die Episode nicht vorüber. Im Laufe des 19. Jahrhunderts wurde die Zahl der Kapitalverbrechen deutlich eingeschränkt. Immer mehr Todesurteile wurden in Freiheitsstrafen umgewandelt. Die französische Justiz griff gern zur «trockenen Guillotine», der Deportation nach Cayenne und in andere der Gesundheit unbekömmliche Gegenden.

Die Volksfeste, in die öffentliche Hinrichtungen regelmäßig ausarteten, wurden zunehmend als unwürdiger Anachronismus empfunden. Preußen verlegte die Vollstreckung von Todesurteilen 1851 hinter Zuchthausmauern. England und Österreich-Ungarn folgten 1868. Nur Frankreich sah keinen Anlaß, dem Volk den Spaß zu verderben. Erst nach der Exekution eines deutschen

Gangsters, Eugen Weidmann, am 16. Juni 1939 in Versailles war das Maß voll. Da sich die Behörden mit dem Sonnenaufgang verkalkuliert hatten, konnten die Fotografen das makabre Spektakel in aller Ruhe ablichten. Was als nächtliches Lokalereignis geplant war, landete auf den Titelseiten der Weltpresse. Obendrein gelang es dem neuen Scharfrichter, Henri Desfourneaux, erst beim dritten Versuch, den Stiernacken des Delinquenten in die Lünette zu zwingen. Als das Fallbeil schließlich niedersauste, knallten auf den Balkons der umstehenden Häuser die Champagnerkorken. Wenige Tage später verfügte das Justizministerium, künftig von öffentlichen Hinrichtungen abzusehen.

Die Revolution von 1848 hatte in Frankreich und Deutschland zu einem zweiten Anlauf geführt, die Todesstrafe ganz abzuschaffen. Kaum war die Revolution niedergeschlagen, wurde sie wieder eingeführt. Interessanterweise waren es zwei amerikanische Staaten, die sie als erste auf Dauer beseitigten – Rhode Island (1852) und Wisconsin (1853). Kleinere europäische Länder – Griechenland (1863), Rumänien (1864), Portugal (1867), dic Niederlande (1870) – eiferten ihnen nach. Auch bei der Reichsgründung von 1871 zeichnete sich eine parlamentarische Mehrheit gegen die Todesstrafe ab. Da jedoch Bismarck von ihrer Verabschiedung nichts wissen wollte, hielt das neue Strafgesetzbuch an ihr fest. Allerdings wurde sie auf Mord und Hochverrat begrenzt. Erst das Grundgesetz der Bundesrepublik Deutschland rang sich zu der lapidaren Feststellung durch: «Die Todesstrafe ist abgeschafft.»

England folgte 1969, Frankreich 1981. Die Europäische Menschenrechtskommission hatte das Recht, die Todesstrafe zu verhängen, ursprünglich anerkannt. 1983 widerrief sie es. Heute werden neun von zehn Todesurteilen auf dem Globus in vier Ländern vollstreckt – China, Saudi-Arabien, USA und Iran. Spitzenreiter unter den amerikanischen Staaten ist mit weitem Abstand Texas. Auch die übrigen liegen alle im *Bible Belt*, dem frommen Süden des Landes, der einst ebenso energisch die Sklaverei verteidigte.

Das von den Anhängern der Todesstrafe immer wieder ins Feld geführte Argument der Abschreckung ist längst widerlegt: Ihre Abschaffung hat nirgendwo zu dem prophezeiten Anstieg der Gewaltkriminalität geführt. Im Gegenteil: Die Gewaltkriminalität liegt in den USA deutlich höher als in sämtlichen europäischen Staaten. Umgekehrt hat die Todesstrafe den offenkundigen Nachteil, nach der Vollstreckung nicht mehr korrigiert werden zu können. Angesichts des alarmierend hohen Anteils amerikanischer Fehlurteile – Experten schätzen ihn auf ein Siebtel – rang sich Gouverneur George Ryan von Illinois zu einer drastischen Entscheidung durch: Als er sich im Januar 2003 aus der Politik zurückzog, löste er die *death rows* in den Gefängnissen seines Staates auf, indem er alle Todesstrafen in lebenslange Freiheitsstrafen umwandelte.

Wer geisteskrank ist, entscheiden die Geschworenen

Die Carolina unterschied nicht nur zwischen Mord und Totschlag, zwischen vorsätzlichen Taten und «entleibungen aus unfürsichtigkeit», sondern erkannte auch an, daß die Schuld von Jugendlichen und Geistesgestörten anders zu bemessen sei als die von Erwachsenen im Vollbesitz ihrer intellektuellen Kräfte. Wenn Sachverständige zu dem Urteil kamen, daß der Täter «seiner synn nit hett», konnte der Richter eine mildere Strafe verhängen. Daß er ganz unschuldig sein könne und daher überhaupt nicht zu bestrafen sei, war ein Gedanke, den erst der Begründer der modernen Psychiatrie, Philippe Pinel, aufbrachte. Als Direktor des Bicêtre-Krankenhauses und später der Salpêtrière schaffte er nicht nur die bis dahin üblichen brutalen Behandlungsmethoden ab. Sein humanistisches Bild der Geisteskrankheiten, die er als grundsätzlich heilbar ansah, inspirierte auch den napoleonischen *Code pénal* von 1810, nach dem keine Straftat vorlag, «wenn der Beschuldigte zur Tatzeit geistig verwirrt war oder einem Antrieb gehorchte, dem er nicht widerstehen konnte».

Der angelsächsische Rechtsraum orientierte sich dagegen an den *McNaghten Rules*. Daniel McNaghten fühlte sich von Sir Robert Peel verfolgt und erschoß in der Annahme, den Premierminister vor sich zu haben, dessen Sekretär, Edward Drummond. Er wurde wegen *insanity* freigesprochen. Lebhafte Proteste in der Öffentlichkeit waren die Folge, worauf der Oberste Richter 1843 für die strafrechtliche Wertung derartiger Fälle – ganz gegen die englische Tradition – allgemeine Regeln formulierte. Nach diesen Regeln blieb der Angeklagte von Strafe verschont, wenn «klar bewiesen wurde, daß er zur Tatzeit an einer Bewußtseinsstörung (*defect of reason*) oder Geisteskrankheit (*disease of mind*) litt und nicht wußte, was er tat oder, wenn er es wußte, nicht wußte, daß es unrecht war». Neu und bahnbrechend an dieser Formulierung war vor allem der letzte Teil: Indem der Oberste Richter auch das Unvermögen, zwischen Gut und Böse zu unterscheiden, als relevant anerkannte, überließ er das abschließende Urteil über die Zurechnungsfähigkeit des Angeklagten nicht den psychiatrischen Sachverständigen, sondern den Geschworenen.

Auch nach dem Reichsstrafgesetzbuch von 1871 führte das mangelnde Vermögen des Täters, das Unrecht seiner Tat einzusehen und nach dieser Einsicht zu handeln, zum Freispruch. 1933 wurde der einschlägige § 51 um einen zweiten Absatz ergänzt, der bei «verminderter Zurechnungsfähigkeit» eine verminderte Strafe vorsah. Damit war der medizinische Begriff der Geisteskrankheit endgültig durch einen juristischen ersetzt worden.

Den Medizinern war diese Entwicklung begreiflicherweise ein Dorn im Auge. Doch da sie selbst alles andere als unfehlbar waren, hatte ihr Widerstand keinen Erfolg. Schon Flaubert belustigte sich über die immer neuen Manien und Phobien, die sich die Zunft einfallen ließ. In den Erregungen des Ersten Weltkriegs ließ sich sogar Édouard Toulouse, der Doyen der französischen

Psychiater, dazu hinreißen, den Deutschen eine kollektive Geisteskrankheit, eine Mischung aus Größen- und Verfolgungswahn, anzudichten. Die Standesvertretung der amerikanischen Psychiater rang sich erst 1973 dazu durch, die Homosexualität aus ihrer Liste der Geisteskrankheiten zu streichen, auf der sie hundert Jahre lang gestanden hatte. Mehrere amerikanische Untersuchungen wiesen nach, daß die gleiche Testperson mit der gleichen Krankengeschichte von verschiedenen Ärzten höchst unterschiedlich beurteilt wurde. In der Regel diagnostizierten die Ärzte Leiden, deren Studium ihnen besonders am Herzen lag.

Die Sachverständigen waren nicht nur über Definitionen und Diagnosen uneins. Auch ihre therapeutischen Voraussagen erwiesen sich oft als Glückssache. Bernard Taverniers Film «Der Richter und der Mörder» (1976) erinnerte an einen authentischen Fall. Im Juni 1893 erschoß der 24jährige Sergeant Joseph Vacher eine junge Frau, weil sie sich weigerte, ihn zu heiraten. Danach schoß er sich zwei Kugeln in den Kopf, die er – mit einer Gesichtslähmung und auf dem rechten Ohr ertaubt – überlebte. Nachdem ein Psychiater Verfolgungswahn diagnostiziert hatte, wurde Vacher freigesprochen und als gefährlicher Irrer in eine Heilanstalt eingewiesen. Im April 1894 stellte ein anderer Arzt vollständige Genesung fest. Vacher wurde entlassen. Sechs Wochen später vergewaltigte und ermordete er eine Schäferin. Es war der erste von elf Morden, die er in den nächsten drei Jahren begehen sollte.

Nach seiner Festnahme wurde Vacher wieder einem Arzt vorgeführt, der ihm «merklich verminderte Zurechungfähigkeit» bescheinigte. Doch damit war der Untersuchungsrichter nicht zufrieden. Er bestellte ein neues Gutachten, das zu dem gewünschten Ergebnis kam: «Vacher ist ein amoralischer Gewaltmensch, ein blutdürstiger Sadist, der seinen Freispruch als Freibrief verstand. Zum jetzigen Zeitpunkt ist er nicht mehr geisteskrank. Er simuliert seinen Irrsinn.» Vacher wurde zum Tode verurteilt und am 31. Dezember 1898 guillotiniert. Den

Abb. 31: Geisteskranker oder Simulant? Joseph Vacher

Kopf schickte man nach Villejuif, in die Anstalt von Dr. Toulouse. Der vertraute die Sezierung der beiden Gehirnhälften zwei verschiedenen Teams an, die zu entgegengesetzten Befunden kamen: Das eine bemerkte keinerlei physiologische Besonderheiten. Das andere fand reichliche Hinweise darauf, daß Vacher ein erblich belasteter *dégénéré* war, ein Sadist mit mystischen Ideen, selbstmörderischen und mörderischen Neigungen.

Schwankende Rechtsprechung

Angesichts der Widersprüche unter den Fachleuten ist es kein Wunder, daß auch die Rechtsprechung stark schwankte. Der Perückenmacher Johann Christian Woyzeck, der seine Geliebte aus Eifersucht erstochen hatte, wurde am 27. August 1824 auf dem Leipziger Markt enthauptet – drei Jahre nach der Tat, in denen die Ärzte über die Zurechnungsfähigkeit des Angeklagten stritten. Ihre Gutachten wurden später veröffentlicht, und so lernte Georg Büchner den Fall kennen. Pierre Rivière hingegen, ein junger Bauer, der 1835 Mutter, Schwester und Bruder mit dem Klappmesser erstach und Michel Foucault zu einer kriminalhistorischen Studie inspirierte, wurde zu Gefängnis begnadigt und endete durch Selbstmord.

Der Prozeß gegen den exzentrischen Winkeladvokaten und Prediger Charles Guiteau, der 1881 – im Auftrag Gottes, wie er versicherte – den amerikanischen Präsidenten James Garfield erschossen hatte, artete in eine erbitterte Gutachterschlacht aus. Die Geschworenen wollten von den aus Europa importierten Theorien der Verteidigung nichts wissen und verurteilten Guiteau zum Tode. Der nicht minder exzentrische Millionär Harry Kendall Thaw kam glimpflicher davon. Am 25. Juni 1906 hatte er den New Yorker Architekten Stanford White auf dem Dach des Madison Square Garden erschossen. Seine Frau, ein ehemaliges Revuegirl, hatte vorher ein Verhältnis mit White gehabt. Der Verteidiger machte geltend, Thaw habe zum Zeitpunkt der Tat an der «dementia Americana» gelitten, einer von der Schulmedizin ignorierten Geisteskrankheit amerikanischer Männer, die von ihren Frauen nicht nur eheliche, sondern auch voreheliche

Treue erwarteten. Tatsächlich gelang es ihm, seinen Mandanten vor dem elektrischen Stuhl zu bewahren. Thaw wurde in eine Irrenanstalt eingewiesen, floh nach Kanada, wurde ausgeliefert und 1915 entlassen.

«Ich kann doch nichts dafür!», schreit der Kindermörder in Fritz Langs «M» der Unterwelt entgegen, die ihn vor der Polizei gefaßt hat. «Ich muß! Will nicht! Muß! Kann ich denn anders? Hab ich denn nicht das Verfluchte in mir, das Feuer, die Qual?» Und sein Verteidiger, den ihm die rechtsstaatlich denkenden Ganoven zur Seite gestellt haben, plädiert: «Einen kranken Menschen übergibt man nicht dem Henker. Einen kranken Menschen übergibt man dem Arzt.»

Die Praxis hat sich an diesen edlen Grundsatz im allgemeinen nicht gehalten. Fritz Haarmann und Peter Kürten, die beiden Vorbilder für Langs Hans Beckert, wurden hingerichtet. Vincente Verzeni, ein Frauenmörder, der das Blut seiner Opfer trank und ihr Fleisch aß, wurde 1873 zu lebenslangem Kerker verurteilt, obgleich die größte kriminologische Autorität des Landes, Cesare Lombroso, seine Einweisung in eine Anstalt empfahl. Nach amerikanischen Statistiken werden Serienmörder nur in 3,6 Prozent aller Fälle wegen *insanity* freigesprochen und den Ärzten übergeben. Auch der Kindermörder Albert Fish, dessen Obsessionen – vom religiösen Wahn bis zur Nekrophilie – alles übertrafen, was die amerikanische Justiz bis dahin erlebt hatte, landete 1936 auf dem elektrischen Stuhl. Ohne mit der Wimper zu zucken, erklärten die Experten des Staatsanwalts, die Koprophagie des Angeklagten sei «eine ganz normale Sache. Menschen, die das tun, sind nicht geisteskrank. Ein Mann, der das tut, ist vollkommen in Ordnung.» Da Fish auch ein leidenschaftlicher Masochist war und massenhaft Nadeln verschluckt hatte, löste der erste Stromstoß in Sing Sing einen Kurzschluß aus. Erst der zweite führte zum gewünschten Erfolg.

Bastille oder Charenton?

Natürlich gibt es auch Gegenbeispiele. Der 14jährige Edmund Emil Kemper erschoß 1962 seine beiden Großeltern. Er wurde in eine Spezialklinik für geisteskranke Straftäter eingewiesen und sieben Jahre später in die Obhut seiner Mutter entlassen. Im Mai 1972 nahm er auf einer kalifornischen Autobahn zwei Anhalterinnen mit, erstach sie und brachte die Leichen heimlich ins Haus, wo er sie zerstückelte und fotografierte. Danach begrub er die Teile in den Bergen von Santa Cruz. Im September erwürgte er eine Schülerin und deflorierte die Tote, bevor er sie zur Sektion nach Hause nahm. Der Kopf des Mädchens lag noch im Kofferraum seines Wagens, als ihn am nächsten Morgen ein Sozialhelfer besuchte und erfreut feststellte, daß sein Schützling vollkommen gesundet sei. Auf die Betreuung, berichtete er seiner vorgesetzten Behörde, könne künftig verzichtet werden. Nachdem Kemper drei weitere Studentinnen ermordet hatte, erschlug er seine schlafende Mutter mit einem Hammer, schnitt ihr den Kopf ab und verging sich an der kopflosen Leiche. Danach lud er eine Freundin der Mutter zum Essen ein, schlug sie mit einem Knüppel nieder und hackte auch ihr den Kopf ab. Am folgenden Tag, Ostern 1973, stellte er sich der Polizei. Wegen acht Morden wurde er zu mehreren lebenslangen Freiheitsstrafen verurteilt.

Etwa zur gleichen Zeit erregten sich die deutschen Stammtische über einen jungen Mann aus Wuppertal, Jürgen Bartsch. Nicht wenige forderten die Wiedereinführung der Todesstrafe. Die sadistischen Neigungen des damals 15jährigen waren der Polizei seit 1961 bekannt: Ein Malermeister hatte Anzeige erstattet, nachdem Bartsch seinen Sohn in einen Luftschutzbunker gelockt, gefesselt und gefoltert hatte. Die Untersuchung wurde bald wieder eingestellt. Zum Prozeß kam es erst 1967, nachdem die sexuellen Spiele vier Todesopfer gefordert hatten. Bartsch wurde in erster Instanz zu lebenslangem Zuchthaus verurteilt, in zweiter zu zehn Jahren Jugendstrafe mit anschließender Unterbringung in einer psychiatrischen Klinik. Um diesem Schicksal zu entgehen, willigte er in seine Kastration ein. Er starb 1976 auf dem Operationstisch – angeblich ein Narkose-Unfall.

Noch erschreckender war der Fall der elfjährigen Mary Bell, die 1968 in Newcastle-upon-Tyne einen vier- und einen sechsjährigen Jungen erwürgte. In Deutschland hätte es, da die Strafmündigkeit erst mit 14 beginnt, keinen Prozeß gegeben. Das englische Gericht verurteilte Mary Bell wegen verminderter Zurechnungsfähigkeit nicht wegen Mordes, sondern wegen Totschlags zu lebenslanger Haft. Nach zwölf Jahren wurde sie mit einem neuen Namen in die Freiheit entlassen. Auch in den USA hätte ihr der Prozeß gemacht werden können. Doch ein Todesurteil, verfügte der Supreme Court 1988, dürfe nur verhängt werden, wenn der Täter zur Tatzeit mindestens 16 Jahre alt sei. Im März 2005 erhöhte er das Mindestalter auf 18 Jahre.

Das Reichsstrafgesetzbuch wurde 1975 novelliert. Die «Zurechnungsunfähigkeit» des § 51 verwandelte sich in die «Schuldunfähigkeit» des neuen § 20, und auch sonst änderte sich mancherlei in der Terminologie. Aber am juristischen Begriff der Geisteskrankheit rüttelte der Gesetzgeber nicht. Im Gegenteil: Er führte eine weitere, beliebig dehnbare Generalklausel ein, die «schwere seelische Abartigkeit», die es dem Gericht erleichtern sollte, abnorme Fälle milder oder gar nicht zu bestrafen. Nicht wenige befürchteten, die neue Klausel werde Freisprüchen Tür und Tor öffnen. Wie sich herausstellte, war die Befürchtung unbegründet. Vielmehr herrscht in Deutschland wie auch anderswo die Tendenz, Geisteskranke eher ins Gefängnis zu sperren als Verbrecher in die Irrenanstalt.

Auch eine andere Befürchtung erwies sich als gegenstandslos. Pinels Zeitgenosse, der Anwalt André Dupin, hatte die Psychiater davor gewarnt, den Begriff der Geisteskrankheit allzu sehr zu strapazieren: «Er ist sehr bequem, um Verbrecher der verdienten

Strafe zu entziehen oder Unschuldige willkürlich ihrer Freiheit zu berauben. Wenn man nicht sagen kann ‹Er ist schuldig›, sagt man eben ‹Er ist verrückt›, und schon tritt Charenton an die Stelle der Bastille.» Geschehen ist das Gegenteil: Die Gefängnisse sind heute voll von Geisteskranken. Ihr Anteil wird, je nach Land, auf 20 bis 40 Prozent der Insassen geschätzt.

Pinels optimistischer Glaube an die Heilbarkeit aller Geisteskrankheiten ist seinen Nachfolgern gründlich vergangen. «Antipsychiater» wie Thomas Szasz halten die Geisteskrankheiten sogar für einen Mythos, mit dessen Hilfe die Gesellschaft lästige Minderheiten unter medizinische Kontrolle zu bringen suche. In seinem Buch »Cruel Compassion» (1994) empfiehlt Szasz, Verbrecher ohne Berücksichtigung ihrer «Deviationen» ins Gefängnis zu schicken. Schließlich seien Gefängnisse weitaus humaner als psychiatrische Anstalten – nicht zuletzt, weil der Verurteilte wisse, wann er wieder herauskomme.

Anhang

Personenregister

Fiktive Personen sind *kursiv* gedruckt.

Bildquellen

Abb. 1: Musée de la Police, Paris
Abb. 2: Photothèque des Musées de la Ville de Paris
Alle anderen Abbildungen entstammen dem Archiv des Verfassers.

Aus der Beck'schen Reihe

Rudolf Simek
Mittelerde
Tolkien und die germanische Mythologie
2005. 204 Seiten mit 10 Abbildungen. Paperback
Beck'sche Reihe Band 1663

Moritz Baßler
Der deutsche Pop-Roman
Die neuen Archivisten
2. Auflage. 2005. 222 Seiten mit 9 Abbildungen. Paperback
Beck'sche Reihe Band 1474

Stefanie Schütte
Die großen Modedesignerinnen
Von Coco Chanel bis Miuccia Prada
2005. 192 Seiten mit 30 Abbildungen. Paperback
Beck'sche Reihe Band 1577

Ursula Muscheler
Die Nutzlosigkeit des Eiffelturms
Eine etwas andere Architekturgeschichte
2. durchgesehene Auflage. 2005.
263 Seiten mit 24 Abbildungen. Paperback
Beck'sche Reihe Band 1629

Elmar Schenkel
Die elektrische Himmelsleiter
Exzentriker in den Wissenschaften
2005. 175 Seiten. Paperback
Beck'sche Reihe Band 1617

Verlag C. H. Beck München